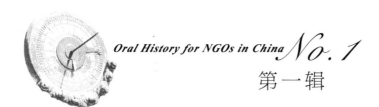

Oral History for NGOs in China *No. 1*
第一辑

中国NGO口述史

王　名/主编

社会科学文献出版社
SOCIAL SCIENCES ACADEMIC PRESS (CHINA)

序　言

这是一本记录中国 NGO 创业者们口述历史的著作。

中国 NGO 的创业者们，是一群用梦想改变社会、用行动书写历史的公民。如今他们中的许多人已届高龄，有的甚至已不幸仙逝。他们曾拥有的梦想、曾采取的行动，是中国公民社会中最富有生命力和先驱性的历史，是以公民个人为主体展现的中国 NGO 的创业史。如何记下和展示这一段留在当事人记忆中的历史，是口述史研究的真正价值和使命之所在。在一定意义上，我称之为中国 NGO 研究的"抢救工程"，有着强烈的时代感和紧迫性。

我们在七年前开始组建口述史研究团队，采用欧美流行的口述史研究方法，探索对中国 NGO 创业者们进行口述历史的调研、访谈和笔录整理。七年来，我们边学边干，形成了较为规范的口述史访谈研究的标准与流程，陆续选择了七十多位活跃在中国 NGO 及公民社会各个主要领域的创业者，对他们进行了持续多次的深入访谈，积累了大量的访谈录音和笔录资料。在此基础上，经过遴选和再三修改润色，并与被访者多次沟通，形成这一卷数十万字的书稿。这是我们口述史已有研究成果中很小的一部分，是出版的第一步，因此我称之为"第一辑"。在此基础上，我们会陆续整理出版后续的部分，并继续深入开展中国 NGO 的口述史研究。尽管我知道，这是一件难度很大，相当耗时、耗力、耗神的事情。我深明口述史对于中国 NGO 及公民社会研究的深远意义，故当鼎力而为之。

当下，坐在靠窗的桌前，整理完这一卷书稿。如释重负。望着窗外不远处行将降落的一架飞机，那划过天际的舒缓线条，仿佛我手中的笔，为这一段不短的旅程画了一个清楚的句号。

整理书稿的此刻，我调整了在旧金山的考察计划，把整天的时间投入书稿最后的润色。我不敢再耽误一分一毫，指望在今秋首届 IDEAS 毕业典礼上见到成书，以留住历史，告慰逝者，也让生者能够体谅我们的苦衷。

IDEAS 试点班是在佳通集团资助下清华与 MIT 实现对接的首次尝试，我们和来自浙江的二十多位县市长们一路同行，在两周的时间里，深度体验了彼得·圣吉和奥托·夏墨两位管理学大师以 U 理论为主线的行动学习理论，经历放下，经历当下，可谓义理相通，茅塞顿开。

我也由此体悟到：以口述史方法研究中国 NGO 及公民社会，不仅是留住历史，更是放下陈念、回归当下的新的学习体验。

感谢福特基金会对我们开展中国 NGO 口述史研究的慷慨资助。

王　名

2012 年 6 月 19 日

于旧金山希尔顿湾畔酒店

目 录
CONTENTS

一　梁从诚　谈自然之友

访谈梁从诚先生

访谈题记

梁从诚先生，1932 生于北京，2010 年病逝，享年 68 岁。梁先生出生于名门世家，与清华有着不解之缘。他祖籍广东新会，祖父梁启超是清华四大国学导师之一，父亲梁思成和母亲林徽因皆为清华建筑学系知名教授，高中毕业后梁先生考入清华大学历史系，后因院系调整，毕业于北京大学。"文革"动乱后，梁先生逐渐从历史学研究转向环保实践，与友人共同发起成立了"自然之友"，成为推动中国民间环保事业的领军人物。

自然之友，英文 Friends of Nature，登记注册名为"中国文化书院·绿色文化分院"，是改革开放以后中国民间自发成立的最早的环保 NGO 之一。1994 年 3 月经主管部门批准在民政部正式登记为挂靠在中国文化书院下的二级社团。自然之友的成立是中国公众自觉参与环境保护的标志性事件。在梁先生领导下，多年来自然之友在环境保护领域开展了大量卓有成效的公益项目和活动，获得"亚洲环境奖"、

"地球奖"、"麦格赛赛奖"等环境领域的多个国际大奖，并发起成立了十多家有影响的 NGO，成为中国 NGO 的先行者。

梁先生的口述史访谈先后进行了多次，大致时间是在 2002 年至 2005 年期间。原计划还要约谈 1~2 两次，因先生病重，后续的访谈一直没能继续。先生去世后，2012 年 7 月 1 日在清华举行纪录片《梁从诚》首映式时，我见到了先生遗孀方晶老师，遂将初步完成的口述史稿交方老师审阅。本文根据方老师的建议略加修改，尽量保持了访谈笔录的原貌。在此谨向已仙逝的梁先生深表敬意，感谢方老师对我们工作的理解与大力支持！

1. 自然之友的成立

问：梁先生，您好！能不能先请您介绍一下自然之友成立的背景和意义？

答：你们都知道，自然之友是中国第一个民间环保组织。它的成立带有一定的偶然性，我并没有经过很系统的考虑。这一点我很清楚。我们就是几个人在那儿商量，这几个人里有我、有王力雄①、有梁晓燕②和杨东平③，我们觉得中国的环境问题这么严重，应该怎么办呢？有人建议说是不是可以考虑成立一个类似绿色和平那样的中国民间环保团体。为什么我们会想到要成立一个民间环保团体？因为我那个时候已经知道在国际上民间环保团体在推动国家的环境保护方面起到了举足轻重的作用。

我经常讲的一个例子是美国的第一次环保大游行。那是丹尼斯·海斯④倡议发起的，后来那一天成了地球日，也就是 4 月 22 日。那时候他还是大学生，组织这个环保大游行的时候，当时美国一共有 200 万人参加，光是纽约就有 100 万人参加。那时候美国的国家环保局都没有成立，在那次游行之后，美国在公众的压力之下才成立了国家环保局。日本也有这样

① 王力雄，著名独立思想者、民族问题专家及民间环保人士，自然之友的创始人之一。
② 梁晓燕，著名民间环保人士，现任西部阳光农村发展基金会秘书长，自然之友的创始人之一。
③ 杨东平，北京理工大学文学院教授，著名教育和文化学者，自然之友的创始人之一。
④ 丹尼斯·海斯（Dennis Hayes），1970 年全球首次地球日活动的组织者，创建了地球日联盟（Earth Day Network），是美国著名的环境主义者，被誉为"地球日之父"。

的经验。在50年代末60年代初的日本，也就是水俣病①等公害事件最严重的时候，有许多老百姓起来控告、起诉那些污染的企业，并且进行罢工，那时候日本的环境厅还没有成立。所以，这两个事情都说明公众是走在政府前面的，是公众推着政府走。

而我们国家呢？就环境而言，建国以来，一开始我们国家原则上是不承认社会主义国家有环境问题的。这是跟着苏联走的，苏联也不承认，他们认为环境问题是资本主义的典型弊病，而社会主义是为人民服务的，是代表人民的利益的，怎么可能有环境问题？那时我们甚至认为，西方国家讲环境问题，是故意用环境问题作为一种威胁，来吓唬我们，阻碍我们这些发展中国家发展民族工业。我的这个观点是有证据的，什么证据呢？我在《自然之友通讯》上登了一篇文章，叫做《政治气候与环境保护》，写这个文章就为了说这么一件事：当年我们去参加斯德哥尔摩第一次环境会议，回来后把会议上的指导性文件——《只有一个地球》② 翻译成中文在内部发行。当时翻译过来居然是供批判用的，而且前面有一个序，把这本书的内容痛批了一顿，只在序的尾巴上说，当然其中有某些部分也值得我们借鉴。这个书一共在中国出版过三次，第一次出版之后，后来环境出版社和绿色经典文库又各出版了一次。第一个序刚才说过了，那么第二个序是在80年代写的，就基本上肯定了这本书。第三个序是90年代绿色经典文库的序，它是极力赞扬这本书的先进性的。所以，从批判到基本肯定到赞扬，这也说明中国社会对于环境问题的认识和发展的过程。

自然之友成立在90年代初，已经是这个发展过程开始转向、中国政府开始逐渐重视环境保护的时候了。但是这个时候仍然没有民间的参与，在这样的背景下，我们自然之友成立了。所以如果说自然之友的成立有什么重大意义的话，我认为它的成立是中国公众开始自觉参与环境保护的一个标志性事件。换句话说，在自然之友成立以前，中国的环境问题基本上是政府一家在那儿管。用我们的话讲，就是政府行为跟专家行为，而没有

①　水俣病，指人或其他动物食用了含有机水银污染的鱼贝类而引起的一种综合性疾病，是世界上最典型的公害病之一。该病因在日本九州熊本县水俣镇被首次发现而得名。

②　《只有一个地球》，副标题是"对一个小行星的关怀和维护"，是一本讨论全球环境问题的著作。该书是英国经济学家 B. 沃德（B. Ward）和美国微生物学家 R. 杜博斯（R. Dubos）受联合国人类环境会议秘书长 M. 斯特朗（M. Strong）委托，为1972年在斯德哥尔摩召开的联合国人类环境会议提供的背景材料，材料由40个国家提供，并在58个国家152名专家组成的通信顾问委员会协助下完成的。全书从整个地球的发展前景出发，从社会、经济和政治的不同角度，评述经济发展和环境污染对不同国家产生的影响，呼吁各国人民重视维护人类赖以生存的地球。

公众的行为。自然之友成立以后，在政府行为和专家行为之外开始有了公众的参与，这是其一。

2. 自然之友的理念与策略

第二，自然之友的理念是有创新的。为什么说有创新呢？当时国际上最有名的环境保护团体是绿色和平。我们那时候知道的也不多，就知道这个绿色和平。绿色和平，你一看就知道，它的战略在中国是行不通的，它在北京活动没有得到正式批准，但是中国政府也不攻它，大家彼此心照不宣。但他们没有正式注册，中国政府始终没有答应。在早期，绿色和平一直是采取很激烈的对抗性行为来进行环境保护或者对政府施加压力的。那么，我们一开始就很清醒，在中国用这种方式、这种战略是不行的。所以，早在1993年我们申请成立，把材料送到政府去批准的时候，心里已经确定了自然之友的理念：支持中国政府的一切有利于环境保护的政策措施和行动。但是，如果我们认为中国政府做了不利于环境保护的事，违背了它自己定下的"环境保护"的原则，自然之友作为一个民间组织，认为自己有责任也有权利进行监督和批评。然后底下还有一句：并在力所能及的范围内参与解决。当时我们讨论时还特别强调这个"在力所能及的范围内"，因为并不是中国的所有环境问题我们都有能力解决，只能说在力所能及的范围内。

那么，在力所能及的范围内这个问题上，我再做一个补充。在很多场合，我向公众、向会员作解释的时候都怎么表述呢？就是说，如果我们要打仗的话，我要选择战场，这个战场有把握，我们能打赢，我们就打，如果我们没有把握打赢，这个仗宁可不打。为什么？因为自然之友当时刚刚成立，那时候还是很脆弱的一个民间团体，甚至于那时候我每次出差回来都担心会不会有人来封我们的门。真的是这样的，一点都不开玩笑的，出去时间一长了，我就担心回家会不会看到自然之友被封了。所以，当时因为政治的因素和组织自身的因素，我们曾经非常脆弱。在这种状态下，我们经不起失败。如果你打了一仗，那么传媒也给你宣扬，但最后不了了之，那么人们就会得到一个印象：这些民间团体没用，闹了一场最后不也是什么也没干成吗？这样来个两三次以后，我们这样一个民间的机构，威信就会丧失，其他所有民间团体的社会威信就都会受到影响。在这种脆弱的情况下，我们只有打一仗赢一次、赢一仗打一次，哪怕是小仗，我们才

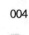

能逐步提高我们的威信。这是一定要的。

另一方面，在谈和政府关系的时候，我经常强调，虽然我们在章程上没有表现，但是我在各种场合跟我们的会员讲，我们不仅是我们自己，我们还必须为后来跟上来的各种 NGO 疏通道路。我们作为第一家，我个人的身份是全国政协委员，如果我们砸锅了，出于种种原因被政府封门了，或者是出现了什么丑闻，那完了。别的 NGO 会说，得了吧，别提了，自然之友前两天闹得乱哄哄的不也是一场空吗？如果是这样的话，那后面的 NGO 要发展肯定更加艰难。所以我说，我们必须替后面跟上来的 NGO 着想，我们每一步都要走稳妥，哪怕保守一点，也不要去做特别容易激怒政府的事情。挑衅政府、激怒政府，这样会给其他跟上来的 NGO 制造障碍。所以，我们一直采取比较低姿态的、比较缓和的态度。这是第二点。

第三点，在向政府反映情况的时候，我们一般不直接批评政府的最高决策层。这个不是说他们没有需要批评的地方，而是说在中国的政治体制内，你永远别批评到最高决策集团。所以，我们采取什么办法呢？就是"向父母告孩子的状"，就是说向中央政府反映地方政府的错误，这是比较有效的。你不要直指中央政府本身。而是这样，我们说：你们看，那个地方上不听你们的指导，违背你们的原则，这样中央政府它没话可讲，因为它有环境保护的法律、政策在那儿摆着呢。我向你反映它违背了这些法律政策，你能说你不管吗？你能说它们可以，OK，我同意？它说不出这话来。哪怕它做样子，它也得支持我们。所以我们一直是采取这个方法。

3. 自然之友的环保实践

问：梁先生，能不能请您介绍一下，自然之友运用这种策略解决环境问题的成功例子？

答：我们打的第一个真正比较成功的仗，是我们保护滇金丝猴的案例。那是在 1996 年，我们的一位理事唐锡阳[①]直接写信给宋健[②]。把关于金丝猴的这个情况直接反映给当时的主持环保工作的副总理，而且是把信直接送到了他的办公桌上。当然这也是靠我的个人关系了，确实也有它的

[①] 唐锡阳，中国第一代环保活动家，著名环保作家，国家环保总局特聘环境使者，全国大学生绿色营的创始人，被称作中国民间环保运动第一人。

[②] 宋健，曾任中华人民共和国国务委员，中国国家科委主任，中国工程院院长，第九届全国政协副主席。现任中华环保联合会主席、中国日本友好协会会长。

不可复制性，这一点我承认，但是我们这么做了，并且起了作用。最后，大家相信，这个问题云南省是要制止的。这就是我刚才讲的，向父母告孩子的状，告诉你那孩子在外边淘气了，这个策略是比较有效的。但是仅靠这个还不够，因为孩子可以在家长面前装很乖，说我再不淘气了，我再不打人了，我再不跟同学吵架了。但事实上他背着他的父母还可以做坏事。所以，这样你还要监督。

我们第二个有力的武器就是传媒。自然之友和传媒之间有着非常密切的合作关系。国外有些 NGO 问我，说你们和传媒的关系如何？我说这从来不是一个问题，我们自然之友会员里面传媒的人大概就有六七十位。包括最著名的像敬一丹①等等的都是我们的会员。如果地方政府欺骗中央，说我们不砍森林了，但事实上仍然在继续砍，并没有真正改正，我们另外有招治。滇金丝猴事件一年以后，我们发现当地拿了每年政府给他们的财政补贴 1100 万。1100 万，大数啊，你想想看，才 5 万多人的一个小县补贴 1100 万。为什么政府给它补贴？就因为我们当时要制止他们砍伐原始森林，就是金丝猴的栖息地。如果森林砍伐了，金丝猴也完了。为什么中国政府不得不接受我们的意见呢？因为中国政府是《濒危野生动植物种国际贸易公约》②的签署国，而在这个公约里面金丝猴是列入濒危动物名单的。因此，对中国政府来讲，它有责任，它在国际上承担了保护金丝猴的义务。如果当地砍伐这些森林，而让金丝猴没有栖息地的话，等于中国政府背弃了自己承诺的法律义务。那么，在做这些事情的时候，你就必须很认真地去研究中国政府的法律责任在什么地方，并不是单纯地凭感情、凭冲动来做事。不是和政府说：哎呀，我舍不得这片绿色的林子呀，我要绿水蓝天呀。说这种纯感情的话是没有意义的。你必须要有充分的法律认识和道义证据，使得它无可逃遁。

这地方顺便说一下，我们也有一些会员到处去喊，什么地方砍两棵树他也要管，而且给我写信。我有时候也不好意思去泼他们的冷水，但是东砍两棵树，西砍两棵树，虽然你家门口几棵大树被砍了也挺可惜的，但这个东西往往不构成足够的法律责任。但是像金丝猴这样的事情，是中国政

---

① 敬一丹，著名主持人，主持过中央电视台名牌栏目《焦点访谈》、《东方时空》。
② 《濒危野生动植物种国际贸易公约》，于 1973 年 6 月 21 日在美国首府华盛顿首次签署，故亦称《华盛顿公约》。公约旨在管制而非完全禁止野生物的国际贸易，用物种分级与许可证的方式，以达成野生物市场的永续利用性效果。经国务院批准，我国于 1980 年 12 月 25 日加入了这个公约，并于 1981 年 4 月 8 日对我国正式生效。

府无可回避的法律义务。所以，这就是为什么中央政府马上下令停止砍伐。但是，地方政府会反过头来和中央政府讨价还价。为什么？因为地方政府年财政收入的94%是木材贸易，这个地方就靠砍这些树生活。你说让它停止砍伐。它说：那样，我公务员的工资都开不出来。那咋办？而且那个地方过去是国家林场，砍了好几十年，突然不让砍了，他们觉得过去是你们让我砍的，我这都是国有林场，以前你们怎么从来不说话？现在你们说话了，搬出来什么自然之友来了。所以最后，国家同意给他们一个小县每年1100万元的补贴，让他们停止砍伐。当然这个钱到不了老百姓的手里，但是要管政府官员的工资、福利，这就差不多了。但是可恶的是，他们拿了1100万元的资金，仍然没有真正实现停止砍伐，还在砍。这时候我们就动用了第二招，就把我们的传媒朋友请过来，当时请了《焦点访谈》。那确实厉害，就直接进了林子，根本没跟县里打招呼。直接进了林子就拍他们砍伐的影像，拍完了回来。县里面知道了以后，通过云南省委打电话打到中央电视台，要求不要播出。上面还没来得及做出指示，底下这个片子就播出了，我记得是1998年的9月21日左右播出的。这一下让中央政府觉得：岂有此理！拿了钱还砍。地方政府就非常非常难堪。最后找了几个替罪羊给撤职了。

4. 民间环保事业的发展不能离开中国国情

　　从根本上讲，我不认为这是自然之友的一个胜利。为什么？因为我们没有为这个县的老百姓找到另外一条路。你不让他砍了，他怎么办？是吧？你天天看着那1100万元，第一，老百姓未必能拿得着；第二，政府能够年年都这么1100万元给你补下去吗？那是不可能的事。万一有一天政府出于某种原因不补贴了呢？而且老百姓确实依靠这个。因为砍树会有很多的副产品，比如说他哪怕去当伐木工人——老百姓挣不着木头钱，挣那点力气钱也是他的一个生活来源。但是现在整个砍伐停止了，很多人就没活儿干了。县里边有很多个体司机，过去靠拉木头过日子的，现在树木不砍了司机的车也没用了。停止砍伐带来了一系列的问题。但是，我们没有给他们找出另外一条路。所以，这是我心里头一直觉得很对不起那里老百姓的原因。我就思考我们能做些什么。有人提出来搞生态旅游，认为生态旅游可以替当地老百姓找钱。然而，后来我们发现，用我的话讲，有旅游就没生态，折腾几年就把这个生态折腾完了，对吧？但我们还是应该为老百姓找到一条出路。中国目前还是一个发展中国家，许多环境问题确是人们在解决起码的温饱和生存过程中发生的。

经过多年的观察和思考，我发现中国的环境问题归根结底其实就是"社会"问题，这并不是简单的振臂一呼就可以解决的。我到宁夏西海固出差时遇到一件给我极大震撼的故事：在干旱的沙漠地里，我看见一对姐弟手提破铁桶，用小耙子四处挖发菜，晒干后，卖几分几毛钱。这便是维持一家生计的费用。那个小男孩，除了眼眶和嘴的周围是白的，整张脸就像一个黑壳子。在这严重缺水的贫困地区，他们长大至今大概没洗过脸吧。我知道挖发菜将对原本就脆弱的地表造成伤害，可是，面对这样的情况，我如何能去要求他们不要再挖发菜？这是他们在这缺水的地区维持生计的方法。每当面对这样的情况，我总是说不出话来，我能说什么？我们这样一个民间环保组织能为他们做什么？太无力了。每个人都有生存的权利。对于生存都难以为继的贫困地区来说，环境保护更不是喊几句"还我绿水，还我青天"的口号就能够解决的。这是一个社会问题。从另一方面来说，"不当家不知柴米贵"，很多环境问题不是认识到了就可以解决的，有些环境问题难以解决，并不都是因为现行的一些政府部门执法不力，而是由于环境问题的解决需要涉及的方面实在太多，很难有合适的解决方案。

所以说，环保是个社会问题，我们不能指手画脚而不顾政府的难处，政府要面临很多现实的问题，比如说要考虑到百姓吃饭穿衣的问题，这些问题不是一个 NGO 慷慨陈词就能解决的。在这方面，我只能代表 NGO，而且只代表我们自然之友去表态，而不能做出过激、激进的行为，我们主要的目的是做事，做事就要讲究用什么方法达到最好的效果。

总的说来，在中国，民间环保事业的发展不能离开国情。我们不能不顾这一国情，必须把环境保护与人民生活实际困难的解决联系起来考虑，积极寻求与社会各方面，包括政府和企业界的合作。否则，民间环保就无法获得人们的理解和支持，其存在也就失去了意义。

5. 我们是在播种绿色的希望

问：除了以上您说的外，自然之友还做了哪些工作？

答：这些年除了保护珍稀野生动物滇金丝猴和藏羚羊之外，我们的工作主要集中在环境教育方面，尤其是针对青少年的环境教育。中国的人口和资源都是现实，不可改变，但至少心态和行为方式可以改变。这改变要从年轻人做起。公众，特别是下一代的环境觉悟，将在很大程度上改变未来中国的环境状况。

我们的环境教育工作还特别针对农村的孩子，就是告诉他们：这块土地是你们的家园，你们不保护它，没有人会替你们保护，并由此激发全民的环境意识。每个人都做一点贡献，环境的状况可能会有所好转，否则人们都只说不做，这个中国是没有希望的。因此，自然之友与希望小学建立联系，成立10年间走了200多个县，去了1000多所希望小学，用非常形象的游戏方式将环境保护的道理灌输给孩子们。

我们希望这些孩子们将来长大，或许当了村长，在决定村里建工厂之类的事情时，能够想起某年某月有一群城里来的叔叔阿姨曾经来告诉他环境保护很重要，只要他们能够有这样"想起"的时候，我们就很满足了。我们是在播种绿色的希望。尽管今天投这个"资"，未来不一定有结果，但如果不投这个"资"，那就一定不会有未来的绿色中国。

问：自然之友成立10年了，您认为是否实现了预期的目的？

答：很多人问过这个问题，说你们自然之友最大的成绩是什么？我觉得自然之友最大的成就不是说我们保住了哪一座山、保住了哪一种动物。说老实话，作为一个民间组织，我们还真是在这方面很困难。因为有很多事情要政府出面、下命令、颁布法律、颁布条例才能做得到，我们作为民间组织做不到。但是，我觉得，我们自然之友最大的一个成就，就是为我们社会上许多关注环保的人找到了一个共同发挥作用的可能性，就是提供了一个组织、提供了一个家园，使得这些关注环保的朋友都可以来参加，大家共同发挥作用，我觉得我们最大的成绩就在这里。

问：那么，自然之友是如何以民间环保组织的角色发挥作用的？

答：我有一个口号，就是"不唱绿色高调，不当绿色救世主"。我并不认为，自然之友的出现就能够使中国的环境状况发生什么根本性的变化，这是不可能的。我们也只是能够在我们力所能及的范围里，提醒公众，或者是警示公众，要注意环境问题。只有个别的环境问题，在我们力所能及的范围内，就去参与一下、干预一下。比如说，95、96年保护滇金丝猴，97到99年保护可可西里的藏羚羊。但是我们并不认为，由于自然之友的参与，这些环境问题就因此有了不同的面貌，得到了根本性的解决。

问：那您认为，这些环境问题怎样才能得到实质上的解决呢？

答：这些环境问题实质上的解决还是要靠政府。如果政府不采取措施，作为民间组织，最多也只是进行呼吁，但是做决定的，制定政策的，甚至最后制定法律的是政府。你呼吁归呼吁，如果政府不理你，不听取你的意见，那我们呼吁就白呼吁了。所以，政府如果回应公众呼吁的话，那么这个事情就有一点希望了。实际上，想为环保做点事情是离不开政府的。因此，自然之友在章程里的第一条就定下了"与政府合作"的内容。

问：自然之友在这10年间是否遇到过什么问题和困难？

答：最大的问题就是我们不是总有新的、可创造性的项目，我们已经开展的"羚羊车"、"西部教师培训"项目想再扩大一点，但发现新的有可持续性的项目还是比较困难；另外就是很多具有丰富教学和培训经验的人才相继都离开了自然之友，像李君玮、严保华等都到国外去了，郝冰自己组织了一个新的环保组织"天下溪"，这种情况不可避免，今后要加大后备人才的储备工作。

另外，自然之友作为中国的第一家纯民间的环保组织，确实也是有一定的困难，最大的困难就是公众的不理解，不仅是政府官员的不理解，公众也不理解。这几年稍微好一点，毕竟非政府组织的声音越来越多。大家一听，觉得讲得还有道理，代表了老百姓的声音。所以，现在社会上逐渐接受非政府组织这个概念，接受非政府组织的意见也就越来越多了。但是早几年，最大的困难就是公众的不理解，政府的不理睬，这也是一个很大的障碍。政府不理你，这样的话，非政府组织就不能发挥应有的作用。

问：您认为政府和非政府组织之间是怎样的一种关系？

答：政府是官方，非政府组织就代表老百姓这一方。如果只有政府管理这个环节，而老百姓不参与的话，任何地方都不可能把环境保护好。

中国过去就缺了非政府组织这一块，只有政府在主管，而没有老百姓的参与。我曾经举过一个例子，如果我们全国相当于一个大家庭，而这个大家庭是13亿人的大家庭。政府假定是家庭主妇，那么打扫这个家庭，把这个家庭搞得整洁，是不是只是家庭主妇的事呢？如果其他家庭成员都不管，只有家庭主妇在那儿打扫，我们在那儿乱丢瓜子皮、塑料袋什么的，随地吐痰，乱扔烟头。那么，这个家庭主妇一天24小时不休息，这个地也打扫不干净。

何况家庭主妇也有偷懒的时候，也有不尽责的时候，甚至还有腐败的时候。所以，就需要老百姓的监督、参与。我认为政府和民间环保团体之间的关系就是这样一个关系：家庭主妇和家庭成员之间的关系。我们作为家庭成员，比如说，我们不洗衣服，但是脏衣服别扔得满屋子都是，这一条臭裤子，那一只臭袜子，到处乱扔，而是把它们收拾收拾，都放在洗衣机旁边去。我们吃完饭，可以不洗碗，但是把碗收一收，把碗放到水池里，家庭主妇的日子就会好过一些。如果政府是一个尽责的家庭主妇的话，她也需要老百姓的共同参与啊，光靠家庭主妇是照顾不过来的。

非政府组织就是老百姓参与的一个很重要的形式，这个在我们过去50年的历史上是没有传统的。我认为，非政府组织是一个很重要的老百姓表达意见的渠道。因为13亿人不可能各说各的话，总要有相对集中的一种意见，这个相对集中的意见，从民间的角度讲，表现在哪里？主要是非政府组织。

这种民间团体代表了公众的比较相对统一的一种意见。而现在，甚至有些所谓的学者也责难我们非政府组织，认为非政府组织是极端环保主义者，就是跟政府对着干，影响了经济的发展，这是非常错误的。我们代表了老百姓的意见，老百姓的意见可能并不一定完全正确，但是它代表了一方面的意见，政府要听各种不同的意见。所谓和谐社会，就是大家都要说话，才是和谐社会。只许政府说话，不许老百姓说话，那还叫和谐社会吗？非政府组织恰好是构建和谐社会的一个不可缺少的因素。我们中国就是非政府组织太少了，老百姓的声音出不来。

其实，我希望民政部更开放些，让更多的民间组织发展起来。自然之友如果永远是老大，并不是一件好事。失了竞争、青出于蓝的机会，中国的民间组织就无法健康成长。但是，并不是说我们要放弃争第一，我们不能保证第一，但要努力去达成自己的目标与宗旨。

总之，使国家走上均衡发展之路的责任绝不仅仅是政府的。非政府组织应该、也能够成为政府的咨询团和合作伙伴，这是我们的使命。我们能够了解到一些政府难以了解的情况，也能够以较低的成本和较高的效率去解决一些政府无暇顾及的问题。

6. 为什么要讲公民责任？

问：您认为作为普通公民应如何参与环境保护呢？

答：参与环境保护，首先要有一种危机感，要有一种忧患意识，知道我们国家的环境问题有多么严重。然后，我们每个人都应担负起环境保护的公民责任。为什么我要讲公民责任？我们现在就是这么一个现实，就这么多的土地和自然资源，13亿人就靠这些并不富饶的自然资源过日子。我们怎么办？就得从每个人自己做起。

每个人能不能多节约一点？少消耗一点？比如我的名片就是用废纸做的。我们从小事做起，谁都没有那么大本事说，我一挥手天下一片绿。当年毛泽东一挥手，天下一片红，证明也是一个幻想，是假的。那么现在，任何人也不可能一挥手，天下一片绿。作为一个普通老百姓，只能从小事做起，从节约一盏灯、一盆水、一度电、一张纸做起。如果小事都不做，认为要做就做大事，那么小事谁来做？小事都不会做的人能做大事吗？

这就是我的信念。所以，我们号召自然之友的会员，每个人都要从小事做起，不唱绿色高调。自己亲力亲为、身体力行地做好环境保护。

如果连自己都管不住，自己的一张嘴、一双手都管不好，还能管全国的事吗？所以，要先管住自己，然后再说别人；行有余力，再行公益。所以我希望，环境保护从自己做起，从自己身边的小事做起。如果我们每个人都能够把自己身边的环境保护，该做的事情都做好的话，中国就可以有很大的进步。最后再说一句，还是从小事做起，如果自己连身边的小事都做不了的话，你做不了大事。我们就要从小事做起，大家的行动聚集起来就是大事。

"真心实意，身体力行，不唱绿色高调，不当绿色救世主。"这是我对自己的要求，同时也是对每一个人的期望。因为环境保护不仅仅是政府的事情，也不仅仅是专家的事情，如果我们作为普通的公民，不参与、不支持、不关注环境保护，仅靠政府和专家，任何国家都不可能把环境治理好。

访谈印象

在我们做口述史整理的时候，梁先生已不幸与世长辞了。这里的采访笔录是由先后几次的访谈及交谈录音整理留下的。2002年暑期的一天，我带着几位学生来到位于东城区骑河楼共和商务楼三层的自然之友办公室。我坐在梁先生那个从垃圾站搬回的旧沙发上，听着他娓娓谈论自然之友的前生后世，萌生了做口述史研究的念头。从那以后，在清华举办的学术沙龙上，在我们主办的多次国际会议的茶歇间里，在我和梁先生一起作为第十届政协委员出席"两会"的休息厅里，我曾多次和梁先生谈起口述史的话题，得到他的应允和支持，并

幸运地留下了当时一些交谈录音的片段。记得是2007年3月在人民大会堂举行的十届全国政协五次会议上，和梁先生约好会后安排时间专程再详谈一次。等到我忙过了几天再打电话给他时，已获悉他卧病在床，无法接受我的采访了。想不到，那竟成了我们之间永远无法实现的约定和遗憾！当我整理口述史过去的录音资料时，发现尚存的这些录音片段，虽篇幅不长，内容也不够丰富，特别是难于展现自然之友丰富多彩的活动，但梁先生的音容依然，激情依然，令我感慨万千！我好想借此书出版之际，表达我作为一个后来人对梁先生的深深敬意与深情缅怀！祝愿梁先生的在天之灵能够不再像生前那样奔波忙碌，那样愤世嫉俗，那样忧国忧民，能够有闲、有幸、有福、有快乐的哪怕是在天堂里的每一天！

梁先生和清华有不解之缘。梁先生的祖父是清华四大导师之一的梁启超先生，父亲梁思成教授是清华建筑学系的首位系主任和创始人，母亲林徽因教授作为一代才女、共和国国徽的设计师，更是清华人的骄傲和自豪。1998年金秋10月，在我们开启清华NGO研究的那个难忘的座谈会上，梁先生充满激情地表达了对我们着手NGO研究的期待和赞许，他并带着自然之友的一组展板，向与会代表介绍他与伙伴们致力于中国环保公益的志愿行动。1999年7月，在我们举办的首次中国NGO国际研讨会上，梁先生用流利的英语做了精彩的主题发言，博得与会国内外专家学者的高度评价。2001年清华90周年校庆之际，我邀请梁先生来清华演讲，慕名而来的师生们将偌大的经管阶梯教室堵得水泄不通，梁先生用机智幽默回答了学生们关于其家、其业的种种好奇与疑问。当梁先生倏然远去，我回首探望，竟然发觉他每每都在百忙之中允诺并精心安排来自清华的请求，那么慷慨，那么热情，那么无私！我却总因粗心忽略了他于这背后深深的清华情结！想来真的很对不住他。

梁先生于1994年初发起成立的自然之友是改革开放后国内最早的NGO之一，也是在海内外享有盛誉的著名环保组织。梁先生致力于中国的环保公益，有很多可歌可泣的事迹，也有他的艰难和无奈。梁先生常说的一句话是：中国只有一个自然之友，我们要明白，自然之友不可能解决全中国所有的环境问题，我们只能做力所能及的事情。这句话给我的印象很深。梁先生告诉我：很多事情我们觉得应该也需要做，但自然之友不能做，体制不允许做。做了，自然之友或许

梁从诚　谈自然之友

013

就没有今天了。自然之友的无奈，或许是中国这个时代的无奈，是中国NGO的无奈。在梁先生过世两周年之际，随着三大条例的全面修订和登记管理体制改革，我们可以略微告慰于他老人家的是：过去无奈的那些问题正在破冰之中，一个中国NGO发展的春天或许已经来临。我们在祝愿梁先生在天之灵永远安息的同时，也感谢他在另一个世界时刻关注并保佑着活着的自然之友们——中国的NGO们——继续健康前行！

二 陈永玲、马延军 谈 95 世妇会 NGO 妇女论坛

95 世妇会 NGO 妇女论坛及访谈陈永玲女士、马延军女士

访谈题记

　　95 世妇会是第四届世界妇女大会的简称,是由联合国主办、全国妇联代表中国政府承办的政府间国际会议,于 1995 年 9 月 4 日至 15 日在北京召开,会议主题为:以行动谋求平等、发展与和平;次主题为:健康、教育和就业。95 世妇会是中国历史上首个在华举办的联合国国际会议,全球 189 个国家的政府代表团、联合国系统各组

织和专门机构、政府间组织及 NGO 的代表共 15000 多人出席了会议。作为 95 世妇会平行会议的世界 NGO 妇女论坛,于 1995 年 8 月 31 日至 9 月 8 日在北京郊区怀柔举行。来自全世界五大洲的 3 万多名 NGO 代表汇聚一堂,以"平等、发展、和平"为主题,就妇女参与政治和经济发展、和平与人类安全、贫困、妇女权利、教育、种族和民族、保健、针对妇女的暴力、环境、科技和儿童等当今世界最为关注的问题进行了广泛的探讨,共举行了 3000 多场各种形式的专题研讨会。

陈永玲女士和马延军女士是全国妇联的两位资深官员。她们在 95 世妇会期间分别担任联合国 95 世妇会筹备秘书处官员和 NGO 妇女论坛组织部官员,参与了 95 世妇会和 NGO 妇女论坛的全部筹备及组织工作。她们热忱接受我们的访谈。在此深表谢意!

1. 95 世妇会的意义

问 1:我从 1998 年开始研究 NGO,之前知道世妇会(世界妇女大会,以下简称"世妇会")中有一个妇女 NGO 论坛很有影响,但还是没想到这个会议对中国 NGO 的影响如此之大。后来我在很多场合都说,世妇会是改革开放以后中国 NGO 发展的一个重要的里程碑。

答 1:你对世妇会、对 NGO 的影响作了很系统的概括,给出了这么高的评价,但是作为组织者的妇联(妇女联合会,以下简称"妇联")未必认识到了这一点。

问 1:世妇会是一个历史的转折点,是在特定的形势下召开的。尤其对中国的 NGO 来说,起到了启蒙的作用。当时 NGO 的发展在国际上已经形成了一个高潮,但是在国内很少有人知道这个概念。中国刚经历了"六四",处于走向开放的过程中。一些国际 NGO 开始重返中国。世妇会在很短的时间内所带来的冲击是极具震撼力的。我的理解,后来我们在体制方面、政策方面、观念方面的一系列的变化都跟世妇会有关。所以我一直想研究世妇会。今天的访谈,主要想请你们从亲历者的角度谈谈世妇会,谈谈你们的经历和体会。

答 2:好的。我 1994 年调到北京。之前担任洛阳市副市长,主管科教文卫,当时调来北京的主要原因就是为了筹备世妇会,负责起草准备会上提出的第一部《妇女发展纲要》。该纲要包含很多内容,草案基本上是出

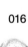

自我手。当时妇联正经历结构调整，刚从党政部门调整出来，成为相对独立的人民团体。在那之前，决定召开世妇会实际上经过了很长的内部讨论、反复磋商和思想斗争的过程。

我很支持和理解各位的想法。世妇会召开已经 12 年了，它是一个很好的让中国了解世界、让世界了解中国的机会。会议举办得非常成功。会议结束后，许多与会代表提出，希望我们召开记者招待会，她们想讲述她们亲历和所见闻到的中国。我觉得很感动。在那以前我曾去国外访问，几乎所有的人对中国都有很陈旧的印象和观念，中国在他们的印象中还很落后和丑陋。但是通过世妇会，他们亲身体验到一个完全不同的中国。

世妇会另外一个方面的作用，就是让中国了解了世界。NGO 即非政府组织，当时是没有人提的。一提到 NGO，即使是政府包括高层领导人，都认为是跟政府对着干的。咱们领导人出去以后，看到很多 NGO 都有游行等活动，所以在他们印象中，NGO 就是反政府的。这就是为什么当时把原定会场从北京工人体育馆改到怀柔的理由之一。当时离开会只有半年的时间了，时间非常紧。但是出于对 NGO "捣乱" 的担心——甚至传言 NGO 会有裸体游行、妓女协会等等——还是调整了会场。但是从那以后，整个社会，包括政府都改变了对 NGO 的态度，媒体也开始使用 "NGO" 这个词汇。

总之，世妇会对中国的意义是十分重大的，但是据我所知，目前还没有人做过这方面的系统研究。

我们谈的也只是一点个人感受。当时在 NGO 论坛的《行动纲领》中确定了一些主题，如妇女与人权、妇女与法律、妇女与家庭暴力等等。在确定主要议题时我们与西方的一些人出现了分歧。当时香港还没有回归，也有来自西藏的代表，所以说这个论坛本身就充满了斗争。关于主题的确定，一方面各国妇女都有共同关心的议题，如家庭暴力等等；但另一方面当时也存在很多分歧。比如说，当时分了 12 个优先领域，中国希望把贫困放在前面，但是西方国家则希望把人权放在前面。类似的情况还有很多。

今天主要请永玲讲，我来做一些补充。当时妇联的主席是陈慕华，还在国务院；妇联主持工作的是启璪，她们是整个活动的负责人。当时还专门成立了 NGO 论坛组织部，把从国际部退休的老部长请回来当部长，我、伯红、秋芳三人当副部长，负责 NGO 论坛的筹备工作，具体由康玲书记主管。我的主要精力集中在编写《纲要》上，要在世妇会之前完成并通过，特别是要提交李鹏总理主持的国务院沟通会上讨论通过。

永玲是我们国际部的副局级协调员。担任国际劳工组织项目官员，前两天刚回来，现在还在调整。

2. 95世妇会的筹备

答1： 我今天谈的都是个人观点，也没有系统准备，想起什么说什么。我就按时间顺序来讲吧。我有幸当时正好在妇联，所处的工作岗位和95世妇会直接相关。

问1： 您当时的工作岗位是什么？

答1： 从申办95世妇会开始，我就担任妇联国际部国际组织处的处长。当时联合国妇女地位委员会（以下简称"妇地会"）每年会召开一次例会，由妇联受外交部的委托组团参与。妇地会实际上是历届联合国妇女大会的秘书处，平时为常会。原来两年召开一次，后改为一年一次，是联合国处理妇女事务的常设机构。到了世界妇女大会期间，它同时成为妇女大会的秘书处。世界妇女大会按照区域间轮流的规则，要在各大洲之间轮流举行，前三次分别在墨西哥、丹麦、内罗毕举行，第四次应当在亚洲国家举行，主办国就成为了一个议题。我们当时刚经历了"六四事件"，许多西方国家还在实行对华封锁。当妇地会讨论第四届世妇会主办国议程时，我们敏感地认识到这是一次机会。会议上也讨论了一些其他国家，如泰国、菲律宾、日本、韩国等，都被否决了。当时一些国家，尤其是发展中国家和非洲国家提到了中国。那时"六四事件"对非洲国家的影响不是很大，它们主张在中国召开。由于会议当时的主要议题并不是主办国问题，这个问题暂时被搁置起来。当时我们是头一次出席妇地会的会议，说句实话，也没敢直接承担下来。但是回国后就开始讨论：是不是可以承办95世妇会？

问1： 那是什么时间？

答1： 是在1990年。当时我们遇到的一大难题就是NGO论坛。按照联合国的规定，NGO论坛是政府间国际会议平行会议，主办国如果承办政府间国际会议，就要同时召开NGO论坛。为了这件事，我还专门和启璪到内罗毕考察了一次，就是为了了解第三次世界妇女大会上NGO与会的情况。后来我们确定的基调是：第一，积极承办95世妇会，利用这个机会挽回中国的国际形象和影响；第二，学习办好NGO论坛，确保不出问题。当时必须承办 NGO 论坛，因为后来奥地利出来跟我们争主办权。

问 1：奥地利？不是说在亚洲国家开吗？

答 1：对，因为奥地利说，如果没有亚洲国家愿意召开的话，他们愿意。当时"妇地会"设在维也纳，每年的会议都在维也纳开，如果在第三方开的话，路费大都得第三方承担，如果在本部开的话，反正每年都要来开会，就比较方便。所以当时奥地利也提出了申办的问题。我们当时是跟奥地利竞争来申办 95 世妇会的。而且奥地利负责妇女工作的部长是一位女性，对我们很强硬，在两届会议上都要求在奥地利开。她还提出一个问题：中国能不能接待这么多 NGO？NGO 不仅要参加会议，而且还有一个专门的平行会议，就是 NGO 论坛。

1992 年底或 1993 年初，联合国通过决议同意在中国举办第四届世界妇女大会及 NGO 论坛。同时提出要求：中国要保证一切感兴趣的 NGO 都能出席会议。决议案的措辞费了很长时间才完成。通过决议后马上要成立秘书处，而秘书处需要有编制。在这种情况下，中国坚决要求在秘书处占据一个位置。因为要在中国办，所以在秘书处要有一个中国职员。后来我经妇联、外交部推荐，也就是中国政府推荐给联合国，通过考试去联合国的这个秘书处任职，就成为了国际公务员。

问 1：那是 1993 年？

答 1：我是 1993 年 7 月份去的，到联合国提高妇女地位司（以下简称"妇地司"）任职，同时它也是第四次妇女大会秘书处。我担任社会事务方面官员，主抓 NGO 的 Affairs，也就是 NGO 事务，所以整个 NGO 参会的审议全部是在我手里做的，审议什么样的 NGO 可以向联合国（申请）。从那以后，我的身份变了，成了联合国的工作人员。所以中国方面每年参加"妇地会"的代表就换了其他人。

问 1：你在那里工作到什么时候？

答 1：一直到 1996 年，世妇会结束以后，我于 1996 年 7 月份返回。那时已经开始做后续工作了。

问 1：所以 95 世妇会召开的整个过程当中，你是作为联合国的雇员参与的？

答 1：对，作为联合国的雇员参与工作，但是保持了中国的立场，努力维护国家利益。因为不管怎么说我都是中国人。组委会的成立等具体过程我都经历过。当时国外一些组织的资格审议里边有很多故事。美国有一个叫"人权协会"的组织提出申请参加论坛，外交部方面不大想让它来。

怎么办呢？我当时掌握一些具体标准，要求参会组织必须和妇女事务有关，而这个协会只是泛泛地开展人权保护活动，并没有特别专注于保护妇女儿童权益。那么我们在技术审议上根据这一条就没有通过。但后来这个协会为此专门成立了妇女部，再一次提出申请。后来经过审议还是接受了这个协会的参会申请。类似这样的故事还很多，我们主要还是在打"技术仗"。

问1： NGO论坛最初的会场定在北京工人体育馆，后来临时改为怀柔，压力是不是很大？

答2： 对呀，我们通过各种方式努力消除消极影响，争取各方面的理解。因为本来敌对势力就对中国有意见，就借这个理由说我们没有诚意，好多国家提出抗议。当时还不错，我们请了联合国的一个代表团来，包括曼得拉夫人，会议副秘书长，还有史巴特，一个泰国人，NGO论坛的主席等。他们来到北京，去怀柔看了以后，原来的想法就改变了。

答1： 他们为什么反应这么大呢？我个人认为，本来在申办的开始，他们就对中国持有各种怀疑，担心我们不能办好NGO论坛。许多人一直认为中国封闭保守，特别是受到"六四"的影响，更加深了这种看法。他们认为中国肯定会与NGO作对，会设置种种障碍。最初我们的想法是：提供一切最好的条件，通过一流的设施和接待来保证会议的圆满成功，因此我们选择了工人体育馆。为此秘书处专门去工人体育馆考察了几次，包括对于会场的设置、安排等等，联合国的官员亲自参与，都已经定了下来。而且我们也向国际社会展示了我们开放、友好、民主的办会原则，尽量避免他们说我们不好。但是后来，我们突然宣布说工人体育馆要维修，不能做会场，一定要把会场移到怀柔去。我清楚地记得当时的情形。启璪书记要对他们宣布的时候，好像是1995年那年年初的时候，他特地托淑贤找我，淑贤把我叫到一个角落里说："提前跟你打个招呼吧，你也有个思想准备。"当时我就愣住了。她说："我已经跟论坛的组织者们先通了气了，希望能够组织一个会议，正式宣布。"因为这办的是世界NGO论坛，人家不是说你下了命令就答应了，还要在正式的会议上经过讨论的。然后我们就组织了一个会议，请淑贤她们到会议上直接跟参会者说。当时每一次妇地会召开筹备会的时候都有大批NGO来参与，其中的一个议题就是论坛的筹备进程。我们请来自世界各国的NGO，就大会筹备的进展情况进行讨论。

问1： 当时有多少人（到会）？

答1：从当时那个大厅来看，那是联合国里除了主会场之外最大的一个会议厅了，至少能坐四五百人以上。每次会议都坐得满满的。那次会议至少有七八百人，有的人坐在走廊里，有的人站着。因为那时候国际社会对中国还怀有很多很多的想法，西方势力实际上在整个过程中就没有闲过。后来启璪代表妇联宣布了关于会场调整的安排，现场应该说比预想的要好，没有引起太大的反响。

3. 95世妇会的组织

问1：历史这个东西，当时身处其中的时候不是很清晰，但是回过头来看时，它的历史意义就凸显出来了。

答1：当时还是有一些认识上的误区。这一点我的感受特别深。1993年到1996年期间，我每年回来探亲或者出差的时候，只要一坐到出租车上，就有司机跟我讲95世妇会，他们对世妇会的了解就是妓女游行、艾滋病之类的。我没跟他们说我是干什么的，我就问他们还有其他的一些了解吗？"没有啊！"他们说："这是北京市政府动员的时候说的，是政府跟我们讲的，让我们准备好白床单，万一有裸体游行的时候就用白床单罩上，不准看！"我多次听到这种说法，说明包括政府在内，对NGO还很不了解。

问1：我查了一些资料，包括学术界，在世妇会之前基本上没有用过NGO这个词。

答1：是啊，国内基本不用。

问1：但世妇会以后，NGO这个词开始在媒体的报道中和学者的研究中大量出现了。

答1：世妇会的确成了一个历史性的时点。在世妇会之前，我们对妇联的定位就是半政府机构，英文叫Semi-governmental，国外一些政府比如泰国等国家的一些相应机构也跟我们学。但世妇会召开后，妇联向全世界宣布："我们是NGO"，为什么呢？首先一点，就是为了取得联合国的谘商地位。这也是为了展示一下我们妇联，因为当时国家把世妇会的工作是分配给全国妇联的。当然也有西方人说妇联不是NGO，说我们是官办的。我们取得谘商地位，也是对这种意见的回应。从中国国内来说，妇联也是第一个（取得联合国谘商地位的NGO）。

问1：妇联是1996年取得谘商地位的？

答1：是 1995 年还是 1996 年，我记不大清楚了。我记得好像是在世妇会之前。记得我还去参与审议了。当时有一个 NGO 委员会，和妇地会是平行的一个联合国机构，我列席了他们的会议，参与了审议妇联谘商地位的讨论。具体是哪一年我记不太清了，我第二年 7 月份回国，也有可能是第二年。

问1：谘商地位的取得是历史性的一步。在那之前我们不知道联合国有这样一个机制。从那以后我们申请的逐渐多起来。目前获得谘商地位的已经有 20 多个。这也是一件很了不起的事情。

答1：世妇会对于中国 NGO 加入国际体制是一个重要的渠道和平台，可以说通过世妇会，中国认识到了 NGO 的重要性，理解了这是联合国体系中一个非常重要的机制。以前要说我们不知道也不是事实，只是觉得它跟我们没有多少关系，而且对于获得谘商地位以后 NGO 究竟能发挥什么作用，没有足够的认识。通过世妇会，我们认识到 NGO 在国际舞台上无论是配合政府还是宣传中国，都是很好的（一种方式）。

问1：从你 1993 年 7 月份去秘书处负责这项工作，一直到 1995 年开会之前，向中国申请参加会议的 NGO 大概有多少？

答1：（您是指）申请来中国参加官方会议的？实际上从申请官方会议的规模可以看到 NGO 论坛的规模。两个会议是并行的，能来参加官方会议的基本上都会参加 NGO 论坛。一般来说，申请者最想参加的是官方会议。

一个 NGO 可以向两个会议提交申请。NGO 须以组织的名义来申请，我们有几个标准。有正式注册的，比如美国要求加入 501C（3）条款，申请时须提交报批的材料，包括登记注册表、组织章程、年度财务报告等。这些都是审议的内容。一般情况下，审议如果合乎标准，就将其列入申请参会的 NGO 名单里。1993、1994 年，直到世妇会召开那一年，我们一直在不断接受申请并审议。秘书处每次完成审议后都要将申请参会的 NGO 名单提交给所在的成员国，在几个重要环节上，如妇地会、筹备会及成员国方面，如果没有异议就算通过，我们就负责通知 NGO，告知其资格通过了审议，可参加世妇会。此外，获得谘商地位的 INGO 可获得 5 个参会代表的名额，政府推荐的 NGO 可获得 7 个参会代表的名额，我们在收到这些 NGO 提交的参会代表名单后，将其基本信息提供给东道国。因为涉及发签证。到了快要召开的时候，签证发不下去，简直就动不了，那个时候就又成了一个大事件。

问1：实际参会的 NGO 代表有多少人？

答1：NGO 来了 3 万多。这是截止到那时 NGO 参与规模最大的一次国际会议。

答2：比世妇会的代表多不少啊？

答1：是啊，3 万～4 万人。我现在想起来，注册的问题真是非常头疼。当时发 PASS，这个具体工作也是我。我带着秘书处，然后中国外交部给我推荐了 6 个学生。因为 NGO 的特点是，你稍微在哪个程序上出个什么问题，它就会闹事，给你找毛病。整个秘书处在设计过程中一直都在考虑怎么保证参加会议的人能顺利地拿到通行证，进入会场，没有任何麻烦。这也是保证会议顺利进行非常关键的一点。在这种情况下，我们自己设计软件。后来加利（联合国前秘书长）专门为这个事给我们秘书处写了一封信说，这次大会能够平稳地召开，能顺利地进行……是跟 NGO 的那一摊子工作做得非常好分不开的。主要是怕 NGO 闹事，但是没有想到我们做得那么好。包括照相，当场照完相要一个一个验证，做得非常顺利，都没有让大家等，一个接一个的。而且 NGO 有 3 万多人，会场又很有限，当时政府代表团都保证不了每个人都有座位。比如一个代表团只有 5 个座位，其余的人就得自己到后边去找没有座签的位子。NGO 出席官方会议需要一个特别的通行证，一个 NGO 只能有 1 个或 2 个现场听会的证，其他的可以在电视上或者其他的地方听会。具体谁去，我们不管。NGO 在乎的是资格，有了那个资格以后只要想听，就可以轮流去听。NGO 有这样一种心态，认为可以参加官方会议是对它们的认可。

问1：政府会议的会场在哪里？

答1：五洲大酒店。不是现在最大的，是老的那个大会议厅。

答2：那时候好像并不很人，装不了多少人的。

问2：世妇会的申请程序怎样？是由中国政府提出申请的吗？

答1：是由中国政府提出的。我们向联合国秘书长加利写了一封信，提出申办第四次世界妇女大会，建议在中国的北京举行，也包括 NGO 论坛。这两个会议就像一个 Package，是打包在一起的。然后作为一个文件，在妇地会的会上提交。但是前期的酝酿工作已经做得差不多了。而且一旦申办获得批准，就不会被否决掉了。

问2：最终决定也是通过会议决定？

答2：对，是会议决定。会议通过了一个决议。

问1：那么什么时候正式确定在中国举行？

马 陈
延 永
军 玲

谈95世妇会NGO妇女论坛

答1：是 1992 年。我们这里有一个正式的材料，等一会儿确认一下。

当时我主要负责政府间国际会议的筹备工作。并没有直接参与 NGO 论坛的筹备，但这两个会议之间有着极为密切的关系，我们在筹备期间有非常密切的联系与合作。NGO 论坛在纽约也成立了一个秘书处。一个菲律宾人，本身是 UNICEF① 的，专门辞掉了原来的工作来负责 NGO 论坛的组织工作。我们妇地会的秘书处跟这个 NGO 论坛秘书处保持非常密切的联系。几乎所有申请参加论坛的人，都直接向妇地会秘书处报名。NGO 论坛不存在资格审议的问题，只要报就都可以参加，包括个人都可能。但是 NGO 要参加政府间国际会议必须通过成员国的认可，需要是一个完整的机构，不是临时成立的，要至少有两年以上的历史，有具体的工作，还有全职工作人员。出席政府会议比参加 NGO 论坛要困难，因此出席政府会议的 NGO 基本上全部参加了 NGO 论坛。这两者的关系是分不开的。

问1：有两个不同的秘书处？

答1：NGO 论坛的秘书处是一个没有任何授权的组织，是自发性的，而且它的运营是临时性的，会议结束，所有事务处理完以后就撤销了，它的经费也是靠捐赠者捐的。比如支付工资，做印刷、宣传品，做某项活动，都像做项目似的。当然有 Proposal 的问题，在西方国家，它们会向社会募捐。它们的经费不像联合国开会那样有预算。

问3：那您能不能稍微介绍一下申请参加政府会议的 NGO 的情况？

答1：详细的情况我现在记不太清楚了。

答2：我来给你念一段，你可以了解基本的情况。世界妇女大会，有时我们说是世界妇女代表大会，但实际上不是代表大会，而是政府间就妇女问题举行的高层国际会议。每五年举行一次，每一次开完会以后都会拿出一个计划，下一次五年以后或者十年以后再开的时候就会对这个计划进行检查，再拿出一个五年的或十年的计划。第四次世界妇女大会是对 1985 年在肯尼亚首都内罗毕召开会议通过的《内罗毕战略》进行审议。当时的背景是：联合国经社理事会于 1990 年 5 月通过了一个 12 号决议，建议在 1995 年举行一次妇女问题的世界会议，请联合国妇女地位委员会来负责会议筹备。联合国大会于 1990 年 12 月通过 129 号决议，批准了经社理事会的建议，决定在 1995 年举行世界妇女大会。

---

① 联合国儿童基金会（United Nations Children's Fund，简称 UNICEF），原名联合国国际儿童紧急救助基金会，于 1946 年 12 月 11 日创建，其目的是满足战后欧洲与中国儿童的紧急需求。

中国外交部部长钱其琛1991年1月28日致函联合国秘书长，邀请联合国1995年在北京举行世界妇女大会，并同期举行NGO论坛。联合国妇地会在1992年召开的第36次会议上通过决议，接受中国邀请，于1995年9月在北京召开第四次世界妇女大会。会议主题为"以行动谋求平等、发展、和平"，大会期间举办1995年NGO妇女论坛。

4. 95世妇会的召开

1995年9月4日，中国政府在人民大会堂为第四次世界妇女大会举行了隆重的欢迎仪式，欢迎仪式由国务委员、第四次世界妇女大会中国组委会主席彭珮云主持，国家主席江泽民致欢迎词，首次提出"男女平等是社会发展的国策"。

第四次世界妇女大会推举全国人大副委员长、全国妇联主席、中国代表团团长陈慕华为大会主席。197个国家和地区的代表、5个联合国区域委员会、16个联合国机构、12个专门机构和有关组织、26个政府组织兼NGO的观察员约1万7千多人出席了政府会议。其中包括了6千名政府代表，4千名NGO的代表和4千名记者。此外，参加"95NGO妇女论坛"的代表是3万多人。

答1：这数字我好像觉得不对。

答2：是3万多人。

问1：其中有1万7是会议观察员？

答2：在这1万7中，6千是政府代表，4千是NGO的代表，NGO里来了很多头头脑脑的，不少人也出席了政府会议，有的还出席了欢迎仪式。总的看，参加NGO论坛的是3万多人。两个会加起来一共是4万多人。两个会议的工作人员加起来是五六千人。

答1：在出席会议的代表中，我在大会秘书处里就注意到一个问题，比如发展中国家的代表少，发达国家的代表多，存在显著的比例差异。其实三分之一以上肯定是美国的。因为美国的NGO历史悠久，很多都在纽约，有着得天独厚的优势。在审议过程中我们注意到，大多数NGO都来自西方国家。后来出现了一些斗争。比如说，我现在记不清具体的时间了，当时审议原定到1992年截止了。但实际上根据1992年截止时的情况来看，发展中国家特别少，这样的话就提出了延长截止时间的问题。大会召开之前就这个问题在联大有一个表决。当时中国不同意延长，因为我们不希望参会代表太多。当时在联大开会时，经社理事会还专门为此举行了一个会议，提了一个决议表决。那一次中国投了反对票。作为东道国，我们当时在偌大的会场里，感觉真不是滋味：所有的国家——包括发达国家、发展中国家，都同意延长了。因为对于发展中国家来说这个时限很不公平，因为它们没有那么好的通信设施，没有好的条件，申请参会需要更长的时间。表决的结果是同意延长，一直延长到 1995 年会议召开前。当时我们之所以不同意延长，是希望来参会的 NGO 越少越好——因为来自国内的压力比较大。

问 2：那有没有不好的影响？

答 1：有没有影响，我们不知道。但是家里边就是给前方下了这个命令。我也看过美国在出决议的时候，也只有它一家投反对票的。这样想也就无所谓了。中央的指示就是这样，你就得不折不扣地执行……投票的时候，我低着头，都不好意思抬头。

问 1：从个人来说，您在那以前没有在外交部工作过？

答 1：没有。

问 1：但是突然之间把你派到联合国，而且做一个政治性非常强的会议秘书处的工作，是不是压力很大？你是怎么适应的？

答 1：我 1975 年就开始从事外事工作，但并没有外交工作的经验。从这个角度来说的确缺乏经验。但是我觉得我们还是有一些基本的素质。联合国的一些基本规章制度，我们在进入联合国以前都学过。在外交场合需要保持中立，这些要求我们很清楚。我们也认识到我们所肩负的任务是不同的，因为国家在你身后。我前不久到联合国劳工组织工作，担任项目官员，也是这样：你有一些最基本的东西在里面，所以你能把握住。我可能不适合像代表团那样在前方打政治仗，但是我打的是技术仗。从我的角度看我只能打技术仗。比如说审查各种合同、申请报告是否规范、合乎要求，提供的数据是否全面，有没有志愿者等。前面提到的美国人权协会，我掌握其中的一条就是与妇女事务相关，没有这一条，我就通不过。后来它专门成立了妇女组，那我们就没有办法了，但是至少第一轮我还是给你打回去了，你还是得再来一回。

问 2：这种情况下你主要是把预审关？

答 1：是的。还不只是中国的关系，其他一些政府代表团也不希望它们国家一些激进的 NGO 参会，即使不是在本国的会场。包括新加坡、印度等。比如印度有不少宗教性的组织，它们的大使、外交官找到我，希望

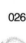

能给他们透露一点信息。当然我作为联合国的职员，必须向成员国通报这个情况，因为它们是政府，是联合国的成员国。至于能不能从名单上取下，是成员国在会上讨论的，我们作为工作人员无权处理。这个我把握得住。他们找我，想探听一下他们国家都是哪些 NGO 准备参会。我们设计的软件都是按国家设计出来的。哪个国家需要，全都能调出来，他们马上知道哪些组织可能会给他们造成麻烦。关键不是说给你中国造成什么麻烦。他们希望我们只是搭个台，到时候不要有一些组织来给他们找麻烦。其实每一个政府都关注这个问题。我们比较担心的是，我们搭了一个大舞台，但是舞台上都是些唱对台戏的。这个里面政治责任和风险很大。

问 1：妇地司里一共有多少人？

答 1：正常编制只有 20 多个，秘书处根据当时的工作量增加了几个名额，一共 30 个。日常的工作还得继续做，为世妇会就增加了几个岗位。

问 2：那工作量是不是特别大？

答 1：对，我觉得那几年压力很大。好在那时候我还年轻。那时候我记得，拉美一些国家的人稍有不满就能直接来找联合国。比如像信件没有及时收到这样的事，有些可能是他们自己的责任，也直接跑过来。他们离得又近，只要有个什么会他们都能来找我们。不像我们拿个签证那么麻烦，路途那么遥远，路费又那么贵。他们进去之后就直接跑到秘书处来，然后我就经常被揪下去。有一次，我这个小小的亚洲人，被好几个拉美人团团围住，然后冲着我就发火。当时对我来讲有一点不利的是：我是一个中国人，会议又在中国召开；往往人家就觉得中国政府派你进来的！这就造成了一些麻烦。有利的是，人家觉得如果有一个东道国的官员在里头的话，可能更有利于双向的沟通。当时联合国的保安就说：我怎么觉得你们是在攻击这个 Young Lady！后来他们自己也觉得有点太过分了。实际上这个时候，你只能赔着笑脸说，问题出在什么地方，只能回去给他们查一下，然后给他们每个人回复。因为他们每个人都有权力、都是大爷，你是服务的。有时候想：不管怎么说，后边有祖国给你做后盾。但也真的不容易。

问 1：那么多的 NGO，仅从提交的材料，可能还很难判断出一些真实的东西吧？是不是还要查大量的资料？

答 1：大量的文件资料要（审查），但你要学会抓主要的内容。只要是正式注册的机构就有章程，有财务审计报告。从这些东西你就基本上可以看出这个机构是什么样的。然后就是每年的年度报告。你把最近的年度报告给我就行了。美国机构一般都很完善，你要想把美国的刷下去都刷不下去。

问 1：很正规。

答 1：很正规的。而非洲的那些国家，你想拉它们，你就是想尽法子……你能不能再提供几行字？我就不用你交正式报告了。它们很松散。它们机构建立得都很松散。但是你为了使它们人数更多，不得不放松一点标准。即使审议通过了它们的资格，有好多机构后来都没有来。因为没有钱，也参加不了。能找到赞助最好。最后非洲有一大批说走不掉。当时在怀柔已经清场的时候，还有好多人说走不掉，最后都有这样的事。还有的当场就卖小商品，说要挣回去的路费。真是这样的。

在此之前中国肯定是一个很神秘的国家，不管是政治上也好，文化上也好，世妇会是个很好的机会，我相信参会的人都怀有各种目的，不同的目的。

问 1：我在日本的时候感觉日本来了很多人。

答 1：他们很近，这是主要的。日本要说起来的话，他们和韩国，也是由于这个会议在亚洲的召开，在中国的召开，对他们国内的 NGO 实际上也起到了很好的推动作用。如果你要仔细研究的话，根据一些数据可以发现，世妇会在中国的召开，实际上也起到了一些辐射的作用。我自己感觉是这样。

问 1：我有一次在日本开一个日韩的研讨会，很奇怪到会的为什么那么多女的。我就问去过世妇会的能不能举一下手，这一举手就有三分之一！她们第一次到中国，就是参加的世妇会，当时就是冲着世妇会来的。

答 1：因为他们距离比较近。当时参加这样的会议有一个语言的问题。在筹备期间，各个区域也好，都举行过区域筹备会。因为政府在准备的时候都必须包括区域筹备论坛。在亚洲开这个会的时候，亚洲也有一个 NGO 论坛，然后在这个论坛上，日本政府应 NGO 的要求，它们自己带同传设施去，自己配备翻译。不用你主办方规定的官方语言，政府提供设备，NGO 自己出钱安排同传翻译。我估计这也是它们来参加世妇会比较多的原因。

问 2：政府代表团参会是谁来出钱？是东道国吗？

答 1：你指的是谁？中国代表团还是外国代表？

问 1：外国。

答 2：外国代表团自己出往返和食宿等费用，会议费用由东道国出。

如果在本部开会，就没有额外费用。因为使用联合国自己的会场，但是如果在第三国的话，费用就需要我们自己来承担，包括我们的路费。当时我是从联合国过来的，我们的路费都必须东道国出。因为如果在联合国开就没有 travel 的问题。但实际上我们要求来北京，主要是为了扩大影响。

问2：整个费用大概有多少？

答1：这个我们不掌握，应该说非常具体的，恐怕没人能说清。

问1：财政上应该比较复杂。一个主要的费用是政府间国际会议即世妇会，其中主要是会场和会议本身的成本；还有就是怀柔的建设成本。应该不低的。

答1：是啊，怀柔可以说整个都重建了。

问1：半年的时间，一下子就建起来了。

答2：不过怀柔还是有一些基础的，很多部委在那边都有疗养院或培训中心，主要重建的是大一些的会场，还有就是整个道路系统的修整。

答1：有钱的人可以住疗养院啊什么的，有些人就说我没有钱我就住最便宜的房子，有一些居民楼盖好以后，还没有开始使用，也作为非洲人开会的住处。一共3万多人，一个 flat 里边住几个，当时集中盖了一批居民楼，提供给他们，并且那样可能是最简单的。因为当时，外国人想尽办法来刁难中国，我觉得。说你能不能做到这个，你能不能做到那个。刁难到什么程度呢，就是说，"我们要是在西方国家的话，就可以住在人家家里。"确实啊！在发达国家住在人家里很平常的，但是在中国，且不说有没有政治影响，就是当时的经济条件，也无法提供出来让外国人住的。只能想别的办法来解决经费不足的问题。

答2：我听说有一部分人是住在居民楼里。去年十周年，怀柔好多地方搞纪念活动，挂了一些牌子呀什么的，很大的牌子，也宣传了怀柔。

答1：会议中还有一件很具历史意义的事情，希拉里在那次会上提出"妇女的权利就是人权"这一著名论断。

问1：从北京城里过去得多长时间？

答2：那时候的道路没有现在好。去年世妇会，不，前年十周年，我们都过去了。现在路很顺。

问1：那时要多长时间？

答1：那时怎么地也要一个多小时。别忘了，那时候的问题是路好走，车不好。现在是车太多。我记得当时有一起事故，连夜通报。三个美国人的车撞到树上了。当时也成为他们攻击中国的（理由），报纸整个报道啊。

把会场安排在了这么一个地方。那个时候算，是一个半小时，我们说的是40分钟，那是官方说法，是在没有任何交通阻塞的情况下所花的时间，实际上怎么也得一个小时才能到。

问1：这对中国确实是一个很大的考验。当时的开放程度比起现在要差远了，尤其在怀柔。那么短的时间里将一座县城建设成为一个举办世界顶级论坛的会场，真的不可思议。

答2：这也是中国的优势。许多外国媒体也评论说，中国有很强的动员组织能力，在那么短的时间里，一方面是有条不紊地推进，另一方面是这个社会的全民动员。

答1：也就是在中国这种体制下能够很快地在这么短的时间内办成这样的大事，而且有着很强的凝聚力。在任何一个其他国家可能都很难做成这个样子。制度在某种情况下是具有强大优势的。

答2：从另一个方面来说，这是全民动员。比如，当时国内的工作主要集中在三个方面，一是财务，二是后勤，三是建设，都包括了政府会议和NGO论坛两个方面。NGO论坛方面，因为规模太大，也有很多不确定因素，因此需要大量培训。工作量和组织都面临着巨大的困难。

问1：当时国内来参会的代表是如何组织培训的？

答2：当时全国各省都有妇联组织参会。来的人不光是妇联系统的，包括党政系统的省和市两级的女领导。来参会的，我们要求要有一定的理论水平和政策水平，需要进行集训。大的培训，有的是在省里办，有的是统一组织，内容涉及很广，包括世妇会的基本知识、国内外时事政治、政策法规等。参与的人非常多，在一定意义上可以说是一次全民教育。

问1：妇联系统参会的有多少人？

答2：各省都有，每个省多则几十人、上百人，20人必须保证。其中包括在会上准备要发言的、提问的、主持的，还有特别邀请的专家。为了协调一致，会议开始前参会各方都要组织召开一些活动，在一起讨论啊，会提什么问题，怎么回答这些问题，要把问题集中起来，然后大家一起商量如何回答，碰到那样的问题怎么说。还要安排主持人和主旨发言。比如：这个论坛是我们和美国NGO一起主持，他们有一个主持人，我们也要安排一个主持人；他们有一个主旨发言，我们也要有一个主旨发言，有时一个论坛要安排两三个主旨发言。发完言以后还要有点评，还要有提问和回答。比如：美国人向中国人提问了，中国人也要向美国人提问。我们有一些基本的约定，主持人和主旨发言都要考虑平衡，对一些敏感的、热

中国NGO口述史 第一辑

点的问题一定要事先有所准备。

到了开会的时候，好多会场呀挤得那是水泄不通！我们还要根据现场的情况尽可能做出调整，有时几百人都拥到一个论坛上去，比如说妇女与卫生，妇女与健康，参会的人都特别多。有的参会代表在论坛中控诉本国政府对妇女问题不关心，带来了像健康、失业、参政等等问题，慷慨激昂，有的论坛上表达不够还要组织小型游行。

总的来看，应该说在很多问题上，各国妇女所碰到的问题大体是一样的，都程度不同地遭遇了性别歧视。但也有许多不同的地方，比如西方发达国家关注人权的比较多，发展中国家关注贫困、教育、卫生的问题比较多。西方 NGO 关注我们的主要问题都和人权相关，特别是计划生育问题，还有西藏问题等。会上可以看到好多人看上去是中国人，但讲着流利的英语，其中不少是达赖带出去的第二代，都是在美国长大的。这些人完全是站在美国的立场，指责我们侵略占领了西藏。我们事先从西藏请来了 20 多位代表，包括西藏自治区副主席和一些西藏问题专家，都穿着西藏的民族服饰，针锋相对地回应他们。有的人站起来说："我就是农奴出身！"这种现身说法很具有说服力，搞得那些从美国来的提问者灰溜溜的。

许多国家的 NGO 来参会都想更多地了解中国。它们往往带着许多疑问来到北京，有的听了不少流言飞语，说中国贫穷、专制、落后、不文明等等。过来一看，不是那么回事。反过来，我们对国外 NGO 也有一个了解、认识的过程，以前根本不知道什么是 NGO，见了面，相互交流以后，发现彼此之间并没有什么不可逾越的鸿沟，就有了相互的理解。其实有些 NGO 在表达自己观点时采取游行的方式并不可怕，比如在怀柔，她们并不是要打倒谁，不过是一个一个搭着肩，走一圈，喊喊口号，表明妇女要解放。观点表达出来了，情绪发泄出来了，该干啥还干啥。到了晚上，各国的代表们在一起，照样联欢、跳舞啊什么的。会议期间各国妇女之间实现了很好的沟通和交流。对于中国参会的妇女们尤其是一个很好的交流的机会，因为除了一些领导干部，我们大多数参会者都没有出过国，没有和外国人面对面交流的机会，这样的会议等于一次出国。虽然语言不通，也不见得说了多少话，但是妇女们在一起交流，有时候并不非要依靠语言，唱歌、跳舞，有时一个笑脸、一个手势，都是很友好的交流。

答1：世妇会上每一个参会者其实都成了外交家，可以说真正实现了"人民外交"。以往我们的外交政策主要掌握在从事外交工作的人手里，世妇会上就不一样了，每一个人都要面对无数的交流、表达，要掌握各种政策问题，也消除了外交的神秘感。我觉得，通过这样的会议，每个参会者都增强了国家责任，作为一个公民也好，妇女也好，更强烈地感受到国家的意义。

答2：也在很大程度上增强了民族的自豪感和自尊心，平时我们可能有很多牢骚和不满，有时还骂娘，但到了那时候，许多人都自觉地站到维护民族尊严、国家利益的立场上，有一种油然而生的爱国心，就像战争期间一样团结起来了。

答1：这些总的来说，可以衡量出一个事件使历史往前走了多少步，体现在各个方面。

5. 95 世妇会的影响

问2：世妇会对历史的影响当时还看不清，但回过头来看的时候，就成为一个重大的历史事件，成为推动中国社会进步的一个里程碑。

答1：这种影响也包括对妇联工作的影响，对妇女地位的影响，也包括对妇女 NGO 发展的影响。

问1：我就一直认为，世妇会培养了一批中国 NGO 的积极分子。回头来看，世妇会以后出现的 NGO 中有好多是从其中走出来的，像北京的王行娟、谢丽华、吴青，陕西的王明英、高小贤等等，都是当时世妇会的参会者或积极分子。

答2：我给你举个例子吧，全国妇联团体会员中在民政部门登记注册的，世妇会以后一下子增加了 15 个。为什么呢？就是世妇会所带来的一种直接需要，要搞各种论坛。比如：要举办"妇女与人权"的论坛，就由社科院发起成立相应的协会，要举办"妇女与法律"论坛、"妇女与家庭暴力"论坛，等等，就很快成立了一系列相应的 NGO。

问1：这些 NGO 现在都还很活跃。

答2：是啊，像女检察官协会，女法官协会、女企业家协会等等。许多著名学者也参与到其中来。所以你说得对，世妇会的确培育了一批积极分子，带动了全社会性别意识的提高。

答1：这也是世妇会的一个重大目标，从联合国的角度来看，就是要增强全社会的性别意识。

答2：后来我们在政策上进一步提出来将性别意识纳入决策主流，中央也逐渐接受了这个观念。如果没有世妇会，这一点恐怕很难实现。

答1：妇联推动的许多工作，比如包括保护女童等12个重要工作领域。都可以看出世妇会的影响。

问1：后来开展的几个大型公益项目也与世妇会有关？

答2：对，不仅公益项目，包括妇女参政问题也受到世妇会的影响。世妇会以后各级党政部门妇女参政的比例都有所提高。为什么呢？因为世妇会本身就涉及妇女参政。按照联合国的规定，妇女参政比应是30％。我们在《妇女发展纲要》中，就依据这个比例做了调整和必要的承诺。事实上后来成为党中央、国务院工作规划的一部分。大体上在上世纪90年代中期以来，各地逐渐形成了一种政策，每一级党委和政府的领导班子里都要配备一个女干部，后来发展成四大班子里都要配备女干部。

问2：学校、企业、政府也都有类似的规定？

答2：是啊，因为我们向联合国做出了承诺，承诺了就得实现。95世妇会召开十年以后，2005年9月我们在北京举行了隆重的"北京＋10"纪念活动，胡锦涛主席在人民大会堂发表重要讲话，联合国秘书长安南发表贺词高度评价95世妇会的成功举办，称其为一个重要的里程碑。

问1：还有一点是关于世妇会对妇联的影响方面，社会服务的功能增强是否也可以看做是世妇会以来的一个显著变化？比如妇联开展的一大批公益服务项目，像扶贫方面、艾滋病防治方面等等，大部分好像都是上世纪90年代中期以后开展起来的。

答2：从根本上说，妇联的宗旨和基本职能是维护妇女权益，我们强调一手抓维权，一手抓发展。在维权中促进发展，在发展中提供服务。早在1949年的妇联章程中我们就明确规定要"维护妇女的权益"；另一方面，服务始终是妇联的四大任务之一，要通过服务来推动妇女发展。现在我们强调妇联要"虚功实做"，不能被动维权，要通过服务来维权，服务本身就是维护权益，要通过服务，比如说下岗女工的培训、再就业等促进维权。再比如小额贷款。妇联强调要"贷穷不贷富、贷女不贷男"，这本身就包含着维护妇女权益。

问1：小额贷款好像也是世妇会以后开展起来的。

答2：是啊。原来的扶贫是输血方式，不仅扶贫款收不回来，效果也不好。采用小额信贷方式一年一签，妇联帮助农民找项目，找市场，不仅有贷有还，还实实在在地帮助一批农村妇女致富了。现在很多省、市、县的妇联都在尝试小额信贷，有的地方越做越大。现在已经从农村进入了城市，包括四川、云南，甚至北京，各地的妇联都在尝试小额贷款。

问2：对，一些妇联在城市里开展面对下岗女工等城市妇女的项目。

答1：世妇会妇联开展的很多工作，其实都是在落实后续行动计划。世妇会的 12 条建议性纲领中，包括了小额信贷，包括了维护妇女权益和反对家庭暴力，也包括了保护女童及其教育。这方面的工作不仅是妇联在做，包括联合国机构、包括福特基金会和许多在华的国际 NGO，都在积极落实世妇会的后续行动。

答2：世妇会以后国际合作成为妇联的一项主要工作，各种国际合作的公益项目显著增加。过去妇联要是想支持妇女干点什么事，都去找政府要钱，现在可以通过国际合作争取资源。帮助妇女开展各种国际项目，妇联的业务范围就显著增大了。

问2：妇联成立了国际部和外联部？

答1：我们叫国际联络部。国际联络部的主要职责是双边交流、多边会议和国际合作。

答1：到目前为止，妇联国际联络部已经和 160 多个国家及地区、500多个规模较大的妇女 NGO 建立了联系，其中还包括没有建交的国家。世妇会以后，党和国家领导人出访的时候经常被提到世妇会，称赞"你们开了一个很好的大会！"让我们也感到自豪。

答2：这也说明，妇女会议不仅是妇女的问题。其实我们翻译也有问题，应该是"妇女事务"，而不是"妇女问题"，更不是妇女的大会。其实世妇会以后很明显的一个变化是，关注妇女事务的，包括参与相关会议的代表中，男性所占的比重越来越高。

问1：我也正想问呢，会议的男女比例怎么样？

答1：政府代表团你放心，绝对还是男的多。NGO 嘛，大体上因为是国际会议，所以参会的大概有三分之一到一半是女性。

答2：世妇会显著提高了中国的国际威望，我们后来出访的时候明显感觉到跟以前不同，包括媒体的报道也有不少变化。很多人都会说："你们开了一个成功的国际会议。"这让我们产生了一种自豪感。

答1：提高了国家的威信？

问1：世妇会增强了整个社会的性别意识，我们在一些会议上也会感觉到这种变化。有时候经常会被问：你们的男女比例怎么样？

问2：妇联有男干部么？

答2：都有。而且这几年各个部都有。也有干到局级的，但是最高到局级。

问1：最后一个问题：世妇会从整体上看积极意义很大，刚才我们也谈了很多。那么从个人角度看，世妇会还有什么比较遗憾的地方，或者说不够、可以做得更好的地方？

答2：这个怎么说呢，其实当时大家齐心合力地忙、忙、忙，会开完了，大家感到都挺有收获的。但是要说如何充分地利用世妇会这个平台，更好地总结、提高，然后更好地推动我们的工作，我觉得这方面呢，不管从妇联角度看还是从整个国家角度看，都有不够的地方。这么大的一个活动，真的可以很好地总结反思一下，认真研究一下我们的NGO，提高一下我们NGO的水平和质量。另一方面，也认真研究学习国际社会的NGO。这是我们第一次比较正面和直接地接触国际NGO，它们有很多地方值得我们研究学习。比如NGO和政府的关系，西方也有很长一段时间是对立的，但"二战"以后随着资本主义的转型和政府的改革，NGO和政府之间形成了广泛的合作关系，政府把许多公共服务交给NGO去做，拿钱买服务，充分发挥NGO的作用，这些都是值得我们学习的。

如果没有世妇会，NGO的概念恐怕在中国还不会被接受。世妇会使这个概念流行起来，也被政府所接受，在实践中还涌现出了大量中国的NGO，因此世妇会对于NGO在中国的发展的确起到了重要的推动作用。

问1：我有一个体会，尽管世妇会意义很大，但对世妇会的研究还真不多。我看了一些资料，多是介绍性的，研究性的很少。

答1：我的感觉当时主要还是作为一项重要的政治任务，时间仓促，很多东西是边学边策划边行动。比如说NGO论坛，一开始我们只是想方设法接待好，只要顺利开完会送走就行，当时没有想到这个会议有什么重大意义，做得多，想得少。后期是大量的后勤工作，事务性工作，像排山倒海般压下来，压力很大，对妇联来说那个时候承担着巨大的压力，我们的绝大部分精力都投入到会务工作中。会议开完后，我记得启璪主席把我叫到一个小屋子里坐下来说："永玲啊，我现在才真正松了一口气！"我记得那一天，我们拍了照，一起到一个小卡拉OK去小小庆祝了一下。我们终于完成了一个重大的政治任务。

答2：当时不仅妇联压力大。国务院压力也很大，主要是政治压力大。会议开完后，我们更多感觉到完成了一个重大的政治任务，陶醉在庆功会、表彰会上，缺乏对会议的认真总结和反思。其实有很多东西很值得总结，世妇会创造了历史上的许多第一次。但这些，都没有来得及深入思考和总结。

 马延军 陈永玲 谈95世妇会NGO妇女论坛

答1：另外，当时我们的研究队伍还没有组建起来，研究力量也很弱。世妇会的真正意义，包括对妇联的意义，对我们国家的意义，对社会发展和进步的意义，是在会议结束后我们才逐渐体会到、认识到的。

还有一点，我们每个人都处在不同的岗位上，承担着不同的职责。要想了解全貌和整个过程，需要站得更高一些，需要更多的讨论和交流。这些都还不够。我自己是有一种历史感和责任感的。当时就有人跟我说：应该写一本书。现在回想起来，的确有很多非常珍贵的东西，也磨砺和丰富了我的人生经历。我的感觉，经过那三年，我对 NGO 有了更加深刻的认识。我在秘书处所做的工作，主要是申请出席政府会议的 NGO 的资格审议，虽然有不少局限性，但还是接触了各种各样的 NGO，这是十分难得的。当然，我所接触的，也只是世妇会很有局限的一个方面，有许多人，他们亲身参与到会议的讨论中、行动中，他们的体会和感想更有价值。如果有机会，希望你们能够去采访他们。

访谈印象

长久以来，我一直想就 95 世妇会及其 NGO 妇女论坛做一个口述史研究。在我的眼里，那是一个传奇般的会议，我虽没能亲临现场，但从媒体的报道和各种资料中，能够感受到来自会场上的一种前所未有的巨大魅力。

几年前因承担中国红十字会的一项研究有幸对时任会长的彭珮云副委员长进行专访，谈到 95 世妇会及 NGO 妇女论坛，当时她是筹备委员会的中方主席，说起那两个会议对 NGO 发展的影响，她用了"里程碑"一词，给我留下了深刻的印象。她对我说："你如果有兴趣，可以找妇联的同志谈谈，她们了解很多。"

后来在全国政协会上，我结识了全国妇联的马延军部长。她全程参与了 95 世妇会及 NGO 妇女论坛的筹备工作，谈起来兴致勃勃。她听说我想做口述史研究，痛快地答应一定帮我联系。

很快，延军帮我联系了妇联国际部的陈永玲。我从相关材料上知道她的名字，她在世妇会期间担任联合国的秘书处官员，是我国在世妇会期间特意安排的唯一一位驻联合国机构官员，主要负责 NGO 的参会审批，是一个很理想的访谈对象。

在一个秋日的下午，我们来到全国妇联。在一间不大的会议室里，与永玲、延军进行了一段关于 95 世妇会及 NGO 妇女论坛的回忆之谈。她们做了精心的准备，带了一些文件和资料。永玲给我的印象更像一位来自校园的谦谦学者，她彬彬有礼，但谈锋很健；延军因为长期在政府任职的缘故，干练且大方，整个访谈我们交流很充分。她们两位一再表示自己所处的位置缺乏全局性，所见闻的也有很大局限，推荐我要多访谈几位当事人，特别是妇联的领导。后来因为种种原因，联系的几位领导都未能访谈成功。这次的访谈于是成为我们关于95世妇会及NGO妇女论坛口述史研究的唯一依据了。

　　95世妇会的时候我还在日本读书。回国后搜集了不少这方面的资料，也见到了许多参会的活跃者，如刘伯红、郭艳秋、王行娟、高小贤等等，但一直没能有机会深入访谈。虽然这里记录的只是关于95世妇会及NGO妇女论坛的星星点点，但我很高兴这样一种用口述史方法做的研究已经开始揭开尘封这一事件的一角，如果有幸，我会继续这样的访谈。也希望有更多的人来关注这种研究，在许多当事人还健在且记忆犹新的今天，期待我们的关注和研究能够留住95世妇会及其NGO妇女论坛更多的细节给中国公民社会的历史。

谈95世妇会NGO妇女论坛

三　徐永光　谈青基会与希望工程

访谈徐永光先生

访谈题记

徐永光先生，1949年出生于浙江温州，希望工程创始人，曾任团中央组织部部长、中国青少年发展基金会秘书长兼副理事长，现为南都公益基金会理事长。

青基会，全称为"中国青少年发展基金会"，英文为 China Youth Development Foundation（缩写为 CYDF），成立于1989年3月的全国性公募基金会。其宗旨为：通过资助服务、利益表达和社会倡导，帮助青少年提高能力，改善青少年成长环境。希望工程是由青基会与团中央于1989年发起的以救助贫困地区失学少年儿童为目的的一项公益事业。其宗旨是资助贫困地区失学儿童重返校园，建设希望小学，改善农村办学条件。援建希望小学与资助贫困学生是希望工程实施的两大主要公益项目。希望工程的实施，改变了一大批失学儿童的命运，改善了贫困地区的办学条件，促进了基础教育的发展，推动了以扶贫济困、助人为乐为核心的公益慈善事业的发展。

青基会和希望工程，作为中国公益事业的一面旗帜，曾经红极一时，经历了光荣与梦想，也曾备受争议。徐永光先生的口述史是在他离开青基会和希望工程、成功转型担任中国首批非公募基金会之一的南都公益基金会负责人之后进行的。百忙之中的永光先生欣然接受我们的访谈，并对访谈笔录提出了许多修改意见。在此谨向永光先生致以深切的谢忱！

1. 创办青基会的历史背景

问： 徐老师您好，我们想就青基会对您做一个访谈，主要想请您谈谈创办青基会的背景、想法、经过，以及您致力于公益事业的感想和体会。

答： 我做青基会，后来做希望工程，一直让大家觉得好奇。1988 年 5 月共青团十二大召开之后（当时我是团中央常委、组织部长）我向团中央书记处提出，由我来创办一种共青团新的发展机构。之前，1987 年时，我是团中央政治体制改革研究小组的组长，由我主笔起草了关于《共青团体制改革的基本设想》，经过中央书记处讨论，在共青团十二大通过。在基本设想中，有一项是创办中国青少年发展基金会，为青少年事业筹集资金的方案。另外，还计划创办共青团经济实体——当时党政机关办公司比较热。经书记处研究，同意成立团中央事业开发委员会，我任副主任兼办公室主任。我同时推动两项工作，一是筹办基金会，二是筹办中国华青公司。如果公司批下来，我就去办公司了，但正好国务院清理整顿，不允许办公司，于是就办了基金会。中国青少年发展基金会于 1989 年 3 月正式注册，我做第一任秘书长。

做希望工程、基金会，有成功或失败的可能性，因为当时这类机构在中国完全是新生事物，谁也不知道怎么搞。因为没有先例，就赶紧恶补，了解国外机构的运行情况，借鉴国外经验。当时主要是了解苏联、东欧国家青少年机构通过基金会募集资金方面的情况，以及西方国家青少年领域非政府机构的投入模式。当时研究共青团体制改革，如何解决青少年事业发展经费不足，是一个重要课题。国家对于青少年的发展没有专门预算，只有各级共青团机关行政经费的预算，是与党政系统一样的。我们研究了财政部预算的所有条目，国家没有青少年事业方面投资，就考虑是否可以依靠新的筹资模式，依靠基金会向民间筹集资金。

1988 年申请创办基金会时，国务院颁布了《基金会管理办法》。中国青基会就是依据这个办法成立的，后来做希望工程，做得比较成功，而且一直保持到今天，虽然受到过很多的打击，但到现在还没有衰退，有很多原因。

问： 最初考虑把基金会定位在为农村贫困儿童服务，是否向宋庆龄基金会了解过一些情况？

答： 我们与已经成立的宋庆龄基金会、儿童基金会、科技发展基金会，互相也有一些联系。但用希望工程的项目进行筹资，完全是自己想出来的，没有借鉴别人的做法。

基金会在国外通常是先有一笔巨额资金，然后来资助别人。我们是有一个基金会的牌子，但自己没有钱，有了这块牌子可以依法募捐。今天才明确了叫公募基金会。我们需要设计项目，靠项目募捐。青基会主管单位是团中央。

注册很简单，没有任何困难。因为是团中央要办基金会，那时规定，一个部委可以办一个基金会，当时还有一个业务主管部门是中国人民银行。

2. 青基会及希望工程的创设

问： 是什么使您决定放弃仕途，转做基金会的呢？

答： 实际上，当时是我在体制里面发展最好的时候。我做这个决定最主要的原因也许是受一种地域文化的影响。我是温州人，温州人血液中流淌着注重实务、不尚虚名的商业文化的血液，那是受南宋永嘉学派事功学说的影响。①

商业文化和官场文化是两个系统。如果走仕途我就要适应官场文化，就要把个性收敛，不光务实，还要务虚。人事方面的经营，我是一窍不通。我到团中央以后就一直很想做事情，共青团十二大后，我认为我该做出未来道路的选择了。一条路是离开团中央，转业到其他党政部门，当时我 40 岁。我相信如果我安分守己，也会走好。因为我有太多自己的想法，走仕途并不适合。我很想做一些自己想做的事情。这是我辞掉团中央的职

---

① 南宋永嘉学派代表人物叶适是温州人，他提倡"事功之学"，重视商业、主张提高商人地位，被视为温州创业精神的源头。徐永光常援引其"善为国者，务实而不务虚，择福而不择祸"的说法来概括自己的理念。

务来做基金会的原因。温州人是非常聪明的群体，特别有创意，特别不安于现状，不怕困难，富有挑战性。也正因为如此，温州人做大官的很少。我相信我决定离开团中央做基金会的背后，骨子里是温州商业文化传统对我的影响。

另外，也许有我自己生活经历的因素。我出生不久，还不会说话的时候，父亲就去世了，母亲带着 5 个孩子生活，日子过得非常艰难。母亲也没有正式工作，给别人补袜子，唯一的生产工具就是缝纫机。在团中央工作时，1986 年 3 月到 5 月期间，我去了广西柳州地区三江侗族瑶族自治县调研，发现农村教育极度落后的状况，回来专门写了篇关于贫困地区教育文化发展的调查报告。1988 年准备做基金会的时候，有四个人准备讨论下一步怎么做，这四个人是我、郗杰英、李宁和杨晓禹。当时我们讨论青基会成立以后做什么。青基会成立时只有 10 万元注册资金，我就不假思索地说："救助贫困地区的失学儿童。"大家都说好。

我们几个人都做过基层工作，对贫困地区孩子受教育的困难比较了解。当时没有考虑团中央创办的基金会要优先考虑开展青少年政治思想教育的问题，资助贫困地区的失学儿童是我们的首选。我们非常清楚基金会应该关注什么问题。选择救助贫困地区的失学儿童，抓住了公益事业最容易得到社会关注和支持的几个点。在世界范围之内，儿童问题、教育问题、贫困问题都是公益慈善事业特别关注的，希望工程把这三个问题捆在了一起，所以该项目一宣布，马上就引起了社会的高度赞同和响应。慈善募捐在中国现在的条件下面最重要的不是从理性的层面进行引导，可能还是情感方面的激发。后来我发明了一个词，叫做"慈善募捐的眼泪指数"，希望工程在慈善募捐中是眼泪指数最高的一个项目，最能够打动人的感情。

问：您如果走仕途这条道路，可能也会走得很好。选择了放弃，有没有过后悔？

答：从内心讲，我很满足。我离开了仕途做希望工程，中国不过是少了一个可多可少的官员，但是多了一个希望工程。

3. 青基会与希望工程的成功经验

问：青基会自创办以来，经历了艰辛，也获得了荣光，取得了巨大的成功，您能不能给我们介绍一些成功的经验？

答：做一个事情要成功确实很难。几乎可以说：一件事情，会有 100 个理由、100 个原因让你失败，所有的原因和理由都要遏制住，所有这些让你失败的理由和原因都要变成成功的理由。

我概括，想要成功需要在三个层次上把握好：一是宏观把握。做事情与党中央政策、社会潮流、公众需求都要相符合，还要与世界潮流相符合。这样就保证了方向正确。二是中观策略。在运行过程中要注重所有的社会关系，注重社会发展中环境的营造。社会关系的处理，包括与主管部门的关系、青基会内部的关系、省级青基会的关系。中观策略要非常到位得体。三是微观操作，技术层面、项目设计、社会动员、管理监督、对客户的服务，这样的微观技术操作层面要到位。接收一笔捐款，到了孩子手里，反馈到捐款人，整个的流程有 20 多道程序，每一个程序都是一个不可忽视的微观过程。我们救助了将近 300 万孩子，如果乘以 20，就是 6000 万道程序，如果有千分之一的 6 万个差错，每一个差错捐款人都可以向你讨说法。1994 年希望工程 1＋1 助学行动，采用计算机结对，数据库中有几十万孩子的资料，捐款人也有几十万，承诺捐款人可以选择捐助的对象、地区、民族、性别，我们就难了。计算机 24 小时运行，把符合条件的结好。最后还有 10 万对结不上。1994 年结对救助规模从 54 万跳到了 110 万，最后只好硬配对，这样问题就很大了。当时电话都打爆了，捐赠者说我们欺骗他们，承诺没有兑现。我们只能希望求得谅解。实在不行，就调换。我们在硬性结对之后都附了致歉信，主动表明我们给你安排的不是你原来希望结对的，有何原因。这样一来，绝大部分的捐赠者接受了这个结果，但还有一些不接受，那么就按照他们的意愿重新改正。这样的细节一定要把握好，否则会给机构带来麻烦。

希望工程的设计一开始就很到位，1992 年开始，我们推出了希望工程百万爱心行动。因为听取了捐款人的建议，我们的运作方式由过去不结对转为结对。1992 年以前，受制于结对做法技术上的要求很多，很难。但这么做的好处，一是捐款人直接参与救助的过程，有成就感；捐款人与孩子保持联系，给孩子带去信息，对成长有益。二是捐款人直接参与监督，走过全过程，保证了希望工程的每一笔钱背后有一双盯着我们的监督的眼睛。这样的制度设计确保希望工程做了十几年没有砸牌子。不能说希望工程不出问题，面铺得很广，环节很多，出问题是必然的，但这种做法的好处是出了问题马上就会被发现。当时我经常讲：公众监督是希望工程最好的保护神。

此外，还有一个成功的经验是：我们非常注重希望工程品牌的保护。品牌的保护在于四个律：自律、他律、互律和法律。首先是法律保护，我一直考虑希望工程怎么不被做烂。法律上、管理上都应有严格的规则，不能被任何人搞走样，出问题要受到制裁。我们比较早想到了商标保护的力度，1995 年希望工程获得了国家商标局服务商标的注册，是国内第一个公益商标。所有的省青基会进行希望工程募捐，都需要经过中国青基会的商标使用授权，每年一次。1994 年我们推出的"希望工程 1＋1 助学行动"，省市县都可以以此活动开展募捐，建立地县基金，希望工程急速推动发展，成果显赫，但我们意识到背后的巨大风险，于是把 1995 年定为希望工程管理年。可以说，几百、上千个地县希望工程基金都是火药桶，定时炸弹，只要有一个出问题，那就了不得。中国青基会断然决定撤销所有地县基金，当时的阻力之大是可以想象的，但为了希望工程的长治久安，不能不这么做。我提的口号是：牺牲效率保平安。我们只把希望工程筹款权授予省级青基会，要求地县基金全部收归省青基会统一管理。事实上并没有完全收住，很多地方共青团组织还是在募捐。像我们这样一个并无行政控制权的基金会，对希望工程的保护只能依靠法律。那些继续用希望工程名义募捐的地方团组织，我们没有轻易动用法律干预的手段，靠省一级青基会对他们进行严格监管，并报请团中央、国家审计署联合发文，每年对希望工程捐款进行审计。这是一种妥协，也是一种策略。因为中国青基会手上握有希望工程的商标权，万一哪个地方共青团组织在管理上出了问题，就属于商标侵权行为，我们可以起诉它。这样就不至于整体上让希望工程品牌受损。当然，这对于希望工程的品牌保护是存在风险的，好在希望工程在管理上有一套全国统一的规则、规范，社会也在一起监督，还没有中国青基会就希望工程起诉地方共青团组织的案例发生。

其次是制度设计中要有他律，所有参与者参与监督。有了他律，希望工程让好人来做，会做得更好，一旦有坏人，也不敢有非分之想，不会有可乘之机。他律是成功的基本前提，自律①是不败的法宝（不一定是成功的保证），法律保护是成功的重要保证，互律是行业优胜劣汰、健康发展的重要条件。基金会在中国主要受政府管理部门控制，官办色彩很浓，行

---

① 附：中国青基会"五透明五不准"自律守则：财务管理透明，不准设任何形式的"小金库"；收入分配透明，不准谋求任何工资以外的收入；投资运作透明，不准谋求和机构相关的任何个人投资收入；资产管理透明，不准利用捐赠物资和特许物资为个人谋利；资助管理透明，不准利用分配资助款的权力收受礼品。

业整体上有很多欠缺，会不断出问题和麻烦。要防止一人生病，大家吃药，甚至劣币驱逐良币。所以把行业互律（自律）联盟做起来，在一个共同规则下追求卓越，可以创造出马太效应，捐款就会流向优秀的机构。要形成健康发展的生态环境，我总结了八句话、三十二个字，"法律规范、政府监管、组织善治、行业自律、社会监督、公众选择、平等竞争、优胜劣汰"。

4. 谈谈"青基会事件"①

问：您能不能谈谈工作中的一些失误、经验教训？比如"青基会事件"。

答：这些问题是需要谈的。实际上有一些事情还是造成了社会上的一些困惑。基金会在中国的发展前期，政策法律环境、条件不是很好，在社会的心理准备方面，对公益事业发展的一些基本规矩，诸如基金会需要管理成本、资金的投资增值属于基金会的常规合法行为，也不是太明白。了解这些需要一个过程。1988 年的《基金会管理办法》规定，基金会人员工资管理费用，只能从基金的增值，包括利息、投资股权收益当中来支付。也就是说，基金会的运行管理成本不能从捐款中提取一分一厘，为"零成本"运作（2004 年《基金会管理条例》则规定，基金会管理成本只要不高于总支出的 10% 即为合法）。这就非常明确了，你要通过基金的投资增值，让钱生钱来支持你的运作。国家法规不允许你从捐款中提取管理费用，公众也是一种同样的心理。公众认为捐款是让你给救助的对象发放的，绝对不允许你拿着捐款发工资、发奖金的。

问：当时好像青基会的员工是国家发工资的？

答：有的基金会是，但中国青基会的人员费用完全自理。公众在观念上不能接受的还有用捐款来做投资，认为应该把所有的捐款都用到项目上去，拿去投资那不是"挪用"捐款吗！事实上，很多捐款并不是马上就用到项目上的，在捐款使用过程中存在一定的时间差。比如一笔助学金，我们通常是一次性接受的，但要分若干年比如五年分期拨付给学生。这样就会有一部分资金存留在基金会手里。这笔钱，是可以用来保值增值的。按

① 2002 年 3 月，《南方周末》和香港《明报》等媒体披露中国青少年发展基金会违规操作事件，在海内外掀起了轩然大波。这一事件被称为"青基会事件"。

照当时1989年国务院颁布的《基金会管理办法》，基金会可以购买一定数量的股票，只是股权投资不得超过被投资公司股本的20%。

问：你觉得这个规定合理吗？

答：不合理。2004年颁布的新的《基金会管理条例》就没有这个限制，只规定基金会保值增值要符合合法、安全、有效的原则。在当时情况下，基金会为了生存发展必须去增值，法律也允许进行投资。但投资就会有风险，谁来决策？怎么控制投资的风险？这些在当时条件下都没有明确规定，也没有先例可循，我们只好摸着石头过河。回过头来看，从1992年开始，我们的确有一些项目在投资决策和管理上不够严谨，这些问题也是存在的。我们的困惑在于：我们必须投资，但又不是专业的投资机构。在中国这样一种市场经济不规范、法律制度不健全的大背景下，你的投资又要交给别人去管，投资就更难控制，风险也更大。当然从总的情况来看，最大的问题还是投资环境不好，有关基金会投资的一些限制性规定对我们参与管理也不利，同时我们又不是专业投资机构。投资项目有亏有盈，这是无法避免的，但从总的结果来看，我们是赚钱的，是盈利的，有几个投资项目已经上市或即将上市，有很高的回报。我们利用这个盈利维持了基金会十几年的运行。既然盈利亏本属正常现象，总体还是盈利的，那为什么还要挨骂呢？就是因为你不够透明。既然是基金会，就应该透明啊！无论是投资还是做别的任何事情，都应当向社会公开，应当成为公开透明的"玻璃口袋"。有一次央视搞时空连线，有几个专家就指责我们说你没做玻璃口袋嘛。主持人也讲：青基会希望工程好像盖着一层面纱。我想说的是：做玻璃口袋需要有做玻璃口袋的材料，你给我的材料是木头，又没有起码的条件和外部环境，你让我怎么能做成玻璃口袋呢？当时的情况的确是那样，搞正常的投资活动除了本身的风险，还有社会舆论不理解、误解的更大的风险。今天则不同了。现在我认为我们完全有条件做玻璃口袋了。2004年国务院颁布了新的《基金会管理条例》，2005年财政部出台了《非营利组织会计制度》，有了这些基本的制度保障，基金会就完全有条件做成玻璃口袋了。反过来，你要是做不成玻璃口袋就有问题，为什么？《基金会管理条例》规定，行政经费10%可以在捐款里提取。青基会这十几年下来总共收到捐款一二十个亿，按照这个规定可以提一两个亿用于行政经费。除了10%行政经费外，作为公募基金会，还有筹款成本和服务成本，新的会计制度规定也可以从总的筹款额中提出一定的比例。有了这样的规定，青基会也许就没有冒险去搞投资增值活动的必要了。当时资金增值压力很大，政策和投资环境又不好，我把投资回报放在第一位考虑，没有控制住风险，导致了一部分项目失败。这是一个历史的过程。我个人觉得比较欣慰的是：我没有因为这些问题而倒下，还是挺过来了。媒体曝光，审计和纪检部门"挖地三尺"审计、调查，但我个人没有任何问题。我主持中国青基会和希望工程工作十多年，个人在财务上没有一分钱的毛病，这是我做公益慈善的一个基本信念——恪守"道德零风险"的结果。

5. 希望工程的未来

问：希望工程"1+1助学行动"这么大规模的结对，管理起来的确还是挺困难的，这些问题怎么解决？

答：这么大规模的结对，事实上风险很大，后来我们要收，1997年我就提出希望工程要收，要结束，不能再做了，当时我觉得风险实在太大了。

问：在哪方面？

答：管理风险。希望工程做到了90多分，它的水平就是90分，我说再做的话，也加不了多少分，但是有可能一下子就变成了零分。而且当时政府提出，要在2000年实现"普九"，即基本消除教育贫困。既然政府都提出来了，我们再做就被动了，将来政府也不会接受的。所以我当时提出不能再做下去了。……但是结果还是收不住。共青团系统，包括全国和地方的共青团系统都不答应，中央许多领导也都出来讲话，说希望工程不能停，要继续。我当时说希望工程要在2001年结束，要把希望工程送到历史博物馆供起来，它还是一个完美的东西。但是如果再做下去，可能搞不好，我们都会变成千古罪人。关于这个问题我讲了很多次话，事实上就是收不住。这件事情反过来说明了什么？一个真正好的东西，你想不做都不行，要不是一个好的东西，你想做也做不成。所以我觉得希望工程是头挑得好，我们是做了一个很好的策划和管理，希望工程真正是社会需要、全社会共同推动的事情。所以你想停都停不住。

6. 南都基金会及新公民计划

问：您能不能谈一谈南都基金会的一些情况？

答：我认为公募基金会的优势是筹款能力很强，它能够用一些好的项目筹集到很多资金。如果能选择优秀的实施机构合作，可以提高资金的使用效率。譬如说爱德基金会，它一年的支出有上亿人民币，机构只有几十个人，主要是与地方的公益组织合作来实施项目。在基金会是自己做项目还是资助草根组织做事情这个问题上，有不同的看法。有的人认为目前草根组织能力还是比较弱，资助它们做事情不一定能取得好的结果。南都基金会成立以后，我们也碰到这样的困惑。现在新公民计划、特别是新公民学校项目招标比较困难，也就是说把钱花出去、花好还比较难。这个难是由两个原因造成的，一是目前的公益组织普遍发展得还不够完善；二是现在社会中关注农民工子女教育的机构还比较少。面对这样的问题，我的看法也还是比较坚定的。目前 NGO 的能力弱和关注农民工子女教育的机构少，不能成为我们不资助的理由，反倒要求我们给予更多的资助。因为需要培育这类组织，通过我们的资金支持使一些组织成长起来，使那些优秀的项目得到更好的发展。其实这也是先有鸡还是先有蛋的问题。对于南都基金会来讲，我们还是要坚定不移地支持和培育民间组织。这里面就谈到了非公募基金会的职能。非公募基金会应该更加坚定地选择资助型机构的定位。我认为从资金使用效益的角度来讲，做资助型机构，选人做事一定比养人做事更好一些。南都基金会目前正在做一种公益创投的模式，即公益的风险投资。

问：请您解释一下什么是公益创投的模式？

答：南都基金会资助建立新公民学校，这个资助过程就是在资助、创立一个新的非营利组织，它既是一个学校，又是一个新的教育 NGO。我觉得一个新公民学校实际上就是一个小的教育基金会。我们把这笔钱（二百万）捐出去以后，就能够产生一所非营利的民办学校。按照国家现行的有关法律法规，对教育捐款，企业是可以全额免税的。新公民学校接受捐款也是免税的。税收政策对于新公民学校整合社会资源是非常有利的。

我们研究过许多私募基金会的运行模式。基金会主要有两种类型，一种是资助型的。在国外，基本上私募基金会都是资助型的。南都基金会也是一个资助型的。就是说有一些项目不一定是公益创投的，而是直接资助公益项目或现在的公益组织。这是南都基金会一部分的支出。第二种是公益创投型的。国外的基金会有一部分是公益创投型的，同时还有一部分是做思想库的。在国内目前还不具备这样的条件，所以我们南都基金会主要还是定位于资助型公益创投。公益创投是在做新公民学校这个项目中渐渐被提出并明朗化的。我觉得新公民学校是一个典型的公益创投。

目前我们还不会做思想库这样的定位，但我们还是要资助一些推动政策研究的项目。这些项目也是南都基金会资助范围之内的。也就是说，虽然我们是以推动项目为主的，但在政策推动方面我们也应该做一些事情。国外的私募基金会，主要有资助型、公益创投、思想库。我觉得南都最主要的定位就是资助型和公益创投。

问：思想库这块南都是不是也可以尝试？

答：是否要做思想库的尝试，要看机构本身是如何定位的。我们不做思想库，是因为我们的定位以及我们基金会的几位出资人都认为：第一，在中国做思想库的条件不够成熟；第二，（南都的）出资人都非常务实，包括周庆治在内，我们都认为需要做的事情还很多。而且南都现在主要选定的资助对象是农民工子女的教育。基金会支出的80%都用于农民工子女的教育，从需求看，基金会未来二三十年都将关注农民工子女教育问题。

问：南都基金会是如何决定要关注农民工子弟教育的呢？能不能介绍一下新公民计划？

答：南都基金会的一个重要的方向，就是关注农民工子女教育。现在的农民工子女14周岁以下的有8000万，这个数字是国家权威部门提供的。而这8000万的孩子，只有1000多万跟随父母进了城，有6000多万是留守儿童。留守是个很麻烦的问题。留守儿童多，最主要的障碍就是进城读书找不到学校，根源在政府失灵和市场失灵。因为户籍制度、教育经费是和户口联系的。北京一个公立小学的一个小学生一年的成本是1万1。对农民工子女来说，他的爸爸在北京打工一年的收入也不过1万1。你说一个农民工带着孩子进北京，他就能够平等进入公立学校吗？政府就能够敞开大门吗？这是不可能的。而且公立学校要注意的是：过去是农村免费，2008年国务院宣布城市也开始免费教育。这对农民工子女来讲不是福音是灾难，什么道理呢？过去是没有免费教育的，虽然中央也说不能收借读费、赞助费，但是还没有实施义务教育免费的国家大政策。所以进公立学校是偷偷收费的，叫自愿赞助，捐给教育基金会。免费教育来了，变相收费就要被曝光，要被追究。教育部门采取的策略是：对不起，我钱不收了，人也不要了。怎么办呢？提高门槛，原来要五个证，现在加到七个证，有的地方加到十个证，要独生子女证，要房产证，或者租房证，工作单位的证明，什么乱七八糟的证，父母没有犯罪记录的证明都要拿来。钱不能收了，人我也不收，办法理由很多。这是政府失灵！

所以现在的公立学校接收农民工子女进行教育的政策可能在倒退。再说说市场失灵。以北京为例，北京有300所打工子弟学校，其中240所是非法的。这些学校的特点是低投资，低收费，教师低薪酬（800块钱发10个月，暑假、寒假是不发钱的），教育低质量。

孔子讲：父母在不远游。他是有道理的。现在父母远游，子女留守。一个这么大的群体，现在农民工都已经第二代了，实际上是在牺牲这一代留守儿童。未来，社会是要承担这个后果的。地方政府政策开明的，还有一个洼地效应。如果一个地方政府说我的公立学校对你们敞开大门，那水全流过来了，那这个地方政府的压力也不堪承受。所以目前解决农民工子女的这个体制，政府很难办，市场也失灵。

我从2002年研究农民工子女教育问题。2002年，我在政协会上提交了关于解决农民工子女的教育问题的提案。一直到2007年基金会成立了，我就跟周庆治商量，把对农民工子女教育的关注作为南都基金会的一个核心目标，这与周庆治关注城市化进程中重大社会问题的考虑目标完全一致。理事会通过了基金会的这个重要战略安排。我们除了资助一些关注农民工子女教育的公益项目以外，重点是探索一条农民工子女进城读书的第三条道路——公益学校。农民工子女的教育，只有公立学校不行，只有私立学校也不行，极端政府化加极端市场化想解决这个问题有困难。现在，中国的民办公益性学校基本上等于零。国外的私立学校大多是公益性、非营利的，我们没有非营利的学校，所以我们走的是农民工子女教育的第三条道路。这个非营利学校的资源动员结构是，南都基金会作为公益创投，或者是种子基金，有一个受托管理机构——新公民学校发展中心，来管理所有新办的新公民学校。其他的资源主要应从社会和政府获取，当然作为民办学校，收一些学费也是合法的。这么说吧，如果是只有公立学校和私人办的民办学校，社会关心农民工子女教育的热情和资源的出口在哪里？给公立学校吗？没有必要。给私人办的学校也不合适。有了公益学校，社会资源，包括企业捐赠、个人助学都可以来。这样就可以动员社会资源，共同协助政府来解决农民工子女的教育问题。为了保护公益品牌，新公民学校、新公民计划在设计的时候，也注册了服务商标。

李学举部长到南都基金会调研的时候，他说了一句话："新公民计划的意义，不亚于希望工程，因为你们是探索一条全新的解决农民工子女教育问题的新路子。"

访谈印象

我与永光的相识比较早。1998年10月我们在清华甲所举办非政府组织问题座谈会，永光是我邀请的会议嘉宾之一。会上，我提出开展 NGO 实证研究的设想，得到了包括永光在内的与会代表们的支持。也是在那次会上，NGO 研究所宣告成立。可以说，我与永光的缘分是从研究所成立的第一天开始的。

对于中国的公益事业和公民社会，永光是一个不能不提的人物。以他个人而言，经历了先后两次转型；以中国公益事业及公民社会发展而言，他的两次转型是历史趋势在个人身上的折射。因此，请永光作为口述史研究的访谈对象是有意义的。

从仕途到公益，是永光的第一次转型。这次转型使他成了中国语境下的公益人。他所创立的希望工程影响深远。他和青基会都代表了那个时代。那次转型如他自己所说，是与他的个人经历和文化底蕴相关的。但同时也应注意到，他的背后是当时的"辞官下海"潮。他实际上有两个不同的选项。严格地说不是他选择了历史，而是历史选择了他。

永光是希望工程的开创者。这一公益项目的影响力毋庸置疑，它改变了千千万万因家庭贫困而失学的儿童的命运，也引领和推动了中国的公益事业。希望工程能够成功，永光功不可没。在访谈中他也提到，要把握好三个层次。事实上，希望工程创立时其所处的时代相对于现在而言是一个特殊的时代，那时，能够多大程度地发动体制内资源是决定公益项目能走多远的关键之一。永光的特殊身份，使得他能顺利地借助原体制的各种资源为希望工程铺设发展壮大的道路。在此过程中，他付出了艰辛，也收获了荣光。但也正如他所意识到的，由于制度的不健全，在特定历史条件下的中国公益事业，机构的问责是靠领导人的良心来承载的。永光有一句名言：做公益如履薄冰、如临深渊。体制问题，为后来希望工程遭受挫折埋下了伏笔。后来出现的"青基会事件"不是一个青基会的问题，而是体制的问题。在当时体制下，所有的公募基金会都难以避免会出现问题。青基会不是个案，这类问题也不是任何个人能凭一己之力解决的。在访谈中，永光多次提到当时相关法律规定的不合理问题。后来出台了新的法规，比起当时合理了不少。但我们所应看到的是：青基会曾出现的问题并非有了健全的法规就能避免，除了法律的约束外，公益事业离不开自律、互律和他律。

永光在很早就意识到，希望工程的历史使命有一天会完成。这体现了他的思考和远见。希望工程创立之初的上世纪 80 年代末，政府的基础教育资源严重不足，急需一种更有效的社会资源动员方式来弥补，而希望工程正好能够很好地弥补这一不足。随着政府手中的财政资源充裕起来，基础教育转而成为公共服务的重心，希望工程的转型就在所难免。

永光离开青基会不久，出任南都公益基金会的秘书长，后来又担任理事长，实现了他的第二次转型，可以说是"从官办到民间"。这次转型与他此前在青基会的遭遇及认知不无关系，却使他迎来了第二次创业的机会。"新公民计划"被誉为第二个希望工程，它不仅为农民工子女在城里读书打通了道路，也触及既有教育体制的软肋，在一定意义上成为推动教育改革的突破口。尤为可贵的是，南都基金会的这种创新探索出了一条资助型公益模式的新路，将基金会和众多的草根公益组织连接起来，成为撬动中国公益转型的一个重要杠杆。

与第一次转型一样，永光的第二次转型也踩在了历史的脉络上。新法规的颁布，非公募基金会的创设，富人公益的涌现，全民公益意识的提高与公信力问责的空前提升，以及管理体制的改革，等等。历史的发展为永光的第二次转型提供了可能，永光也用他在公益事业上的不懈追求书写着历史。

永光所走过的路和正在探索的实践，或许展示的是中国公益事业所经历的阵痛。中国的公益发端于公共服务严重不足的短缺时代，社会资源的广泛动员和募集成为弥补当时公共资源不足的一剂良药。然而随着经济的持续发展和财富的不断积累，公共服务的均等化进而市场化（通过购买服务等）逐渐成为公共政策的主要目标，公益事业的转型就在所难免。青基会正在经历这个重大的转型，新生的南都基金会也是这个转型的产物。

四 刘德天 谈黑嘴鸥协会

访谈刘德天先生

访谈题记

刘德天先生，《盘锦日报》高级记者，黑嘴鸥协会创始人、会长。黑嘴鸥协会是迄今为止我们所了解到的中国改革开放后正式登记注册的首家自下而上的环保NGO，于1991年4月20日在辽宁省盘锦市民政局正式登记为社会团体，登记名称为"盘锦市黑嘴鸥保护协会"。黑嘴鸥协会成立以后，致力于开展珍稀动物黑嘴鸥的栖息地保护、开展环境教育、培育黑嘴鸥文化等各种社会公益活动，其会员人数由初期的47人增加到2万多人，使得黑嘴鸥保护在盘锦深入人心，并成为当地的"市鸟"，生态保护蔚然成风。在他们的不懈努力下，黑嘴鸥由上世纪90年代初的1200只，增加至目前的8000多只。

对刘德天先生的口述史访谈进行了多次，主要集中在2003年至2008年期间。衷心感谢德天先生对口述史访谈的理解和支持！

1. 黑嘴鸥协会的登记注册

问：刘老师您好，我们做中国社会组织口述史研究的目的，是想通过实践者对自身经历的回忆，来较为深入地把握中国社会组织的发展，进而探讨相关问题。对于黑嘴鸥协会，我们主要想通过您了解它创办的过程以及后来开展活动的各方面情况。

答：好的。那么我就根据我的理解从头说起。

我们协会筹建于 1990 年，创建于 1991 年，具体时间是 1991 年 4 月 20 号。当时全世界都在找寻黑嘴鸥的繁殖地，后来中外专家确定了是在中国的盘锦，我就觉得这事很重要。我开始以一个记者的身份宣传，宣传的同时也参与保护。为什么会创办一个 NGO？当时我接待了一位 WWF 的专家，他向我讲述了黑嘴鸥的一些情况，介绍了国外 NGO 在动物保护方面开展的活动，引起了我的兴趣。

后来有一次盘锦民政部门举办 NGO 培训班，邀请王名教授来做了一个演讲。他在演讲中说："据我所知，老刘的黑嘴鸥协会恐怕是中国（民间环保）NGO 的第一家"，我听了这话很受鼓舞。那我们怎么就成了第一家呢？

记者是一个敏感的职业，信息比较灵；能够认识到这件事的意义。黑嘴鸥是濒危的物种，濒危就是快要灭绝了，它在全世界范围内只在盘锦繁殖，所以盘锦对黑嘴鸥保护的成败，对地球上这一物种的存亡的意义非常重大。这么说，黑嘴鸥是属于世界的，应该是全世界都来保护黑嘴鸥，而做这件事情最方便的是盘锦人，最有责任的是盘锦人。当时我们就是基于这个想法创办了协会。

问：协会成立那么早，注册的时候肯定遇到不少困难？

答：那时候民政部门还缺乏 NGO 的概念，它们还不太在意这个问题，管理也不是很严格。记得我们当时是要在 20 号召开成立大会，而我注册的那一天是 18 号，时间很紧，要是正常的办公效率，在开会之前肯定注册不了。得报文件，一层层把关，报送材料，再一层层签字，时间肯定来不及。协会注册的过程真的可以做成一个案例。一开始我按程序，先到民政局的社团科，结果科长不在，要等一周后才上班。等他上班，同意了，再找主管局长，这很麻烦。我是直接找了民政局副局长。为什么？找他一定有保障，因为我们很熟。

刘德天　谈黑嘴鸥协会

问：你们私交好？

答：对。找了副局长，很快就注册了。

问：你为什么不早点去注册呢？

答：没有时间，太忙。梁从诚、廖晓义是把 NGO 作为职业，我是业余，我是志愿者，NGO 的事情之外我还有满负荷的工作。

其实说起来，注册很短，但前期准备工作时间是漫长的。主要的时间都花在构思上。一开始想注册中国黑嘴鸥保护协会，黑嘴鸥最大的繁殖地在这里，最大的种群也在这里，所以就想在中国承担起保护黑嘴鸥的责任，叫中国黑嘴鸥保护协会。后来经过咨询了解到全国性的组织要在民政部注册，显然难度更大，就注册为"盘锦市黑嘴鸥保护协会"，这个名称从注册到现在也没有变。我跟那位局长说了之后呢，他就马上给社团科的副科长打电话说："你过来，报社的刘主任这儿有件事，他这事儿很急，你马上给办一下。"就这样交代了一下，那我就跟着去了，到那他们马上给批了。但这事还不算完，后面才有意思呢。

到了 4 月 20 日成立大会当天，离正式开会大概还有 15 分钟的时候，进来一个人，横眉立眼地吵："谁叫刘德天啊……"我说我叫刘德天。他说："你这个协会是违法的，我要报告公安局！"原来这是社团管理科的科长，注册当时他不在，我着急要登记，（没有经过他），在他看来这是他管的事儿，怎么能越过他办呢，认为是瞧不起他，估计他是这种心理，所以就来捣乱。

他这么一闹，我当时很担心。第一，我请的人里有认识的，有不认识的，比如说油田厂长，我就不认识，但他们的采油行为与黑嘴鸥保护有关系，我就托朋友把他请来了。像这样的人来了之后，一听协会是违法的，要报告公安局，都怀疑地看着我，认为我太荒唐，请他们来参加一个非法组织。再有，会议马上开始，准备进会场的有副部级领导，还有外国专家、学者等，（这样一闹），北京的部长会怎么看盘锦的会议？外国同行怎么看中国的 NGO？外国专家怎么看中国的政府官员？一个社团科的科长上 NGO 的成立大会上去闹，这在全世界都是新闻。

这些年来，在黑嘴鸥保护工作当中，这样的事情此起彼伏。我碰上过好多，搞 NGO 的人，搞（环保）的人真是长期在煎熬中度过的。

既然碰上这样的事情了，我怎么办呢？冲他发火，激化矛盾带来的效果只会更加恶劣。当时我就笑着，一边说就一边接近他，接近他以后就把他往外挤，嘴里说："怎么回事，怎么回事？"一边说话一边吸引他的注意力，硬是把他从会场中间挤到会场门口，门口就是走廊，把他挤过楼梯的时候，我回头一看，领导上来了，外国专家也陆续上来了。真的是脚前脚后，用老百姓的一句话说那就叫"好悬的一把牌"啊（总算当时没出乱子）。我告诉这个科长，一切等开完会再说。事后我们不仅坐下来谈得不错，还补齐了所有的手续。

2. 成立黑嘴鸥协会的缘起

问：当时知道 NGO 的人还很少，您是怎么想到要成立这么一个协会的？

答：刚开始，我做环保宣传记者，后来已不只是宣传，而是通过实际行动开始了实践。这时候有位朋友建议说："刘德天你可以成立一个协会嘛！"其实这种话对很多人来说是无效的，但对我这样的人就有效了，因为我正研究怎么保护黑嘴鸥呢！经人提醒竟还有更好的保护措施——成立一个协会。我豁然开朗，觉得协会是更有效保护黑嘴鸥的措施，变一个人保护为一批人保护，所以我就想做。当然我知道这是很麻烦的事儿，但是我愿意，我不怕，这是公益事业，我理直气壮，有了困难可以克服，因为我不是为我。

还有一个原因，成立协会有助于把黑嘴鸥的知名度打出去。有一次，《面对面》栏目访问廖晓义，廖晓义当时的讲话跟我有一些共鸣。我们是同样的处境遇到同样的问题，有同样的感受。当时，她在中央电视台当嘉宾，我在家里当观众，她在说，我在听，我们想到一块了。（主持人）王志当时对（对廖晓义）说："你们好像老做事儿，老报道，你们是不是沽名钓誉啊？你们是不是为了提高知名度而煞费苦心地去做？"廖晓义说："我们民间环保组织一无权、二无钱，我们再没有知名度我们还有什么，我再没有知名度我们还怎么干?!"这同样是我的想法。廖晓义与人谈事情，一问说你是谁，我是廖晓义，她有品牌在这，事情就好谈了。要是一问说你是谁，你报名，（别人）说："我不认识你，没听过，没见过。"（事情就不容易办了）。知名度能提高办事的成功率，这是一个经验。所以我在不断地提高我个人的知名度，不断地打造黑嘴鸥的品牌，把黑嘴鸥的品牌做得越亮，这个环保行为的成功率就越高、环保行为遇到困难就越少、环保行为克服困难的能力就越强。有一个 70 多岁的老人是我们的会员，他画（黑嘴鸥），画了 160 幅鸟画，我们就做他的作品展，组织了千米长卷万人签名活动。我们昨天办了一个活动，其中有个场景是一位 8 岁的孩子对着摄像机讲话，第一句话就是我是黑嘴鸥协会会员。我们不放过哪怕一次机会来经营这个品牌，因为这个品牌对环保有用。我们黑嘴鸥协会通过开展这样一次次的活动，一次次地讲，一遍遍地说来宣传黑嘴鸥协会，通过协会让这个品牌深入人心。

3. 基层民间环保的困难

问：协会有哪些特点？遇到些什么困难？

答：我们协会相比其他环保 NGO，有好多特点，比如说我们是基层的、一线的、环保面对面的，这些特点就意味着我们要面对很多困难。拿我们和做环境教育的比较，相对来说，环境教育困难和风险要小一些，而我们做的事是得罪人的活，别人打猎、打鸟，我给他曝光了，他恨我不？他搞开发，他要盈利几百万，我给他搅黄了，他恨我不？而环境教育课讲完了，谁恨你？这是我们不同于其他环保 NGO 的一个特点。

再举个例子，警察进自然保护区打猎，震惊不？当时是英国的专家向我举报的。这事要处理不好，掉了中国人的价，掉不了 NGO 的价，因为不是黑嘴鸥协会的会长（打猎）。我对那位专家说，你再发现这样的事请把车牌号记下来。过了三天那位专家给我打电话，约我见面。他把车牌号记下来给我了，而且描述了他所见到的情况。我一听表述，车牌是警号，车是警车，穿的是警服。结果我一曝光，《盘锦日报》没有反映，《辽宁日报》反映了，省委副书记过问，盘锦市长过问，立即成立了专案组调查，得罪人不？

那个车牌曝光以后，那辆车开到哪儿马上就有人指责，后来那个车牌就没法用了，那辆车也没法开了。那两个人不是（普通）警察，是科长，市里面的科长就是大官了，得罪人不？其中一位科长的同学就住在我楼上，后来过来找我，让我顾着点儿情面。事发三天后，一个朋友的孩子上大学，请了几桌人吃饭，坐在我旁边的竟然是当时打猎被我曝光的另一位。这种面对面、尴尬且得罪人的事太多了。因为他们不作为，你要作为，你作为了就否定了他，你做好了就会衬托出他没做好，或者你干好了他不高兴，你干了他不满意等等。这样的积怨是很多的，这需要承担很高的风险成本，是金钱能计算得了的吗？现在很多人讲得夸夸其谈，很轻松，而我讲的都是沉重的话题。

4. 协会工作的开展及合作

问：除了担负黑嘴鸥协会的工作外，您还是一位职业新闻工作者。这种双重身份对您工作的开展有什么影响？

答：我在新闻方面有一摊工作，而环保是在完成新闻工作的前提下来做的。做环保工作是需要有时间和精力的。我利用双休日、节假日，利用新闻工作的弹性工作制做环保，白天搞新闻、晚上搞环保，或者是白天搞环保，晚上写稿。还有就是加快节奏，提高效率。这方面不仅要有敬业的劲儿，还要有身体做保证。

问：那你太累了吧？

答：就是。有的时候就想退休，退休就可以全身心地投入环保了。但在新闻单位逛逛，对环保有利，环保工作也需要新闻来配合，来推动。这样就要处理好新闻工作与环保工作之间的关系。我认为新闻促进和推动了环保工作，而环保为新闻提供了素材。这是有机结合、互利双赢的。记者往往苦于没有素材写稿，写什么呢？（有的人）没有好的素材来写，而环保的素材就是好的新闻，有价值的新闻。这一点在我身上就有很好的体现。

问：现在你们报社里写环保方面题材的人多么？

答：协会成立 15 年，这 15 年我一边干环保，一边写环保。我这样做，影响了一些人，使得更多人写环保、拍环保、播环保。还有一些记者也加入了协会，成了协会会员，逐渐形成一种热爱环保的风气。

问：能不能分享一下您从事环保 NGO 的经验？

答：说真的，我们的环保 NGO，热情很高，很有积极性，但理性不足，大多缺乏战略，前途迷茫。有人说 NGO 至少要实现三个合作：一是与政府合作，二是与媒体合作，三是与企业合作。但如何合作？如何吸引媒体？如何让媒体来倡导、报道环保工作？这些都很难做。可以说我们在这三个层面都实现了比较好的合作。

现在讲企业的环境意识，企业也是公民，叫企业公民，有社会责任，企业除了自身搞好环保外，承担环境社会责任的一个重要途径就是和环保NGO 合作。另外也要与政府合作。有一种说法，说 NGO 就是要纯草根、纯民间。这种说法也不是不可以，但是要真正太追求纯粹也不行。比如，我成立一个 NGO，我搞环境教育，我向人们传播环保理念，这可以不靠政府。但是这种通过教育改善环境的做法是一个长线投资，成效很慢。就像是在小学里给孩子们讲环保课，得等孩子们长大了才产生作用，要等十年二十年。环保事业有长线，有短线。单有短线不行，单有长线也是不行的。一个孩子可以影响一个家庭，一个家庭可以影响一个社区，一个社区可以影响一个社会。从长远看，从孩子抓是对的。但有时候还需要实际行动，比如这块地污染了，你现在去提高环境意识，那来不及了（就需要采取及时有效的行动）。另外，假如黑嘴鸥繁殖地快要被破坏了，光靠教育不行，你得采取最有效的办法去保护它。你不能说，我通过教育我孙子，等他明白了就不会破坏了。但可能他还没明白，这个地就已经没有了，黑嘴鸥已经无从落脚了，所以必须要有强有力的措施。要想有强制性，就离不开政府。

对国家而言，搞环保，国家有执法权，可以对破坏环境的行为处以罚款，甚至判刑或停产。让政府来运作，由政府来出面，也很有力度，但是你得能够影响政府决策，影响政府的基本态度。如果你和政府关系很僵，很对立，那不行。或者你跟政府没有一个沟通的渠道，没有一个交流的平台，那也不行。你得有渠道，有平台。黑嘴鸥协会建立得早，很早就开展了与政府的合作，15年前就合作了。怎么合作呢？就是在成立协会的时候，把政府官员拉进来，或者叫编织到一个网里面。这里面有什么好处呢？一是可以借助政府的权威，二是可以制约和约束政府的行为。

政府官员，或是工作需要，或是追求政绩，往往要参与一些影响环境的决策，例如搞一些开发，搞一些工程项目。我们与政府之间有一个共同点就是都可以保护环境，所以NGO能够和政府坐在一起。我们和它们不同的地方，正是我们需要制约它们，它们也有破坏环境、危害环境、会给环境造成不良影响的一面，这时候，就需要我们NGO来制约它，这是NGO的一种价值。

问：那你们如何制约它们？

答：例子很多。首先是把政府官员编织进来，这样，我们之间就有了沟通的渠道和平台了，我就有理由找政府了。有了沟通的渠道，平常没有理由见市长，由于他也是协会的人，你就有了一个接触的理由。还有一个好处就是能提升协会的规格——也就是级别。如果我这样一个记者来做会长，由于我是科级干部，别人就觉得这个协会就是科级的。而把一个副市长拉进来做会长，人们就以为协会也是副市级的了。

因为现在市里办事要看多大官，看是谁说的话，一看是村干部说的话，那就不当一回事了。如果是市长说的，那就很重要。因此，在创建协会之初就要有一些构想，接触的规格不能低了，低了就缺少权威性，发出的声音就会很弱，环保目标就很难实现。要保护黑嘴鸥，说话像没说一样，听到了跟没听见一样，环保目标就不能实现。协会的级别要高，靠什么？不是靠把我提高，关键要得到市长的支持，要把市长编织（拉）到协会里来，这样你才能随时和他们交流，为与政府合作打下基础。

我们要保护黑嘴鸥，其实是要保护辽河三角洲这一片湿地。湿地开发需要市里决策，省里也要决策。比如市里不想开发，省里要开发，你也拦不住，那么对省政府也要想办法制约。我认识原农业部副部长刘培植——辽宁省聘他为省委省政府经济顾问，辽宁省买他账、承认他，他对辽宁省政府有制约，我就把他也编织到协会里。这样协会就增加了一个功能，增加了一个制约省政府的功能。比如这个三角洲，省政府要开发，我管不了，市政府也管不了，我通过刘部长来制约省政府，我说话省政府不听，但刘部长说话省政府就得听……

对政府而言，NGO 与它们有合作、有制约，有分有合。没有合作是不可以的，但完全依附就不是 NGO 了，你就成了政府的附属物了。你要搞纯草根，在中国也行不通。在我们这个社会环境里，怎么能够从民间角度参与环保？出路在哪里？我觉得既离不开政府，又不能完全依附于政府。

问：如何保证与政府合作过程中 NGO 的独立性？比如你遇到一个问题，政府可能出于利益方面的考虑想开发，但你想保护，像遇到这种比较矛盾的问题，你怎么解决？或者说有没有遇到过这种情况？

答：不是有没有，你要没有这种情况，你的协会就是没工作。要是工作开展了，都会碰到或者接触这样实际的问题。你去碰了，去接触了，就是践行一种责任。不管行不行，至少你要去试了，这是第一。第二，你管了，可能没管，这是另一种情况。但是，我所遇到的环境问题，基本都解决了。举个例子，有一回碰到开发黑嘴鸥繁殖地的事，有人要在国家级自然保护区里面开发养虾。

问：那是企业要开发吗？

答：是。别人告诉我情况后，我想：市长要开发，我没法找他。但从保护的角度我可以找他，我有这个渠道和平台。但我也没用这个平台。这个副市长是管农业的，自然保护区肯定归他管，但农业开发可增加产值呀，农业收入也是政绩，直接找他从正面谈效果不一定好。我就请了一位英国专家给这个副市长写了一封信，信上说：我得知你们在黑嘴鸥的繁殖地上开垦虾塘，我建议停止开发，为黑嘴鸥腾地筑巢、做窝、繁殖。

后来我又写了一篇文章《保护鸟类，就是保护人类自己》，文中说：世界志愿青年会总监从万里之外写信给副市长刘某，建议清除、清拆虾塘，为黑嘴鸥腾地筑巢……这篇稿子被放在报纸头版头条。这位外国专家做黑嘴鸥项目，曾来我们这儿考察过，也很关注这里。也曾经给李长春写过信，李长春当时是辽宁省的省长。他还给当时的李鹏总理也写过信。现在为了解决繁殖地被开发这个问题给一个副市长写信。我是客观报道，我报错了我负责。我没有乱告，也没有失职，另外，中国人喜欢听洋气，同样一个事，中国人说人家不理睬，外国人说，有影响，就很重视，所以我插了这封外国专家的信，再用评论员文章来强化，我说保护鸟类就是保护人类自己，我是讲道理，给市长讲道理，给读者讲道理，给老百姓讲道理。这信一发表，市委书记就出来过问，给开发企业的老板直接打电话，命令马上停止开发，说"这件事不是盘锦的事情，不是辽宁的事情，是中国的事情"。这里面就体现出对政府决策的制约，对政府行为的制约，而且这件事中我们借助了媒体，与媒体合作，达到了保护黑嘴鸥的目的。

这就是生态智慧——在保护生态过程中形成的智慧，是逼出来的智慧。你本来一点招数也没有，老师没教，与生没俱来。你面对纷繁复杂的情况，不得不想出个招，这个招有效。这些年，生态智慧不断地发挥作用，水平也不断提高，使得环保的效果也越来越好。

访谈印象

我与德天相识很早，十多年前在北京的一次会上认识后一见如故。多年来，我们或者在盘锦或者在北京，有过多次通宵达旦的深入交谈。口述史最初的创意也与他有关。因为每次我与他谈完之后，总有一种强烈的感受，觉得很多东西都在他的记忆里，很遗憾没能留下来。他的经历，他的故事，他的经验，包括那些教训和那些感受，只有通过口述的方式才能留下来，而这些，恰恰是NGO成长史中不可缺少的一部分。

德天所创立的黑嘴鸥协会是中国最早的一家来自民间的环保组织。环境保护是中国NGO最早进入的公共领域，环保NGO是中国NGO中最为活跃的一部分。在我看来，这个诞生于上世纪90年代初的基层草根组织堪称中国环保 NGO 的原点，其历史意义和研究价值毋庸置疑。

在政策领域，黑嘴鸥协会的影响不及后来的一些环保 NGO 大，但是作为原点，黑嘴鸥协会着眼于濒危动物的保护，且一开始就与国际接轨，其理念、思路，包括活动方式、志愿组织、治理结构、与政府关系等等，都体现了草根 NGO 的某些天性，这与德天的记者身份不无关系，与他广泛的交往、见识及国际交流都有非常密切的关系。当然，黑嘴鸥作为濒危动物，不光是中国的，更是世界的。这使得这个基层草根的环保 NGO 在一定意义上超越了地域，甚至超越了国家，成为具有国际视野的世界 NGO。

黑嘴鸥协会所关注的领域，开展的活动，相对于其他环保 NGO 来说，敏感性要弱一些，来自政府的支持、来自媒体的关注都比较高。它不是一个倡导型组织，而是一个实践性、活动型的组织。德天用自己的精神、言行感动了当地社会，推动了当地政府。在盘锦有一种文化叫"刘德天文化"。去过盘锦真是有这种感觉，他自己跟我说，男女老少你问他知道不知道刘德天，不知道的人很少，就像黑嘴鸥一样，知道黑嘴鸥的人都知道刘德天。

德天是一个媒体人。对于环保 NGO 的发展而言，媒体是非常重要的力量。它通过新闻报道和社会动员形成影响力或社会压力，是达成社会共识的不可或缺的过程。当然媒体本身是有纪律、受约束的。媒体人一般都能自觉把握相应的政治底线。这一点大概是媒体人成为环保 NGO 领导人的一个优势。

黑嘴鸥协会的登记注册也很有特点。它看上去登记注册很早，也很顺利，但其实充满了所谓的生态智慧。德天很善于利用当地的社会资本，充分发挥作为媒体人的优势，协调乃至驾驭和政府的关系。

另外，黑嘴鸥协会采取了一种适合自身发展的组织形式。虽然正式登记注册了，但它还是有一定的流动性或非正规性。这种半流动状态有其好处：组织的弹性大些，资金的压力少些，也不需要养人。回首来看，在中国 NGO 发展初期环境比较恶劣的条件下，黑嘴鸥协会能够发展得好，恰恰体现了这种半流动状态的合理性。与此类似的还有汪永晨创办的绿家园。这种志愿者组织在很长一段时间里采取的都是比较松散的形式，没有固定的人员，没有固定的场所。恰恰是这种形式使他们赢得了生存发展的空间。但随着近年来环境问题越来越受到关注，政策和体制环境逐步改善，资源的投入越来越多，正式的组织也不断增加，这样一些条件和环境的改变对这类组织形成了一定的压力：继续保持原有的小规模、流动性，其生存空间会有很大的局限，争取资源的机会不多，竞争也越来越激烈。黑嘴鸥协会的下一步发展面临着转型的机遇和挑战。

五　梁晓燕　谈天下溪

访谈梁晓燕女士

访谈题记

梁晓燕，著名NGO领导人，曾任自然之友、天下溪、西部阳光的主要领导人，现任自然之友总干事。1982年大学毕业后在大学任教14年，1993年参与发起成立自然之友，2003年起任天下溪总干事。

天下溪，全称为"北京市天下溪教育咨询中心"，成立于2003年，是一家致力于乡村教育的民间组织。其宗旨为：坐而论道，起而行之。通过理论探讨、教育探索和公益行动，丰富乡村教育资源，保护地方及民族文化多样性，推广可持续发展理念，促进公民社会的形成。

梁晓燕女士对中国NGO有着独特的体认和深刻的见解。对她的口述史访谈进行了多次，主要集中在2006年至2008年期间。当时她尚在天下溪担任总干事，同时兼任自然之友理事，并开始筹备西部阳光。她后来转到西部阳光农村发展基金会担任秘书长。晓燕女士欣然接受了我们的访谈，并对访谈笔录提出了认真的修改建议。在此谨向晓燕女士深致谢忱！

问：梁老师，我们知道您从共同发起自然之友以来一直致力于 NGO 的实践，能不能请您先大致介绍一下这方面的情况？

答：中国 NGO 的成立之难，很大程度上是和制度环境的制约有关系。为什么个人影响力在 NGO 中作用这么大？一般来说，主要是个人拥有一些特殊资源、特殊影响力、特殊地位，或者在工作领域中的一些特殊经历，使得该组织在成立和发展初期有一些别人不具备的条件。NGO 中的个人影响力对组织发展的影响巨大是中国 NGO 的鲜明特点，同时也是 NGO 未来发展中经常会碰到的一个问题，即 NGO 的代际现象。这种现象指的是一些成立时间较长的 NGO，在第一代和第二代组织领导人转换的时候，整个机构的阵痛很厉害，且往往今后发展的路程会很艰难，因为它的前期建立很大程度上有赖于一些特殊人物和特殊资源。而第二代人物也许不具备这些，他需要改变组织的行事方式，改变组织的社会联系方向，从而会对组织内部文化构成一种冲击。这个问题在其他国家也许不会那么典型、那么集中，这是因为中国的 NGO 是在一个法制不健全的环境下成长的，是在法律的缝隙中长起来的，既然是缝隙，就有人能钻出来，有人钻不出来。大城市或者比较有社会影响力的群体中产生这样一些人物可能容易一些，而在地方性的社区，要长出一些东西会很困难，真正的草根组织，尤其是基层草根组织的出现是非常困难的。在各地基层，即使出现草根组织，一定也是和政府部门的某些特殊的人和资源有关系。因此，基层草根组织出现的时候，它所连带的问题更多。

可能因为我不仅仅是在做 NGO 的工作，实际上我长期处在一个 NGO 的观察者或者某种程度上的研究者的角度在看这个问题，再加上这几年我一直在做《民间》杂志，《民间》杂志是关注整个 NGO 领域的杂志，我掌握的个案比较多，从个案中能发现比较共同的问题。

天下溪这个机构不是我创办的，但我在它的成长过程中付出了巨大精力。从四个方面介绍一下吧。

1. 天下溪的成立

天下溪是一个纯粹的草根组织，完全由个人自发组建，它的创始人是郝冰。2003年初，郝冰跟我谈想做NGO，而当时我也非常想做一个关注教育的NGO，后来就去尝试，寻找可能采取的注册方式，探讨了一段时间以后，发现几乎没有别的可能性。所以2003年6月，郝冰独自出资三万元成为法人代表，天下溪最终以工商注册的方式诞生了。

我跟郝冰是在自然之友认识的，从创立自然之友之初开始，郝冰一直是自然之友的核心人物和志愿者。郝冰在自然之友做了很长时间的项目主管，是自然之友的早期成员，她萌发教育方面的想法跟在自然之友做环境教育有直接关系。因此，她延续过来的一些思路和资源都和环境教育有关。在刚开始讨论做天下溪的时候，我们就曾经谈过，我们不仅仅是在自己的这个小圈子里做事情，我们需要有一个NGO，要比较大程度地发挥它的公共影响力。后来就想通过具公共性、研讨性的"天下讲坛"，既可传播理念又可传播经验与教训。当时天下溪得到了香港社区伙伴的大力支持，但由于SARS又停止了相关活动，"天下讲坛"从2003年10月正式开始。

天下溪最初成立的时候，资源非常有限。它最初的一个助力者是美新路基金会。美新路基金会在2003年推出了一个项目，作为草根NGO的一个孵化器。现在已经有不少基金会在做孵化器，但是美新路是最早实现的，天下溪是它的受惠者之一。美新路当时给有比较明确工作意向的草根NGO和新出生、刚刚开始生长的草根NGO提供一万块钱的初始启动经费，用这一万块钱可以去做扩展筹资渠道、向别的基金会申请项目等其他前期工作，且提供一年的办公室和办公设备。我当时告诉了郝冰这则消息，郝冰直接去求助美新路，天下溪是美新路支持的第一家。美新路确实给天下溪初期创业提供了很好的条件，不用去租房子，也没有任何办公费用，天下溪的注册费是郝冰自己掏的。当时除了郝冰之外，只有一个兼职人员，曾经是志愿者，后来付了他半职工资。这样，草根NGO最初始的需求基本就满足了。

草根NGO成长的初期成本是非常低的，它完全可以在很有限的条件下成长，但是有一些条件是必需的，比如注册地。这就难住了很多NGO，因为私人住宅不能作为NGO注册地。北京市工商局有严格规定即工商登记必须是在办公楼，或者是商务区域，商住楼都不许作为注册登记点。当时是 2003 年，虽然还没有这个规定，但是作为注册地，一般不适宜在自己家里。NGO 的登记注册有几个基本的门槛，而美新路的支持，能让 NGO 基本渡过这些坎儿。

2. 天下溪的工作领域与项目开展

问：您能不能向我们介绍一下天下溪的工作领域及项目开展的情况？

答：天下溪成立第一年启动了两个项目，一个项目是"天下讲坛"，每两周一次，在一个咖啡厅里，大家自愿参加，多时 40～50 人，少时不到 10 人，一直持续到现在。在北京 NGO 圈里已经成为一个非常好的工作和交流平台，也是一个公共传播的平台，我们会一直做下去。

"天下讲坛"这个项目最初是由香港社区伙伴提供了很少的一点经费，它集合民间资源，讲座的成本都非常低。盒子咖啡馆提供地点的捐助，这跟它的社会义务有关，也跟它的商业利益有关，它在积聚人气，当然他们的店主也是一个很有公益心的人。另外，因为是在咖啡馆里，所以气氛非常轻松、平等，而且经常会有具有挑战性的问题。整个讲坛中 NGO 的色彩非常浓，这个色彩不仅表现在理念上，也表现在 NGO 的生存方式、人际关系上。这是因为刚开始，大家在设计的时候就决定要把它放在咖啡馆，要把它做成一个集轻松、随意、探讨，甚至挑战性于一体的活动。所以，这个讲坛从开始就设计了一个叫"今天我主讲"的环节，意思是除了有常规主讲人，只要你有成熟的想法都能来讲。如果你有一个愿意跟大家交流的（想法），可以跟我们联系，我们不管你是谁。到现在为止，"今天我主讲"已讲过九次，这九个主讲人都是各种各样、各行各业的人。在一般的学生论坛、社会论坛上，大家都还讲究主讲人的身份、题目的某种指向等等，但是"天下讲坛"却不是很在意这些方面，我们要求独特，你要有你的真知灼见，另外，你的话题也是一个别人会关心的话题。为什么要到讲坛上来讲？总还是有人来关心，这不是一个只有你自己关心的话题。我们对"天下讲坛"的内容有一个初步的了解，我们会和主讲人谈，谈的过程中理解他的内容。选择的标准只有一个，即这个内容是我们听众圈里其他人也感兴趣的。

还有一个项目是鹤类自然保护区的环境教育。环境教育这个项目实际上是从郝冰过去的工作中延伸过来的。本来只是环境教育类的项目，但是到了天下溪以后，天下溪在自己的工作中延伸出这个项目新的元素（后面会讲到）。

2004 年 7 月，郝冰有一个新的工作机会，我当时鼓励她去抓住那个机会，那是个很大的工作平台，我认为她在那能得到更大的锻炼。这样，天下溪就空了，没有人，我就说"我来接吧"。我进入天下溪的时候，除了我，另外只有一个工作人员。两年半以后在我离开的时候，天下溪已经是八个专职、六个兼职工作人员的机构，相比较，在 NGO 领域里，天下溪发展得算是相当顺利的。

天下溪是什么样的机构？它着眼于什么？郝冰是带着环境教育的专业背景和环境教育这方面的资源来到天下溪的，所以刚开始，天下溪还带着很明显的环境教育特色。虽然我也是自然之友出来的，但是我加入天下溪以后，关注更多的是为贫困地区提供教育资源和改善教育品质。于是，天下溪从环境教育这个比较窄的领域扩展到了乡村常规教育领域。后来又慢慢发展到大教育的概念，实际上我们走过了从环境教育到常规教育再到大教育的过程。

我在天下溪工作两年半的时间里，可以把天下溪的工作概括成三大领域：第一个领域是公民教育，公民教育中大概有三项常规工作，还有很多非常规的即兴工作。

三项常规工作，第一个就是"天下讲坛"，"天下讲坛"从 2003 年 10 月份开始，一直到现在，而且越做越好。它的讲题具有开拓性，一开始讲题比较随机，后来逐渐将其主题有序化。现在每两个月一个主题，围绕主题分四次来讲，从不同角度来阐释。到现在为止已经做了三年有主题的讲座，同时不定期地穿插"今天我主讲"，这是无主题的（讲座）。后续我们还整理了讲座的所有内容及 PPT，还包括讲座之后的讨论等。随后将整理后的资料全部上传到网站，与公众再一次分享（这些资源）。因此，讲座的传播效应不错，尤其对于大家都关心的话题。后来不断有人、传媒或机构找我们索求资料，甚至很多人是通过参与"天下讲坛"的活动，开始走出他社会公益的第一步，（可见，）"天下讲坛"的公民教育效益很大。另外，它与学术机构、政府机构不一样，它完全开放，什么人都可以参加，每一次我们都不知道会有什么人来。我们发送的名单是 3000 多人，但是互联网是随机传播的，后来有一段时间我们就到各大网站去贴我们的讲座通知，也有志愿者替我们到网站上宣传，所以它的传播已经不限于 NGO 业内，它对帮助公众了解 NGO、体验 NGO 都起了一定作用。这是公民教育的第一块。

公民教育的第二块是贫困大学生训练营，我们今年做的是第四届，叫"天行健贫困大学生训练营"，它的宗旨是贫困大学生不能只是被救助的对象，他们的自尊和自信要来源于他们自身投入社会服务（的实践），通过投入社会服务来提升他们的能力，获得他们的自尊和自信，这是一个核心理念。四年来，我们每年都在做，现在已经做成一个小小的品牌，这是一个我们要长期坚持的项目，这也是在做公民教育。在这个慈善项目里，我们是搞非物质救助，不是给钱，也不是给物，而是通过让这些大学生去拓展社会服务实施积极的公民教育。

公民教育的第三块是发展教育，通过透视发展过程中社会贫富分化问题来认识发展过程中的社会分化，这是一个社会认识，是一个公民教育主题。发展教育是一个大的概念，我们延伸出很多小项目。到现在为止已经做过六七项活动，是在发展教育这个主题之下的。这三大块，汇总起来是我们的公民教育。公民教育这块经历过很多小的、随机性的工作，工作对象有的是大学生、有的是社会中的年轻人、有的是外来打工者等。

第二个领域是乡村教育资源供给。乡村教育资源供给大概有五项内容，第一项是乡土教材，乡土教材现在已经变成天下溪的一个品牌，并且是我们这些年来一直在着力做的。我对贫困地区教育（的关注）不仅是物质资源，还有教育品质的资源。我们在做教育援助的过程中，都应该会看到，好像说教育就是给钱，给贫困地区提供资金就够了。然而，我们发现，现在辍学率很高，不仅仅是因为学生交不起学费、上不起学，很大的程度是因为学生厌学。厌学的原因有教师质量问题，也有很大的问题是教学内容不符合农村学生，这又涉及大教育理念中一个非常重要的问题，即我们是大一统的教育，大一统的教育是有很大弊端的，但是怎么去破除这个弊端？我们的乡土教材最早就是从鹤类自然保护区环境教育延伸出来的。

问：你们的鹤类保护环境教育在东北吗？

答：全国五个鹤类自然保护区，我们在那里做与鹤有关的教育工作。我们在这个过程中延伸出了一个乡土教育的概念。也就是说，自然保护区的教育一定要有其特色，这个特色就是教育必定要和它的乡土环境、乡土文化、乡土情感联系在一起。所以，我们逐渐从一个环境教育项目中延伸出了一个关乎大教育概念的主题，然后我们又在这个主题上开始扩展。这个扩展其实不仅仅是我们这个机构在做，一段时间以后，在2005年的11

月和 2006 年 12 月，我们分别召开了两次全国性的开发乡土教材的 NGO 会议，其中一次是经验交流和推广，我们把乡土教育这个概念从一个机构的小小的项目扩展到了现在很多 NGO（都在关注且在实践的主题）。进而我们要去影响主流，去影响教育主管部门，也就是教育政策倡导。我们把乡土教材从一个项目变成了一种倡导，而且是做得比较成功的一个倡导。（在这个过程中，）我们有时直接和学校达成使用协议，如果我们对推广的期待比较大，我们就需要跟教育主管部门联系。比如有的自然保护区，可能就只有几所学校，（我们开发的环境教育）教材不适合别的地方用，那就不需要通过教育部门，而是直接跟这几个学校联系。这些都根据具体情况，NGO 的工作特点完全是因时因地因人制宜，非常灵活。

　　NGO 进入教育领域，一定要找对切入点，你直接进去说要给他们上什么课，人家不接受。但是我们发现，乡土教材这个切入点非常好，每个学校起码有十个老师要参与乡土教材的编写和讨论，我们通过把他们吸纳进来，同时，他要参与这套教材的用法培训。我们把其他诸如启发式教育、案例教育、活动课、自然观察、文化寻访等一些在新课标改革中非常提倡的理念都纳入培训内容中。新课标改革对农村学校来说是可望而不可即的，教育主管部门组织的培训不适合乡村教师的特点。我们发现，有针对性组织的这样的教师培训效果比较好，来参加的老师不仅仅对如何用乡土教材有了一些想法，对他自己的一些课程，比如对什么是启发式教育的理解也加深了、更有把握了，且触发了他们的想象力。我们的乡土教材现在已经做到第 11 本，也就是说，我们已经做到了 11 个点（每个点少到几所学校，多到二百所学校），每个点都不一样，有一个是针对中学生的。同时，很重要的一点是，我们同时在做乡土教材理念的推广和操作方法的培训、训练。我们（最近的）两次全国性会议上，来参加的有在 18 个省市工作的 NGO 和学校，我们讨论的都是乡土教材的编写和推广等技术环节，从理念到方法再到技术细节，慢慢地把它做成型，对后来加入这个领域工作的人（起到一个良好的引导作用）。另外，通过我们的会议，吸引了很多媒体的注意，媒体又去找这些做乡土教材的组织采访，它产生了效果很好的吸纳效应，也引起了教育主管部门的注意。这是乡村教育资源供给的第一块。

　　这里我强调的是，NGO 的工作方法里很重要的一点是要学会借力，要组合资源。我们做乡土教材，从资金到人力、到地方的工作关系以及随后的工作推广，都要和不同的 NGO、不同的政府机构及不同的社区组织合作，每一步都是在合作。所以，NGO 就有一个很鲜明、很好的特点，即当一个组织的合作能力很强的时候，它拥有的一点资源，就可以发挥出比不会合作的组织强大得多的作用。我们的资源其实都很少，但是通过合作，比如资金合作，通过跟不同的基金会、教育部门甚至地方政府的合作，形成对社会公众及私人捐助的吸纳；第二是工作地的合作，你去其他地方开展工作时需要有工作依托。在自然保护区，我们依靠自然保护区的管理部门以及当地教育局，有时某些地区拥有很高社会威望的社会贤达也会成为我们项目的依托。另外，我们和在当地有社区工作基础的 NGO 合作，不需要自己再去翻一块生土，是在被开发的半熟土基础上，我们再继续去做，把它做深，一点点往下挖。因此，在同一个地区，不同 NGO 的加入会将这个社区的土壤越翻越好，越翻越深，社区的开发程度也会越来越高。所以，现在我们再引进和介绍别的 NGO 进入同一个地区做另外的项目，这个社区就变成了 NGO 都能够共享成果的社区，这一点对合作来说非常有效。另外，比如开发乡土教材需要人力，但是谁也没有做过乡土教材，教育系统和研究部门不会有专门人员，我们需要培训、培养自己的专家，教育部门和研究部门给我们提供技术支持。目前，天下溪已经培养了四五个编写乡土教材的专门人才了，他们几乎可以说是这一行的专家，他们去帮助很多 NGO 推进乡土教材编写工作。他们是在工作中锻炼出来的，在做的过程中不断研讨，比如什么是乡土教材？它应该有什么特质？它的特质通过什么手段去实现？它在教育上的特性体现在，它不是一本读物，它必须具有能用来作为上课教材的特性，而教材里又怎么突出知识点？这就需要有编教材的专家来参与。通过这几年，已经基本建立起这个网络，能够为很多 NGO 提供帮助，同时它也是一个促进平台。天下溪在这方面得到了这个领域的公认，起到了很好的促进作用。这是我们乡村教育资源供给的第一块工作。

第二块是我们现在正在做的藏区学校志愿者支教项目。这个志愿者支教项目非常重要的特征是它强调教育的文化传承。我们的特色体现在志愿者全是受过教育的藏族年轻人，他们自愿到藏区最贫困的民办学校，他们懂藏语也懂汉语，有的还懂一点英语。因此，（这个项目开展过程中）首先是藏文化的传承。因为我们的教育主导体系是不具有包容性的，在四川省藏区学校里基本都没有藏语教学，我们把（藏语教学）作为项目的一个重要内容，同时，在这些学校开展乡土教育。

我们一直想要支持农村贫困地区教育，它们需要什么？NGO 一定要从需求者的角度出发，这一点是天下溪在工作中任何时候都不会忘的，我们的选择不是从资助者出发，而是在调查需求以后，产生资助想法。根据想法，我们去说服资助者。在我们工作过程中，很少有资助者拿着钱说："你们来替我做这件事。"当然这和我个人的理念有关系，是负责人起了很重要的作用。

我们的藏区支教者项目现在已经走到第三年了，而且资助的学校一年一年在扩大，我们可能会在同一个学校一期做五年，现在还没到。这五年中间，对于每一年做什么都有一些想法，还需要找到合适的志愿者，而且是藏族志愿者，工作难度很大。这个项目所有的捐款全部来自私人，有一些是企业家，还有不少是一般公众，多的一万，少的一百，我们是公众筹款。

这个项目花费不小，但是我们目前已经做到第三年，开源的可能性增大，因为越来越多的人知道了，越来越多的人愿意提供帮助。我 8 月份准备出差，是去甘肃地区，找汉族志愿者支教的地点，希望不集中在少数民族。志愿者支教，不是简单地到学校去上语文课、数学课，志愿者要带着教育理念，要有对教育进行改善的意识和具体的做法，这是我们和政府部门主导的支教行动不一样的地方。我们认为，贫困农村地区的教学不应该以升学为目标，它应该更多地贯彻生活教育的理念。但是，生活教育的理念是需要人去实践的，这是探索的问题。今年我们准备去甘肃看六到七个点，最后选三个点，目前这件事情已经被列入日程。

第三块是农村学校的图书馆和文化体育设施捐助，是以丰富学生的课外活动为目的的。这方面的项目我们已经做了四年多，从我加入天下溪之前就在做，然后又把这个项目带进天下溪。我们现在已经做了 180 多个学校的乡村图书馆捐助项目，而且通过这件事情又延伸出其他一些项目，比如在北京郊区的 15 所打工子弟学校做图书馆捐助，就是这个项目延伸出来的内容。我们是在贫困地区学校和社区，通过乡村图书馆捐赠项目，做出了一套工作流程，这套工作流程目前在为很多 NGO 组织服务。为什么呢？因为我们可以用很低的价格、较好的物流去采购、运送图书，对选定的地点进行考察和图书馆建设，这些方面我们都能给其他组织提供帮助。目前，天下溪这个项目已经变成了 NGO 领域里的一个公共用品，为什么？不少组织想做，但自己做有困难，他们把地点选好，请天下溪来做，因为什么？就是因为我们的采购、物流系统好，我们可以用非常少的钱，比如用 3000 块钱建一个 1200 册书的图书馆，而且是合适的好书，我们还帮他

梁晓燕 谈天下溪

071

们订报、订刊。同时，把志愿者的人力资源和图书馆嫁接起来，几个志愿者一起关心一个图书馆，不断地给它添加新书，这样又有了一个很大的志愿者资源流进来。我们在打工子弟学校还做出了一个模式：我们给学校捐助图书馆、文化体育用品、设施之后，又引入大学生社团，每个学校引入一个大学生社团，跟学生一起搞读书活动。一段时间后，会在我们所有捐助的学校里搞读书征文，通过读书征文，把一些爱读书的孩子找出来，再继续做读书夏令营。这样，就形成了一套（工作流程）。先是捐助图书馆和文体设施，再把社会力量纳入进来，帮助学生学习和成长。

这也是我一直强调的，一个 NGO 不要只注目于自己的工作结果，一定要明白过程大于结果。过程当中有一个最重要的衡量标准就是如何借助社会力量，这一点和 NGO 具有公民社会的特质有很大关系。今天中国的 NGO 尤其要做这个工作，因为除了公益事务，很少有别的渠道可以让公民参与，没有参与的平台，就没有载体。所以我要求天下溪的每一个项目，在项目设计最初的时候，一定要有便于公众参与的环节，这个环节是社会力量可以参与进来的。这样，它就不是一个机构的事情，除了机构本身的工作以外，你同时还在参与公民社会的建设。目前，这已经变成天下溪的工作理念了，也是我这两年半工作中非常强调的一点。

目前，我们已经在 180 多所学校完成了图书馆的捐助，采取了三种方式：一种是我们考察地点，把图书馆捐过去；第二种是别人委托我们建图书馆；第三种是"给我的家乡捐一座图书馆"。我们知道，有很多人是从农村出来的，他们自己来到城市，现在都生活得很好，他们对自己的家乡都很关心，"给我的家乡捐一座图书馆"就是给他们搭建了一个载体，为个人捐助者打开一个口子。我们对他们有一些要求，要求他们必须回自己的家乡，去找放书的地点，找能管书的人。等找到了人、找到了地点，他们再捐款，而我们帮他们实现愿望，最后我们再派人去检查。这样又形成一个工作流程，把很多社会人士，很多有爱心的、对家乡有感情的人（集中起来）。后来我们这个项目在一些网站上被贴了出去，不是我们贴的，而是参与者自发贴的，现在来找我们要做这件事情的人不少，这就给很多人搭建了平台。

我们每一个项目的设计都是多重指向，乡村图书馆项目现在有三种工作方式，乡土教材也有好几种工作方式，不同的人都能介入，志愿者支教也是。第四个项目就是关注农村教育，类似对农村学校的政策倡导，我们先做调研，并在假期常年组织一些大学的学生回到家乡，就他所在地方农村学校的状况、问题、教师的想法、校长的想法做一个采访，开学上交报告。我们想形成一个对教育政策提供反馈的项目，我们一直在做这件事，有时候规模大一点，有时候规模小一点，目的在于希望能对我们现行教育政策有所影响，或者叫纠偏作用，因为我们的教育政策经常是一刀切，甚至是切到不讲道理的程度。这块也属于乡村教育领域。

第三个领域是环境教育。环境教育中有我们过去一些项目延伸的影子，比如，鹤类自然保护区项目中除了乡土教材，还有自然教育、环境教育这一块。目前在准备第二个大项目——"人与草原网络"，就是自然教育领域中延伸出来的一项内容。我们想丰富自然教育的内涵，要探索出各种各样的方式，我们的"人与草原网络"既是一个学习平台、交流平台，也是把社区的牧民和关心草原的各种人勾连起来的一个平台，让关心草原的这些人通过和牧民接触，去真正理解什么是游牧文化，什么是草原。它是一个学习的平台。在自然教育版块里，我们还想开发出新内容，准备给城市的孩子办自然学校，让孩子们通过到自然学校里去上课，把很多自然教育的理念和实地考察结合起来。郝冰目前已经全力以赴地在做这个事情，明年年初项目应该能基本成型。

以上这三大块，就是天下溪在 2004 年 6 月到 2007 年 6 月间一直在做的，天下溪从一个人发起的机构发展到现在，已经形成了这三块着力做教育公益的工作内容。

3. 天下溪的筹款

问：梁老师，您能不能专门给我们介绍一下天下溪的资金以及筹款方面的情况？

答：关于资金问题。天下溪最早的资助是美新路基金会给的，香港社区伙伴支持了我们的"天下讲坛"，美国鹤类基金会支持了我们最初的鹤类保护区环境教育项目。从我接手以后，我有一个非常明确的理念，也是当时进入的时候就有的理念，即 NGO 组织的资金来源一定要多样化，完全依赖国外基金会的做法使中国 NGO 很无奈，这是大的制度环境所造成的。为了改变这种制度环境，一定要打开国内的捐助渠道。这几年天下溪在这方面花了很大力气，我们现在的这些项目，大概有 40% 的项目款已经不是来自国外基金会，而是我们通过各种渠道去做宣传而得到的，或者来自企业捐款，或者来自个人捐款。

问： 政府有没有资助其中的一部分？比如你们帮助它们开发乡土教材。

答： 目前还没有。我们必须带着资金，比如我们和湘西州教育局合作，前提是必须我们要付所有的教材开发费用，教育主管部门现在没有这个意向，到现在为止没有来自政府的钱。

问： 你们向它们提出过这个问题吗？

答： 我们感觉没有说这个话的契机，有时候要有这个气氛才能说这个话。在谈话的过程中，政府部门总在了解你们带来多少资金，我们怎么可能会向政府开这个口？

到目前为止，我们所做的180多所学校的图书馆项目，完全是公共捐款，逐渐有了一些企业来投入。目前有一个企业老板自己拿出10万块钱，让我们帮助他的家乡学校建图书馆。这个项目开展最初都是由一个人，从100块钱，到3000块钱……我们完全是这样一点点地积攒起来，完成了100多个学校的图书馆项目。

我们的藏区志愿者项目，基本上没有小额捐款，都是万元左右，或者是高级白领，或是企业家，私人捐款最多的一次是5万元。今年有一个人捐了4万元，还有1万的。

今年的"天下讲坛"，已经没有基金会捐助。"天下讲坛"今年是跟《民间》杂志合作，其中有一个单元是邀请《民间》杂志中写过的人物来做讲座。这些人物的路费等费用由《民间》杂志承担。"天下讲坛"这个项目可以做下去，因为它可以借助很多社会资源发展下去。

发展教育的很多项目都是和其他机构（合作开展的），（我们曾开展过）一个定期的纪录片拍摄和播放活动，是和 DV 江湖网站、零频道传播公司（合作），他们提供片源，帮我们培训 DV 拍摄者，我们招募志愿者，大家去拍摄。让城市里的白领年轻人关注保安、保姆、送水的、收破烂的等在自己身边但却从来没被注意的这群人。活动之一是要求每个人拍一个关于某个人物的8分钟片子，训练的第一步就是教你怎么交朋友。你要有一个载体，你才有动力，首先你去交朋友，去认识他们的生活，走进他们的生活天地，这就是公民教育。公民教育不只是听报告，讲道理，更是生活实践。这个项目进行得挺好，第一批是16个人，3个人一组，最后交了6个短片，所有这些参与者都觉得受到了很大触动。三个人一起，比如这个人是保安，你先要跟他交朋友，同时了解他的生活环境，愿意的话还可以去他的老家，慢慢地形成了让新市民走进城市人群的生活，打破了阶层间的隔阂，这些东西都需要通过有效的手段去实现。这个项目开展过程中，我们没有资金，完全是通过组织社会资源来实施，做得也不错呀。

另外，我们还办了五次大型展览，这些展览全都是合作开展，都没有资金，都是通过社会资源之间的互相组合实施。比如我们做纪录片展、做摄影展，如煤矿工人摄影展等。贵州遍地都是小煤矿，有的村庄就是煤矿，他们既是农民，又是矿工。我们还做了农村代课教师现状的摄影展，（展出）农村教育的一个侧面，那个摄影展曾轰动一时。这些活动都不需要钱，要看你有没有心，有没有组织资源的能力，工作团队要比较强。其实很多事情是不需要钱就能做起来的。

问：天下溪是怎么解决基本的行政费用的？

答：我们的基本行政费用都是从项目中来。相对比较好的一点是，我们早期有一些项目受到资助方比较高的行政费用支持。有比较宽松的行政和机动经费，这个机构才能较快成长。我和郝冰都在公益领域中工作时间比较长，我们又都比较能够说服人，建立较强的信任感，所以，一般能够说服基金会给我们一个比较高比例的行政经费。我们的行政费用完全是由项目带来。到现在为止，没有人专门捐助。但是社区参与行动这个机构就有一个捐助者，每个月专门拿出一万块钱作为他们的行政费用，NGO 其实特别需要这方面的捐助。我在工作过程中对这点深有体会，一般的基金会都不愿意给 NGO 提供行政费用支持，即使有也控制得很紧，自然之友也遇到了这个问题，我是自然之友的常务理事，自然之友有限定性资助和非限定性资助，限定性资助都是项目款项，非限定性资助很少。到现在为止，天下溪还没有遇到行政经费太紧影响工作的情况，但有很多机构都遇见过这种情况，还不能挪用项目经费，有一些机构本身必需的支出都无处筹措。我建议，如果不能说服基金会在项目捐款中给较高比例的行政经费的话，这个款项最好还是从私人捐赠者当中来。当私人捐赠者对你们的工作已经观察了一段时间，了解了你的工作，觉得你值得信任和支持，你是有可能让他做非限定用途的资助，这是可能的。

问：捐款的流程是怎么样的？是先设计一个项目，然后把这个项目向社会公开募捐吗？

答：对，必须要先设计，但是我们不能向社会公开募捐。实际上所有的募款事情都是做得战战兢兢的，因为我们是工商注册，严格来说社会募款是不合法的，所有工商注册的 NGO 都冒着一定的风险做这种事情。所以，我们很少做那种公开宣传的社会捐款，我们不敢做、不能做，也没做过。我们做的都是比较定向的，就是说，首先会是在一个熟人群体当中，实际上有一个朋友圈的波纹放大效应，这是第一个。第二个是很多人会来参加我们的"天下讲坛"，我们每次会在那儿做项目宣传。有些人就会看到，就会来捐助，有这样的情况。

另外，我们没有吸收过无特定用途捐款，我们吸收的所有捐款全部是指定到一个设计好了的项目，捐款人捐钱的时候就知道这个钱去哪儿了。这是因为我们要规避风险，最近有一个企业家，因为他了解我做的事情，他愿意给天下溪捐30万块钱。我说"现在我不要"，没有定向性的款不能收。我说："等到下一次我们想做什么事了，等我们的想法成熟了，我来找你，你觉得想支持这个想法，你就来捐款。"也就是说，我要让所有的捐助人都知道他的钱去哪儿了。一方面我是对捐款人负责，另外一方面，也是对我们这个机构负责，因为我们不知道什么时候会有飞来的横祸。再有一个，我刚才讲到，除非这个人说："这个款我捐给'天下溪'，非限定性，你可以用于你的机构发展。"除非这样，但我现在还没碰到。

问：企业给你们捐款是因为你以前就和它们熟悉，还是后来它们了解了你们？

答：要有一些契机，我的朋友里企业家不少。社会联系面也比较广，什么层面的人都有，这也是我们和年轻人发起的组织不一样的一点。年轻人刚刚开始做一个NGO，他们的社会资源往往比较单薄，层面很单一，所以筹款相对困难。一方面，我们的朋友里就有企业家，另外，也有一些我们在做别的事情的时候（认识的）。实际上，偶然性因素也很大，但都不是我们做公共宣传，我们也没有很好的传播载体，"天下讲坛"已经是一个传播载体了，但是面还不够广，再大的公共载体我们目前还不敢用。

问：如果有企业资助，我们开展活动是不是要给企业冠名？

答：没有，我们会告诉它们。还要碰到一个很大的问题，就是发票问题，因为我们不能出具发票，我们是商业组织，出具发票就有税。我们捐款除了基金会的项目款都来自个人，包括企业家个人，我们没有企业捐款，就是因为企业捐款必须要发票，有了发票它们才好入账。如果我们告诉它们，捐到我们这儿要交税的，这很荒唐，一般人都不会愿意。所以，都是企业家以个人名义（捐款），我们没有发票，只能给它们提供收据。

问：您讲的企业家都是朋友圈子不断扩大包含进来的一些人，这些人是社会中比较特殊的人物还是一般的人物，是他们主动捐款的？

答：开始是朋友圈，进而从朋友圈扩展出去。也有慕名而来的，都不是什么大企业，一般是一些小企业主。例如有一个浙江人，据说资产不小，但是我们不了解、不认识，他有关心教育的情结，有人跟他推荐了天下溪，他自己到北京来找我，他想了解他可以在自己的家乡做点什么，我们能够提供什么帮助，然后他出钱，看我们能不能做？我想，最初的源头一定是特殊人群，而不是普通人群，一定不是，因为没有办法是，因为我们没有公共传播的平台，你没有办法让根本不了解的人知道你。现在已经慢慢地逐渐（改善）了。我们的乡土图书馆项目就是这样的情况，有一个捐款人，是做私立医院的，一次，他到北京一个朋友家，碰巧他的朋友也是我的朋友，聚会当中我们就认识了。他听说了我们在做的事情，他自己首先捐了一个图书馆，他就想看看我们怎么做事。我们就把事做得很好，做完了，过了一段时间他来了，告诉我们说他要到云南去旅行。后来他去看了我们在那里捐助的图书馆，看了以后认为这件事情对当地很有好处，孩子们很喜欢，他突然就告诉我："我来帮你们募款。"

4. 天下溪的组织文化和做事风格

问：梁老师，您能不能给我们介绍一下天下溪的机构文化和内部管理的一些理念？

答：你问的正是我要讲的一个问题——所谓 NGO 的内部管理问题。到底什么样的模式好？在 NGO 中，除了工作目标为上之外，内部员工的需求放在什么位置上？这对 NGO 非常重要。我很不接受、也很不同意把企业的管理方式拿到 NGO、拿到天下溪。NGO 要有效率，但是，那套绩效管理的模式所构建起来的人际关系以及它所创造出的那种内部文化氛围是否适合 NGO？我认为有待探讨。NGO 要不要绩效为上？对我个人来说，我不取绩效为上这个目标，我更看重一个员工高度认同机构的宗旨之后他所有的个体主动性。你要把一个机构的理念、宗旨和将来的发展方向写在纸上是很容易的，可是要把它印在员工的心里是很难的。你要让他通过他做的工作去找感觉，你要给他找感觉的时间。然后，帮助他去规范。我希望用那种从企业里出来的、受过企业效率化工作的熏陶、同时又具有一点开放性思维的人。我们（对员工的）训练也很困难，我不把目标仅定在项目目标、受益人群目标上，它不是唯一的。还有一点是员工成长。在员工成长的途径中，有些时候是要允许项目有偏差的；做得不够好，甚至做到一定程度时，我觉得不对，但是我想让他走一段，让他自己去感知到错误，我认为这是在培养员工。在对机构的绩效如何衡量（的问题上），我和郝冰非常一致，我们都认为，在天下溪，我们希望员工成长本身就是这个机构的目标之一，这是我们俩非常认同的。天下溪的员工很稳定，有很强的向心力。

NGO 是要做社会工作的，它要解决社会问题，必须要有对社会大的趋势和走向的认识。员工不能只着眼于自己眼前的工作，如果这样的话，他的创造力不可能很好地发挥出来。天下溪有较好的学习气氛，这点和我们一直以来的推动是分不开的。我常常给员工推荐好书，推荐对重大社会问题认识的基础性读物，过一段时间我们会就这本书讨论、争辩。目前，天下溪的员工没有社会科学的背景，有一个学中文的，其他都是工科背景。其实在他们的受教育阶段，缺失是非常大的，而我们今天进行的工作需要有很充分的人文精神。天下溪的工作都是在做人的工作，做教育和文化的工作，对人、对文化要有理解。缺失怎么办？一个好的学习氛围很重要。

我希望，在这儿工作一段时间以后，员工得到的提高不仅仅是具体工作能力上的，他的眼界、立足点都提高了，也培养了学习的兴趣。

我们要求每一个项目应该有一个环节是公共探讨。我们还要求设计出一个环节是要去组织社会资源来加入，社会资源加入本身就有价值，就是增加社会资本。因此，在这个意义上来说，狭义的效率和捷径也许不是最好的，NGO 组织是干什么的？NGO 组织不仅仅是一个干事的机构，NGO 组织更是一个社会资源的动员器，是一个社会参与的平台。

问：咱们的组织规模不是特别大，等规模不断扩大，如何解决不断出现的问题？

答：天下溪的理念是不做大，关于这点我和郝冰最初就有共识。很多人听了可能会觉得奇怪。我认为，NGO 要有自己的一种组织机制，这种组织机制的特点就是它的高度灵活性和它有可能让更多人以各种方式来参与，还有对员工成长的高度关注。我们希望这个机构是不断裂变的，我们现在已经有第一个项目裂变出去了，我很高兴。我们希望我们的项目不多于七个。

问：组织大了有什么不好？

答：不是说组织大了就不好，不能这样说。我和郝冰都认为，在今天中国的社会环境下，机构大了，一是会有相应的机构风险，二是对管理能力的要求比较高。三是组织大了，内部肯定要科层化，而我们喜欢的一种

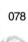

工作气氛跟科层化是有矛盾的。我们认为天下溪发展到十个人，可能就是它的极限。如果一旦人太多，我们就希望他能带着项目裂变出去。我还有一个理念，我认为今天中国的 NGO 太少，应该大大发展，尤其草根 NGO，更应大大发展。有了在 NGO 工作的经验、经历，他再去创办 NGO，对他来说，要少走很多弯路。所以我觉得，这种裂变的方式对促进中国公民社会的发展也是好的。

还有一个个人原因，我和郝冰都是不喜欢管人的人，这也是我们俩禀性的一种选择，我们不喜欢去做纯粹对人的事，因为管理主要是对人。现在这么做下来发现，总的来说，第一，天下溪在效率上不一定是很好的，但综合社会效益增加了。从附加的效应来看，这个机构应该算做得好的，我们很看重一些附加要素。

5. 天下溪发展的经验

问：天下溪发展的原因有两条。一是有独到的组织能力，能够把这件事运作起来。第二，这个事本身是合理的，本身社会空间就需要这么一件事情，可是没人做。这两个是同时需要的，现在你能感觉出哪个更重要吗？

答：可能第二点更重要吧，因为有需求，而且有很多有积极性、想做事的人。

问：而且即使不做事的人也认同这件事是合理的？

答：对。尤其我们到民族地区去，比如湘西，湘西上上下下对做乡土教材这件事本身是高度认同，他们要的是谁来做？怎么做？政府部门对乡土教材需求这件事情高度认同，因为民族地区或者自然风貌和人文风貌比较特殊的地区，这种需求是客观存在的。

问：我也思考了可能的几种原因，您看是哪种更重要。第一是大家都知道现在的教育是有很多缺陷的。第二是出于对民族文化的珍惜。

答：是第二种。他们对教育本身的反思其实不多，对教育本身的反思是我们在做的过程中自己提炼的。他们对教育内涵的多元化和开放性的重视不够，更多民族地区或自然保护区的人是基于对他们家乡的热爱。

一个 NGO 的发展需要两个方面的重要条件。一是它成员的背景、资源和个人偏好对发展路径很重要。比如我和郝冰过去都是从环保组织过来的，我们过去的一些资源都可用在天下溪，因此天下溪的工作领域中不少都会从这方面起步；二是它的领导人对宗旨的开放性认识和对宗旨的坚持，天下溪是很典型的。教育是个很大的概念，实际上 NGO 只是在做教育的边缘工作，那我们就需要考虑到：第一，哪些工作是和我们的理念相吻合且我们有能力做的。第二，哪些是对主流教育理念有冲击、有改善的，这也是我们要做的。第三，哪些是有利于社会力量加入的。因为我们有做什么、不做什么的选择，因此，我在选择天下溪的项目时，就基于以上三点来做选择。

另外，一个项目做着做着可以延伸出其他工作领域，本来我们做鹤类自然保护区，最后延伸出乡土教材整个工作系列，慢慢地又不仅仅是乡土教材了，我们会通过这个切入口，（涉及）怎么培训教师，将来我们会从乡土教材里专门再延伸出一个教师培训项目，通过把乡土教材培训教师所得出的那些非常好的培训方法用到贫困学校的教师培训当中去，这就又延伸出一个项目。项目之间的滚动性一层一层递进，实际上是对教育内涵一层层地开发。

NGO 开始起步的时候高度依赖资金，如果这个时候，机构领导人不是一个理念很强、能够坚持的人，这个组织很可能做到后来就变成跟着资助方走。天下溪基本没有这个问题，我们基本上没有跟着资助方走的项目，所有的项目设计都是从需求出发，都是从我们自己的愿望出发，然后我们去找资助方商量。我们也在帮助资助方丰富他的资助内涵，资助方的资助理念不清晰的时候，他需要我们这样的机构去帮助他。总的来说，我们要获得资助方的理解和认同不是很难，天下溪这个瓶颈已经打开了。

6. 天下溪的发展前景

问：在公民社会，天下溪已经走在相当前沿了，所以我关心假如这么做下去，发展空间有多大？天下溪的前景预测是怎样的？会不会在哪里被限制死？如果不被限制死，会不会有一个充满光明的前景？

答：其实并不光明，首先我们不知道什么时候就会有灭顶之灾，包括筹款。因为制度环境不好，你很难做长期设想和打算，人的行为的短期化是被制度催生的。我们无法去想我们五年以后怎么样，谁知道我们五年以后还存在不存在？因此，包括筹款，完全是今年筹今年的，至于明年怎么样，明年再说。再有，最近突然税率提高了，本来是 5.5%，现在要交 8% 了。像这样莫名其妙的（事）会将我们整个计划和筹款搅乱。另外，我们无法对员工做任何许诺，员工也拿这儿当一个很短暂的停留地，他不可能在这儿做一个长期的职业规划，要跟这个机构一起成长，谁知道这个机构能存在到什么时候？这其实是目前 NGO 面临的最大问题，即 NGO 无法做未来规划，我们只有靠踏踏实实地慢慢做，走一步看一步。

访谈印象

晓燕是中国 NGO 的实践者，她先后参与了自然之友、天下溪、西部阳光的创业及领导工作。这三个组织，都是中国 NGO 中非常活跃且具很大影响力的。

晓燕还曾是《民间》杂志的主编，这曾是中国 NGO 实践方面具旗帜性标杆的一个草根杂志。

晓燕本人也是一种具旗帜性的标杆。

参与自然之友的过程对晓燕本人的公民意识、公益精神的养成起到了重要作用，或许正是那一段经历，使她走上了 NGO 实践的不归路。天下溪致力于教育，从一开始的环境教育，到公民教育，到支持乡村教育和开展各种相关的志愿服务等。晓燕称之为"大教育"，其实是以公益的形式提供教育领域的特殊公共物品。

天下溪的一个品牌是"天下讲坛"，我和 NGO 研究所的几位老师都曾应邀参加过，盒子咖啡给我留下了深刻的印象。不仅是我，生活在北京城里的很多年轻人都去过那里，听过或者参与过那里的活动。天下溪的公民教育吸引了很多人，启发了很多人。

天下溪开展的活动，大体都是围绕教育开展的，以教育为中心，突出弱势群体和普遍的公民参与，形成体系，形成品牌，形成规范，形成良好的治理结构，进而引领与之联系的 NGO 的发展及公民社会的成长，逐渐走出了一个草根 NGO 的发展模式，这或许就是天下溪的发展之路。

晓燕在自然之友也好，天下溪也好，包括她现在到西部阳光也好，始终保持着相对低调的姿态。这种姿态难能可贵，特别是在有条件扩张的时候，她并没有选择去伸展去发展，而是尽可能地把组织自身的能力建设，包括精神层面、文化层面的一些建设放在前面，走一条内涵式发展的道路。这在当今普遍趋于浮躁的增长势头下，是一种难能可贵的涵养。

六　郭小慧　谈深圳外商协会

访谈郭小慧女士

访谈题记

　　郭小慧女士，深圳外商协会常务副会长，深圳市人大常委、市人大法律委员会委员，广东省外商投资企业协会副会长，深圳市总商会荣誉副会长，深圳国际商会副会长，深圳市慈善基金会副会长，深圳市国际投融资商会常务副会长。1989年前任海军人才开发中心副主任，退役后赴深圳投身协会工作至今。

　　深圳外商协会，全称为"深圳外商投资企业协会"，成立于1989年。会员包括在深圳投资的外商投资企业，港、澳、台及海外侨胞投资企业，及其他所有制类型企业及工商界人士。先后被评为"全国先进民间组织"、"广东省先进民间组织"、"深圳市外经贸工作先进单位"、"深圳市工商领域先进协会"、"深圳市5A级社会组织"，荣获"全国慈善突出贡献奖"。其会员企业工业产值已超过深圳市工业总产值的一半；出口创汇已占深圳市制造业出口总额的75%以上。

　　郭小慧女士的口述史访谈是在2008年暑期进行的。她很理解和配合我们的工作。访谈结束后，她对访谈笔录做了认真细致的修改补充，直到截稿前。她是那种一丝不苟的人，无论对他人还是对自己。令我们感激和仰慕。多谢小慧女士！

1. 加盟深圳外商协会及协会的成长历程

问：您在部队二十多年发展很顺利，却突然转向，加入深圳外商协会，能谈谈当时的协会和您转向的过程吗？

答：1989 年协会成立时，实际上和当时许多官办协会一样，也是自上而下建立并附属于政府的。当时中央成立有中国外商协会，各省市就成立了省、市外商协会。深圳外商协会成立之初是深圳市经发局的下属机构。

深圳外商协会成立不久，我去一位伯伯家做客，无意间遇到了深圳市的一位领导。他介绍了很多深圳特区改革发展和敢为人先的创业故事，令我感到新奇和震撼。当时在场的除了我，还有海军装备部政治部的王丹亚主任。我们谈得很投机。席间这位深圳领导介绍说他们刚成立了外商协会，急需人才。他看好我们俩，劝说我们去深圳。

我被他说动了。在场的王丹亚也心动了。当时我父亲刚去世，家里几个兄弟姐妹都已出国求学，我那时也在联系出国。我是中国舞蹈学院毕业的，当时已申请到一所美国艺术学院进修的机会，但我一直难以割舍从小生长、热爱、熟悉的环境，难以割舍二十多年的军旅生涯。因为，这里饱含着我的喜、怒、哀、乐，记录着我的青春年华，大海、军舰、海港、蓝色军营，与我日夜相伴，凝聚了多少难忘的回忆和故事……

而刚刚听说的那些让人感动的创业故事，神奇的特区、改革开放的大潮、敢为人先的魄力、自我价值的尽情挥洒、特区发展对祖国未来的推动和展现，深深吸引着我。我从小就有着不安于现状、勇于进取、不畏挑战的男孩子一样的性格，一时间被激发了出来。

记得我爸爸去世前留给我的一句话，他说："小慧呀，虽然军队不一定适合女孩子的长远发展，如果你转业，我希望你多做一点社会工作，你有这个条件，这也是爸爸的希望。"当时我想，这个深圳外商协会应当是个社会工作吧，也许能与爸爸的希望相吻合。

我把这个想法与同在海军工作的爱人商量时，得到了他的支持。他说："在我们并不熟悉的特区的环境中，一个人去闯势单力薄，倘若丹亚也能去，两个人搭档去闯，可能会有一加一大于二的几率。"几经商量，两份转业报告先后呈报给了政治部门……

"铁打的营盘，流水的兵"。转业，在部队并不是什么稀罕事儿，但是在八十年代末，像我和王丹亚这样的师团干部，上校、大校军衔，二、三十年军龄，本可以做个终身的职业军人，却主动要求转业，实属罕见。至于我们还把档案放到全国人才流动中心，只身到深圳去独闯，既不是去当官，又不是为发财，而是去办一个毫无保障的什么"外商协会"，周围的人都大惑不解。

不少朋友说：四十出头，是前程无量的"当干"的年龄，本来在北京过着有头有脸的日子，却偏偏要去深圳；好好的放着军队的铁饭碗不端，非要去捡那个泥饭碗，这不是自讨苦吃嘛！为了什么呢？我说"不为什么，人生只有这一辈子，干嘛不让自己过得更精彩一些呢？我曾融入过多彩的艺术生涯、经历过部队熔炉的锻造，在这个大变革的时代，再亲历特区的弄潮和时代的挑战，这也是难得的机会啊！"

面对母亲、兄妹、亲人以及周围朋友的多方压力与担心，我虽然把一切说得很轻松，其实，心里也七上八下的，做了背水一战的准备，自己断了自己的退路。现在回想起来，也不知当年哪儿来的那么大的勇气，毕竟自己已经过了四十岁了。

我的人生有两大支点，一个是事业，一个是家庭。在"事业"与"家庭"之间，我既要"事业"，也要"家庭"。很多人说："事业"与"家庭"，"鱼与熊掌不可兼得"。老天有眼，赐予我一个懂我、理解我、支持我的丈夫。在这人生转折的时刻，我的爱人——这个和我相濡以沫十几年，当时亦在部队工作了近三十年的军旅作家，坚定地支持了我，让我到大风浪中去体验人生的价值，使我在迈向陌生的环境时不感到寂寞。

在我们临行聚餐时，我爱人还风趣地说："你是从部队这个大熔炉里走出来的，我相信你的魄力和胆识。今后，你面对的是一个更加广阔的天地，挖掘出你最大的潜质，把过去的辉煌封存到历史中，从零开始，定能打出一片全新的天下。你们冲锋陷阵，我就是大后方，常胜之师，也要有个后备的预案；但有'出师不利，偃旗息鼓'时，我的工资足够咱们吃饱肚子。"这虽是笑谈，却给了我义无反顾的力量。

问：你们从北京到深圳去接手协会工作时，这个刚成立的深圳外商协会是什么状况？

答：我们去深圳时，协会刚刚成立几个月。当时协会工作人员都是政府官员兼任，交到我们手里时等于重打鼓另开张，从制定协会章程、确定协会性质、确立办会方针、重新招募人员开始。在几位深圳市主要领导的支持下，我们做了这样的决定：协会最大限度地与政府脱钩，走民间化道路，置身市场，自我发展，自主运作，自律行为。一个有别于全国其他省市外商投资企业协会的完全民间化的独特机制、运作模式，创新地在深圳这个敢为人先的城市诞生了。我们在没有政府编制，没有行政拨款，没有任何政府授权的特殊职能的情况下，借鉴了国际化商会的会员大会、理事会的运作模式，探索着走进了市场……

记得我刚来深圳的时候，一天在市长办公室，市长问我："小慧，你说这协会到底是放在政府好，还是放在外面好？"我初来乍到哪里知道办协会的困难，就回答说："当然在外面好。"

"你倒给我说说看，为什么在外面好？"市长又追问了一句。我当时说了三个理由，一是在政府里门槛高，人难进，脸难看，企业来找你办事难；二是政府里框框多，受限制；三是在外面自主性强，机会多。市长听了很爽快地就答应了我。

当年，深圳虽然是改革开放的窗口，市场经济架构已初见端倪，但在这个计划经济还没有完全转型的社会大环境中，我们把深圳外商投资企业协会，定位于走民间化道路，是要承担很大的风险的：别人打破了脑袋想往政府里钻，你们可好，要与政府脱钩？周围几乎都是惊讶、狐疑的目光。

从体制内出来以后才发现，真正的起步困难重重：协会怎么办起来？在哪里办公？经费如何筹集？工作人员从何而来？谁给发工资？吃住问题怎么解决？一系列难题接踵而来……

记得第一个月该发工资的时候，没钱，拿什么发？最后是拿我们自己的转业费给大家发的工资。我们知道这不是长久之计，创业的第一步是解决吃饭问题，解决员工的生计。

另一个问题是：我们都是党员，党的关系往哪里放？几个二十多年党龄的老党员，满特区地转悠，找党。当时真像一下子失去了母亲的孩子！后来，组织部发现了几个老党员找党的故事后，特事特办，批准我们成立了一个临时党支部。

当年来深圳的很多人都是来淘金的，第一批在社会上招聘的员工，面对着租招待所办公、租住农民房、自行车是唯一的交通工具的现实，坚持不住，很快离开了，剩下就是我们两人和北京带过来的两个青年。我们真正的创业就是从那时开始的。

问：在这么困难的情况下，你们是怎么走出困境的？靠什么走出的困境？

答：当时协会有一百多会员，我们就骑着自行车一个个进行联系，关心他们的状况，了解他们的需求，把服务送上门。"服务"就成了我们的"立命之本"，在炎热的深圳，我们几个被戏称来自"天子脚下"首都北京城的军人，胸怀一幅创业蓝图、戴着草帽、踩着单车，穿梭在大街小巷、关内关外。深入企业、宣传政策、悉心调研、维权解难，承担起协会的日常运作。谁能想到这些租住农民房、以招待所为办公室、整天顶风冒雨的人，原来都是有二十多年军龄的中国海军总部机关的优秀军人！

我们1990年开的"深圳市用电信息发布会"解决了企业最关心的用电问题，很多企业都赞扬说："外商协会，确实是为企业办实事的。"

俗话说："头三脚难踢"，协会踢出了几脚漂亮球，赢得了企业的称赞，主动交会费的企业也越来越多，初步解决了吃饭问题。从此，很多企业老总开始关心"自己的协会"。生产电话机企业的老总，见到协会只有两台老旧电话，给协会送来一箱新电话；一位老总见协会没有复印机，马上派人从企业拉来一台；协会的汽车、电脑、办公用品……大家都在为"自己的家"作贡献。这样，协会就活了，这让我们意识到：协会要生存就要依靠会员企业，企业才是协会生存发展的基础。现在我们的会员企业已经达到三千多家了，有很多是跟了我们二十多年的老会员。

问：协会渡过了最初的困难，怎样进一步发展起来的呢？

答：协会渡过了最初创业的艰辛，走上了发展之路。1992、1993年，国家经济政策变化特别多，我们加大了政策服务的力度，仅仅《政策法规信息》，一年就出100多期，平均三天出一期，送到外资企业手里。

1993年下半年，中国股市还在破冰期，虽然深圳已经有几家公司先期上市，但是国内各界对股票上市还有不同认识，担心国有企业上市使国有企业资产流失；我们组织了一个22人的代表团，穿梭于国家计委、体改委、外经贸部、国务院特区办、中国人民银行、全国人大财经委员会、全国政协经济委员会等各部委之间，不断地座谈、研讨、游说、答疑、建议，让外商介绍国外股市融资如何促进经济发展，并且提出了合资企业先行试点上市的建议；不到半年的时间，国家批准深圳14家合资企业作为试点先行上市，后均成为我会会员理事。

1993年我们分析金融改革和国际化发展的趋势，向中国人民银行提交了"允许外资银行适度经营人民币业务的建议"。

1994年当国家研究内资企业出口退税及机电产品配额招标问题时，我们提出外资企业国民待遇的问题，建议解决外资企业出口退税和机电产品配额招标问题，得到了国家的批准。

1995年香港回归之前，我们与香港工业总会联合在深圳召开"深港经济对接研讨会"，成为当时规格最高、研讨最务实、成果最瞩目的研讨会。

1996年国家拟实行加工贸易进口材料征税，出口再退税的政策，我们联合香港四大商会提出：将台账"实转"变"空转"的建言，被国家采纳。

1997年面对加工贸易企业规模、实力、信誉不一的状况，我们向海关总署提交了"对加工贸易企业实行分类管理的建言"。

1997年5月，驻港部队即将赴港，我们组织了100家港资企业慰问即将赴港的驻港部队。

正当协会步入发展轨道，工作蒸蒸日上时，噩耗传来，与我一起来深圳创业的工作搭档王丹亚被查出患了癌症，本来两个人撑起的天，一下子塌了一半。

在这之后的两三年，是我工作中最困难的时期，我一个人要挑起两个人的担子，每天只有三四个小时的睡眠，要考虑协会的发展，要主持协会的日常工作，正赶上世界金融危机，要参加政府和国内外组织的各种会议，要到企业调研，要接待境内外各种来访和洽谈，要批转各种文件，还要照顾北京手术归来的战友丹亚，和医生研究治疗方案。丹亚最终没能战胜病魔而撒手人寰，把偌大的担子一下子甩给了我。

本来，我们两个人一起共同创业，有任何困难，我们都能一起商量，共同处理和应对，再难我们也挺得住。他突然走了，剩下我一个人面对这么一个正在发展中的协会和这么多纷繁复杂的事情，对我真是一个人生考验。

我和丹亚是老战友，有鲜明的互补性格。他把协会的工作视为自己人生的一种神圣的使命和责任，勤勤恳恳、兢兢业业、身体力行。而我就有点不安于现状、不拘一格，干什么事都不满足平平淡淡，愿意走新路、搞创新，胆子大、勇于承担责任。因此，在性格上、工作作风上是互补的搭档。

王丹亚去世后，我也有过去留的念头。到底是留还是走，我反复问自己。走，协会的发展谁来延续？几年付出的心血付诸东流？留，怎么留？仅仅是拘泥于日复一日、年复一年重复现有的程序？满足于维持现状？那我们到深圳来又有什么意义？我找到的唯一答案就是：要留就必须要继续改革创新，完成第一个十年的"民间化"创新目标；开创第二个十年的"国际化"目标。突破既有的各种陈旧的想法，走出一条协会发展的新路来。当年《人民日报（海外版）》发表了一整版对我的专访，题目叫"中国特色的国际化商会"，我说出了当时对协会发展的想法和目标。

改革创新是需要人去做的，我们需要一个坚强的团队。因此，我们首先从内部的运作上开始改革创新，包括协会内部管理机制的改革创新，人员薪资结构的改革创新，也包括协会业务领域上的改革创新。我们不仅给员工上养老保险、医疗保险，还加上重病险等商业保险，提高员工的薪资待遇，实行绩效工资。要留住人，就一定要大家心情舒畅地跟我一起向前走。在协会的全体人员大会上我告诉大家："改革正在进行，我们没有退路，只有往前走。你们愿意的话，我们就是一个团队，大家齐心协力一起走；不愿意的话，我也热情欢送，曾经一起工作也是一种缘分。"结果是，没有一个人离开协会，我们在最困难的时候形成了团结融洽、共克难关的团队精神。

从丹亚病重到离去，天没塌下来，我们把失去战友的悲情化作一种动力。1998 年当企业对即将实行的"免抵退"税政策一无所知时，我们向国家有关部门提出："免抵退"税政策推迟两年实施的建言，国家采纳了建议，"免抵退"税政策推迟了两年实施。

1999 年当社会各界都在关注大企业的发展时，中小企业遇到很多困难，我们向深圳市政府上报了"关于中小企业当前存在的六个问题及解决这些问题的八点建议"。

2000 年国家拟实行"钢材、成品油以产顶进"政策，我们就"钢材、成品油以产顶进问题"作了三次《外商反映》，受到了国务院领导的高度重视，并批示有关部门进一步调研，解决了企业的困难。

2000 年以后，我们先后就"非典对深圳经济的影响及对策"、"SA8000 与企业劳动工时问题"、"CEPA 给港资企业带来的影响与机遇"、"关于企业应对欧盟两个指令的建议"、"关于企业社保中存在的问题及建议"等等，都受到了政府的重视和企业的欢迎。

2005 年底，我们就预感到纺织品配额取消后，纺织品出口会激增，必将引起纺织品贸易摩擦，向各级政府上报了此问题的《外商反映》。

2006年中美、中欧纺织品摩擦凸显，我们会同几大纺织商会，及时将市场的客观情况、有关数据及业界建议反映给国家商务部，使中国在与欧、美的纺织品贸易谈判中赢得了主动权。

2008年1月份深圳市政府发文开征堤围防护费，我们经过调研，向市政府提出降低收费标准、缴费上限封顶、减免收费等项建议。4月份，深圳市政府通过了《关于堤围防护费等收取问题的意见》，决定以最低标准即0.1‰为基准征收，收费下调了80%。

7月，在企业普遍成本上升、订单减少、经营困难，我们在政府的重要调研会上提出：鼓励发展支柱产业时，也要支持优势传统产业发展；"腾笼换鸟"应注意既不要让凤凰飞走了，也不要让企业悲情离去；在淘汰低端产业时，要防止产业链松脱等重要建议。

2009年，美国次贷危机发展为影响全球的金融风暴时，我们向政府提出拓展内销市场、出台"企业休眠"政策等六点建议。

2011年，我们在温家宝总理的调研会上，反映了企业成本上升的情况，受到了领导的表扬……

问：协会在政策服务上的确十分精彩，听说在创新方面也成绩斐然，请您介绍一下？

答：创新，是协会的灵魂。正是创新理念，引领着协会不断发展。在协会发展的第一个十年，我们探寻了一条"具有中国特色的民间化发展"的道路。这在当年是极大的挑战和创新。

十年过后，在中国大多数协会、商会为"官办"好还是"民间化"好而争论，为自身的生存而奔忙的时候，我们没有躺在"民间化成功的榜样"的光环中，又在"协会发展纲要"中，义无反顾地推出了"向国际化商会发展"的目标，对协会的未来发展，进行了进一步的提升与创新。这些创新的思路，正是基于我们对中国即将"入世"及国际经济向"全球化"发展趋势所作出的正确判断的结果。

当行业协会的作用突显，多数综合性协会对发展表示迷茫的时候，我们深圳外商投资企业协会，又作了第三个创新：先后成立了"欧美工作委员会"、"日资企业工作委员会"、"家用电器工作委员会"、"纺织品工作委员会"、"中小企业工作委员会"、"物流工作委员会"、"企业权益保障委员会"、"转型升级工作委员会"、"清洁生产工作委员会"等机构，深化了专业化服务，延伸了服务的链条。

2005年，在国际资本大面积寻求到中国投资，全国各省市如火如荼地开展招商引资时，我们又适时地成立了一个"深圳市国际投融资商会"，提出与深圳外商投资企业协会共同为投资者与企业打造一条"全程服务链"的全新理念。就是从投资意向的委托、选项、论证、选址、签约、注册，到企业落成、运作中解决各种政策疑难、政府协调、运作协调，再到企业发展中的人力资源招聘、融资、上市等全方位的"全程服务"理念，并以"深圳外商投资企业协会"与"深圳市国际投融资商会"两个兄弟协会的联手服务来完成。从体制、机制上达成了一个"打造全程服务链条"的创新。

2007 年，我们又与中国国际经贸仲裁委员会华南分会联手，成立了一个"深圳外商投资企业协会企业商事调解委员会"，弥补了正式的"企业商事调解机构"的空缺，并把企业商事调解与仲裁进行了"无缝对接"。这是我们在新形势下的又一个创新。

商事调解委员会成立以后，形成了调解与仲裁紧密结合的机制，由于中国国际经济贸易仲裁委员会华南分会的仲裁裁决具有"一裁终局"的约束力，因此，可赋予调解结果以仲裁裁决的强制效力，在联合国《承认及执行外国仲裁裁决公约》缔约国 142 个国家获得承认和执行。也就是说，我们联手的商事调解，可以被迅速赋予在广大范围内可强制执行的法律效力。商事调解委员会成立的头两年，便已经开庭解决了四个亿的案例纠纷，受到了企业的欢迎。

没有创新就没有发展，发展了又要寻求新的创新。这种创新—发展，发展—再创新，就是一个企业或一个机构快速发展的成功秘诀，也是我们深圳外商协会追求的目标。

问：协会的第二个创新是向国际化商会发展的目标，协会的国际化发展是怎么体现的？

答：在我国加入 WTO 前我们已经意识到，经济全球化已是世界经济发展不可扭转的趋势，我们协会、企业将面对世界大市场，我们国内市场也将成为国际市场的一部分，这些我们都无可回避。国际舞台要有中国商会的声音，作为外资企业组成的外商协会，更应率先与国际接轨，走一条国际化的商会发展之路。

协会的国际化发展有两个层面的含义：一个是自身理念和自身运作标准的国际化；另一个是提供国际维权和国际化的商务功能的服务。我们以提高工作人员职业素质及协会运作国际化标准为突破，适应经济发展对协会工作水准、服务质量的要求，以发达国家成熟商会的完备功能为比照，不断提升协会核心竞争力。力求协会发展理念国际化、运作要求国际化、服务标准国际化、联系网络的国际化、会务交流的国际化。

经过多年的积累，我们已建立了与香港、澳门、台湾地区的三十多个商会、团体，以及美国、英国、法国、意大利、德国、奥地利、瑞典、丹麦、希腊、加拿大、俄罗斯、波兰、日本、韩国、泰国、新加坡、菲律宾、马来西亚、印度尼西亚、澳大利亚、埃及、卢旺达、阿联酋、突尼斯等三十多个国家的商会及工商机构以会务、商务往来和信息交流为主要内容的联系网络。

二十多年来，我们年年率领深圳外资企业代表团，到世界各地投资考察、拓展市场，走遍北美、南美、欧洲、亚洲、澳洲、非洲、中东各地。

例如，2006年我们率领"深圳企业家代表团"踏上非洲之旅到达埃及时，埃及媒体大篇幅轰炸式的报道，让中国驻埃及大使都感到诧异："这么大的影响，使馆怎么没有接到通知？"直到参加国宴才得知是深圳的民间经贸代表团。一个民间的代表团，走红地毯，政府设宴，比政府代表团影响还大。

代表团在卢旺达，受到了卢旺达总统、总理、议长的接见，并在考察基加利自由贸易区时，与卢旺达投资促进局签订了经贸合作意向书，几个随团企业还初步确立了投资建厂意向。

"中非论坛"期间，我应卢旺达卡加梅总统及总理的邀请在北京见面。见面时得知，我率领的商务考察团成员深圳某公司的手机生产线建设已经在卢旺达动工……

2007年，世界女议员大会在非洲举行。我受全国人大的委托和大会邀请，再次踏上非洲的土地，代表中国参加了此次大会，并作为中国及亚洲的唯一演讲人，作了题为"妇女及民间组织在经济发展与国际交往中的作用"的主题演讲，与各国总统、联合国官员同台交流，宣传中国，传播友谊，引起了极大的反响，受到了来自100多个国家的400多位女议员的高度赞扬，称我是从民间走来的和平使者。我还高兴地了解到，我们的企业家投资生产的手机，已遍布非洲市场。

2. 协会与政府、企业的交流与合作

问：从您的介绍看，协会与政府和企业的关系很好，你们是怎么建立的这种关系？

答：协会从一开始就非常重视与政府、与企业的关系，注重与政府的合作、与企业的合作。充当政府与企业之间的桥梁和纽带，可以说这是我们协会的最大优势。

我们和政府之间有一个非常顺畅的文件交换通道，这是一开始就保留下来的，我们也很注意保障这个通道的顺畅和高效。

问：怎么建立这个通道呢？

答：我们在市政府申请了一个特别信箱。原来外资企业没有文件来源，特别是外商独资企业没有上级主管部门，让它们依法办事，都不知道依什么法。我们有了这个特别信箱，政府的相关文件就可及时下发给我们，我们的报告也可以直接上报，实际上建立了企业与政府之间的一个信息通道。

我们和国家商务部等一些部委也有很密切的关系，是很好的合作伙伴。作为协会不能等政策出来以后才去了解情况、反映意见；要在政策出台前发挥咨询和影响的作用。比如《劳动合同法》在出台之前，三审过程中的每一个重要环节我们都参与了。我的体会是，协会是企业的代表，一定要有意识地提前介入，让政府了解你的意见，否则等到政策出来以后就被动了。

问：你觉得与政府沟通的核心要素是什么？

答：核心要素是沟通前的深入的调研。如果从提出问题、反映问题、解决问题的政策能力上看，这里面我觉得最主要的，是我们抓问题抓得到位，反映问题时会客观地拿出解决问题的建议建言。由于我们平时便深入企业之中，企业对我们的依赖程度非常高，碰到重大事情，它们不是找政府，而是找我们。因为，我们真诚有效的服务，铸成了企业对我们的信任。

记得我刚来深圳的时候，处理的第一件事就是桑拿浴这件事。一天，许多桑拿浴的经营者都来协会投诉，说他们响应国家政策号召，投资文化娱乐服务产业，结果刚刚开张，政府又要取缔所有的桑拿浴。他们说："我们开办桑拿浴是工商部门批准的，是政府同意了以后我才去立项、投资的，现在我投资进去了，你们不管三七二十一强行封它的门，不许办了，也没有任何详细的解释和补偿性的措施。"

我们经过调查，发现这项政策果然存在问题，有的地方甚至动用公安持枪去封桑拿浴。作为政府，颁布的政策不能出尔反尔。这些桑拿浴经营者都是合法登记的，他们的投资得到了相关部门的批准。我们带着这些问题与政府部门交流时，发现相关政府部门和我们一样，对这项政策也有不同看法，但中央有统一的规定，又不能不执行。我们就带着这些问题继续向上反映。

当时中央每年都有一次特区工作会议，我们就抓住会议的时机到北京，通过方方面面沟通，将调查报告和书面意见提交给特区工作会议，还和许多领导同志座谈，得到了他们的支持。有关领导明确表态：不能只封门，不解决问题。有了这样的表态，深圳市就很快调整了政策，允许桑拿浴转为卡拉OK继续经营，许多投资于桑拿浴的企业因此得以缓解了危机。可以说，中国出现的最早的卡拉OK就是从这件事情起源的。

这件事办完以后，我们的口碑也出去了，企业碰到事情就找我们反映。因为什么？第一，你认真去倾听它的苦衷，在乎它的难处并积极帮助它；第二，你有办法去说服政府修订政策，能够帮助它渡过难关，解决问题。

在协会的工作中，我认为方法非常重要，不能热衷于什么搞个人关系。在与政府沟通的工作中，我们真的感到，政府官员、特别是政策研究部门的官员水平真的不低，只要你反映得好，他们还是听得进去的。

我们做的工作比较深入和专业，每次跟官员交流，他们都会觉得你懂行，这样会对你很平等。我们做这项工作，永远把持好三个环节：第一就是深入调研；第二个就是认真地研究和分析；第三就是拿出切实可行的建议建言。

在初步调研的过程中，我们非常在意按程序办事，就是从最基层的科室开始，不能一有事就绕过基层到上面去告。我们非常重视地方基层的工作机构，和它们形成了非常好的默契，但是有一些问题它们说了不算，那么我们就往上反映。

有人说我们是"政府采购"的特约通讯员，因为我们给政府的东西确实很有参考价值。另外，有的问题地方政府无权解决，与中央政策有关系，怎么办？我们也是双通道：第一个，通过中国外商协会和商务部系统，向它们反映；第二个，就是我们也有直达的渠道，哪个部的事我们就反映给哪个部，如果给部里还不行，那我们也会通过国务院办公厅、新华社的内参把这文件递上去。

因为我们是民间组织，要特别注意政治性、政策性，千万不能只维护狭隘的局部利益，一定要把民族利益、国家利益和全局利益放在首位，立足于国家的立场来看政策有哪些不完善的地方，才能真正客观、公正地解决问题。

问：作为协会你们的立足点在哪里？是立足于某个企业、立足于某个行业，还是立足于某个部门、立足于深圳？或者立足于更加宏观的政策视角？

答：我觉得主要还是立足于政策的宏观视角。你在与政府沟通的时候，非常重要的一点就是换位思考，政府为什么出台一个政策，我们首先要肯定它的出发点是什么。比如当年加工贸易进口原材料要上税，出口时再退税。主要是针对一些企业偷税漏税和走私，这个出发点不仅是好的，而且非常必要。但是，具体执行的话，会产生企业大批资金被扣在海关，企业无法运作，甚至垮掉的状况。经过调研我们提出一个建立"台账"的建议，企业进口原材料时只记账，不真交钱；等到产品出口，销账就行了。这就是现在还在执行的台账制度。

有些政策出台时从理论上讲是完全没问题的，但拿到实施层面上去操作，就会出现问题。我们就要通过调研找出问题，并提出解决问题的办法，提出政策的修改意见。如果我们认为是执行的时间存在问题，就建议政府是否可以暂缓执行。

问：能不能这样认为：协会经过这么多年的发展，找到了一个清晰的定位，即协会主要致力于政策倡导，一方面代言外商，另一方面积极影响相关公共政策。换句话说，参政议政成了协会的立会之本？

答：倘若从协会的总体宗旨上来看，还应当说"服务"是立会之本。参政议政只是协会的一项重要服务工作。我们不仅越来越清晰地意识到参政议政的重要性，也积累了这方面的许多经验。我们每年都有一次经济学术研讨会。早期叫投资环境研讨会，主题随着每一年大家关注的焦点和热点而异。

今年5月27日，我们召开了一个产业升级和转移扩张的研讨会，讨论深圳市产业转移、产业外迁过程中存在的问题。会上，与会者都强调深圳这样的土地资源有限的城市，资源要充分利用，土地重新布局规划显得更加重要。深圳市的产业最早是以加工贸易为主，这些年一直在探索的是产业结构的调整。这个方向是对的，但是在调整的过程中，科学、审慎的处理非常重要。因为各级地方政府都有自己的利益，过度的超前和盲目的一刀切，会破坏深圳的工业基础，会切断深圳的产业链条。

例如，有一个镇借着产业结构调整想把一个轮胎厂赶走，但实际上这个轮胎厂的所有的环保措施和指标都符合国际标准。企业的美国总部派员来协会跟我们座谈，说它是上市公司，有七千员工，在深圳已经经营了将近20年，年年环保都达标，为什么地方政府还要轰它走？我们就组织实地调查。了解到：政府要赶这个轮胎厂的理由是，轮胎厂产生异味。但这异味符不符合环境保护的标准啊？进一步调查后有人透露：街道办的好多人住在这个厂的旁边，他们想把这块地拿下来以后，供他们建房用。

对此，我们向市里提交了调查报告。市里就针对这类问题，围绕产业结构调整和企业外迁过程中出现的一些问题，召开了多次研讨会。最后，政府公开表态并引用了我们的观点：即便企业需要做必要的转移，也不要让企业悲情离去，因为企业是跟政府一起共同发展过来的，产业调整是城市的需要，但是企业毕竟为城市的发展作过贡献、纳过税，政府应该尽最大的关怀，做一些引导和帮助。

问：有没有政府部门从部门利益的角度考虑不愿意跟你合作，或者说委婉地拒绝的例子？

答：这些年政府开放服务的意识越来越强，也与我会有过多年的合作，我们还真没有碰过太多的钉子，倘若开始遇到一些坎坷，沟通沟通也能解决。我们做事前的论证十分严密，评估也非常细致，因此，成功率相对比较高。

问：企业是如何向你们反映问题的，协会又是如何应对外商的反映或投诉呢？

答：我们十分重视外商的反映和企业的投诉。政府认为我们是联系企业的桥梁纽带，我们实际上就是企业反映诉求的一个通道。我们解决企业投诉的成功率，可以达到95%以上。有的企业碰到问题就直接打电话，有的就用书面报告的形式反映给协会。

最近，一个服装企业在海关稽查之后因为要件短少，被处以罚款数百万。经过协会调查，我们认为因为海关核定单耗标准远远低于企业实际单耗标准。单耗标准一旦核错，就会造成原材料短少，企业并没有擅自销售和走私，但原材料少了，就会误认为是走私了。我们弄清了情况之后就向海关作了反映，目前海关正在核实情况，并表示将按照实际情况给予处理。海关在稽查的时候认定的肯定是走私，但因为单耗标准的问题，才使海关做出了这种判断。我们在调查之后，认为企业反映的问题属实，我们就帮助企业向海关相关部门作了反映，帮企业减少了那么多的罚款，这会让一个企业把你的恩德记一辈子。这些企业为什么愿意跟着你？原因就在这儿。

问：我们通常说协会是互益性团体，但从你的介绍看，你们代表的利益空间已经超越了行业、超越了会员，同时也超越了政府部门。你怎么看？

答：我的理解，从我们的主观立场看，可以说是站在会员的立场上，有意识地推动并实现民间化的。我们有中国最早的职业化团队，我们的运作经费没有依靠政府的钱。有些人可能会讲很多理论，而我们是在实践的探索中去摸索、去积累的。我认为只有走民间化的路子，才能真正找到协会的立足之地，也就是立足于企业和行业。协会谋求的实际上是企业、行业的共同利益，更广义地说，应当是社会的公共利益。因此我的理解是：一个协会只有在主观上立足于民间，立足于企业和行业，客观上才能够真正实现公益性。而这个公益性，说到底和政府的立场、目标又是一致的。只有站在公益的立场上，你在建议建言的时候才能够理直气壮，才能够走出局部利益，也才能够真正做到客观公正并实现社会利益的最大化。

3. 协会的建设与未来发展方向

问：请谈一谈协会的组织建设以及未来的发展方向？

答：在我们协会，第一，服务是一条主线；第二，在发展的过程中要不断创新。这里的创新指的是两个层面的创新，一是协会内部管理机制的创新，二是服务的创新。

在组织管理上，我们经历过一个逐步探索的过程，也可以说是摸着石头过河；到现在我们算是游刃有余了。但是，最初一定得摸索。比如说管理团队一开始都非常讲精神、讲奉献，这样好不好？当然很好。但是你若没有其他手段，便不能持久。开始，员工会被你的理想所感染，但这只是很短的一段时期，解决不了现实问题的时候，精神也不会持续很久。在管理团队时我们的策略也发生过一些变化，一开始我也是在用热忱、用激情、用责任来带动这支队伍，后来我们就多了一些对人的关怀、对人做了一些有实际意义的物质安排；再往后，我们特别注意持续发展中学习型团队的建设，经常安排团队成员去参加学习、培训；到现在，我们的工资和工作绩效挂钩，既引入了企业管理的一些理念，又结合了协会的现实。

比如说，在协会发展到一定程度的时候，我们下决心推进管理层的更新换代，实现年轻化。有很多人多年跟着我，已经感情很深了。但你会发现工作中有太多的感情因素就会慢慢影响绩效，彼此之间该说的也不好说了。这时候，我就把大家找到一起聊，问问大家各自有什么困难，也让大家帮我解决困难。这时候我发现，其实每个人都有各种各样的家庭问题需要处理，有的孩子大了出国需要去陪读，有的身体不好希望更多休养想办理病退，有的干协会时间长了，想去尝试着做生意，我就尽量满足他们，在待遇上多给大家一些补偿。我这个人还真是挺有福气的，在最困难的时候大家都来帮助我，任劳任怨这么多年；在我想要推进改革的时候，是大家帮我解开了这个扣。这样，这两年，我们加快了管理团队的调整，年轻力量充实进来了，整个组织的轮子又快速转动起来了。在这个过程中，我大胆地尝试使用企业化的管理激励。目前我们的工资结构中，基本工资分成几等，但是绩效工资这一块差距拉得比较大。

问： 每个组织都会遇到更新换代的问题，新的团队替代了老的团队，会不会也有一段不适应的地方？特别在经验方面和眼界方面？

答： 是的。因此，我们在团队文化培育方面一点也不敢放松。以前叫思想政治工作，现在我们叫文化培育。我会把过去的一些历史介绍给他们，并且反复地向他们灌输服务理念、奉献精神。比如我要招聘干部，我就会看，第一这个人在大学里面做没做过学生干部；第二是看他进入社会以后有没有做志愿者的经历。我们选人都是选的比较有激情，有社会责任感的，只谈钱，只讲物质待遇，恐怕也不适合做协会工作了。

新进来的人文化理念、奉献精神肯定不如老的，所以我就让老的带他们，与他们沟通，一代代传承这种文化。尤其要求新员工，必须对国家的政策特别熟悉，这样跟企业沟通的时候就言之有物。我们每年都要给员工做政策培训，大的政策出台，我们也给企业做培训，协会的干部都必须参加。一个年轻人刚进来的时候经常不懂得怎样去和企业接触，经过一段时间的培养，现在到了企业基本都能做到深入交流、服务到位。

问： 你是协会的当然领袖，有没有想过，你退了以后，协会怎么发展呢？

答： 我认为协会的可持续发展，关键是培育一支有事业心的专业化团队、职业秘书长和专业团队负责人。我想早期的领导人靠的是人格魅力。现在靠的是团队建设、专业化服务和职业带头人。

问： 从1989年到现在，协会的发展基本上是越来越清晰地走向影响政策这样一条道路，在这个发展过程当中，你有没有在某一个阶段想过通过转向经营来谋取协会的利益？

答： 我没有想过。因为在章程上规定让我们做的我就做，章程规定上没有的我们就不做，这是第一点。我们这种法律意识非常强，自律性也非常强，从一开始我们经济上还很困难的时候。我曾经在全国性的协会、商会研讨会上讲，我们要以基础服务为主，有偿服务为辅。没有打好基础之前，如果过度开展有偿服务过量，或者走向经营的话，就偏离了协会发展的方向，这是我的一个基本观点。总体上看，我们的活动中有70%是为会员服务的，会费收入是重要的一部分；另外就是有偿服务的收入，主要就是培训商务服务等。

问：那么你有没有经营产业或者挣钱的冲动呢？

答：就我个人来说，倘若我想挣钱或经营产业，我就不会来做协会了，也许我会成为千万富翁、亿万富翁，但那不是我的追求。就协会工作而言，应该说我还是很重视有偿服务的拓展的。我现在又成立了国际投融资商会，目前已经有100多家专业会员了，全部是投资机构、融资机构和服务型的机构。它们来和我的三千多会员配套，给它们提供金融方面和投资方面的服务。

现在整个经济形势已经发生了变化。过去以投资办厂、办工业作为经济发展的主体，而现在产业结构调整、资产重组、资产并购、企业上市寻求新的发展。根据这些新的形势，我们要把资本服务、金融服务的理念带进来。

原来我们以政策服务为重点，我们的一切工作都围绕着它。现在我们仍注重政策服务，也在推动金融资本服务的配套。金融服务专业机构有资本，也有资本运作的经验和能力，但是缺少客户群，而我们有三千多企业会员，就会成为它们服务的对象。所以我们也在学习，努力在企业、协会与市场之间搭建形成完整的服务链条。我们现在做的很多事，既能产生社会效益也会产生一定的经济效益。协会发展需要一定的经济支撑，这也是我们在实践中探索的课题。

倘若以守摊为标准，协会维持现状就够了，守十年都够了。但是你要发展，一定需要钱，生存问题都没有解决怎么发展？只要发展，就会面对营利和非营利的问题。我的看法是：我们要始终抓住服务不放松，也可以积极开拓有偿服务，但非营利这个基本的组织定位不能动摇，我们绝对不直接参与到企业和市场的经营和竞争中去。

问：在深圳，作为外商协会，你们一直以来做了很多事情。有没有要突破深圳这个行政区划局限的想法？

答：一直以来，我们的服务理念的张力都比较大，我们所属的会员已突破了行政区域划分。我们并不是单纯地只维护会员企业的利益，因为会员再多终归是有限的，服务一定是服务社会。最初我们提双向服务，就是服务政府、服务企业。后来社会发展了，我们更强调的就是维权了。那么到现在这个阶段，我们想说，要服务企业、服务经济社会，甚至服务全球经济。因为在经济全球化的时代，经济往来与交流，已经突破了地域的界限，你不可能那么狭隘地去工作。其实，说来说去都是服务，服务才是我们的核心。当然，服务有小服务，有中服务，有大服务，一直以来，我总是在强调要有大胸怀，做大事业，提供大服务。

访谈印象

小慧的访谈做得很细，有整整三个单元，百忙中的小慧，拿出了三个半天，还准备了许多资料来接待我们的访谈。说真的，这样难为这位身兼深圳人大常委等许多重要社会职务的协会领导人，我觉得有点抱歉。但做口述史，一定要找郭小慧，这也是我多年前就有的一个愿望。和她认识有十多年了。每次见到她，都像见到一位亲近的大姐，她的言谈举止那么得体大方，她的衣着打扮那么儒雅漂亮，她的话语思想那么睿智灵动，还有那些讲不完的一个个动人的故事和案例，让我不由地向她提出做口述史的请求。每每，她都莞尔一笑答应下来。在她身上，的确有许多值得讲、值得记述和整理出来并告诉大家的精彩的故事。

我在一篇关于公民社会的论文中，谈到上世纪 80 年代后期出现的"下海"潮造就了一种类型 NGO 人的成长。小慧就属于这种类型。她脱下军装南下深圳，为的是走出僵化的旧体制，找到一种在市场经济潮涌中更好的活法。她有幸进入外商协会，一步就下到了海里，这么精准，这么自如酣畅，从此畅游在浩瀚的市场经济和中国社会转型的大潮中，真可以说是一订终身，无憾无悔！在小慧身上，有着那一代军人的理想型气质，这也是我们谈得来的一因。她比我年长几岁，和我一样当过"小兵"。在她的言谈中，总是流露出一种对于梦想的执著和坚韧。我想这或许就是她追随王会长步入协会人生的内在品格，也是她在协会发展路径上偏向政策、偏向公益的原因吧。

小慧代表的首先是行业协会商会这样一类特殊的 NGO，她热爱会员企业并为它们的利益诉求不断努力乃至抗争，她因此赢得了会员企业的热爱，居然在深圳市最佳公共服务机构的海选中被企业家们一致投票拥戴。但她的天平上，不仅有企业、行业，还有公共利益。

七 周大虎 谈温州烟具协会

访谈周大虎先生

访谈题记

周大虎先生，温州烟具协会会长，浙江大虎打火机有限公司董事长。

温州烟具协会成立于1991年，是温州多家生产打火机等烟具的中小企业自下而上、自发成立的行业协会。2002年，欧洲打火机生产商协会针对中国出口欧洲的打火机向欧盟委员会提出了反倾销诉讼，温州烟具行业协会代表中方应诉，并最终使得欧盟委员会撤销了此项反倾销诉讼。这是中国加入WTO后以行业协会为主打赢欧盟反倾销的第一案，同时也标志着中国打火机行业抵制欧盟CR技术壁垒获得成功。温州烟具协会打赢反倾销并非出自偶然，与温州行业协会发展的内外环境密切相关。

周大虎先生的口述史访谈是在 2008 年进行的。此前我们围绕温州打火机事件已经做了不少调研，发表了几篇案例和论文，但深入的访谈还是做得不够。我们和大虎先生谈了口述史访谈的想法和要求，得到他的欣然答应。这次访谈主题比较集中，因而访谈时间不长，笔录篇幅也有限，但大虎先生非常认真配合并针对完成的笔录提出了修改建议。在此谨致谢忱！

1. 协会的成立及其与政府的关系

　　问：协会何时成立？您是第几任会长？

　　答：我们协会是 1991 年成立的，现在是第五届了，前面三届是别人当会长，后面两届是我当会长，所以我是第四届和第五届的会长。我的理解，不同行业对协会的作用有不同的认识。温州的产品以小商品为主，当时打火机就是一个小商品。我们的企业也都是中小企业，像我的企业已经是这个行业的龙头企业了，但也不是规模很大。由于我们这个行业的企业都比较小，所以和社会各界、政府机关交流沟通打交道都不是很容易，渠道也不多，行业协会作为企业的娘家，为企业说话，帮企业解决问题，这就是协会的作用。大型企业有没有协会无所谓，中海油（集团）的老总自己就可以到总理办公室去。改革开放以来经济发展比较快，大家对协会作用的认识也上去了，我们这些年有钱出钱、有力出力，齐心协力办协会，协会会员数量增加很快，协会的作用显著增大了。这次会长换届和上次一样，会长要缴纳 10 万的会费，副会长要缴纳 3 万到 5 万的会费。这样协会就有了资源，就能办许多事情。会员企业的参会积极性也很高，要钱有钱，要人有人，协会自然就能做到越办越好，凝聚力也就越来越强，服务也就跟着上去了，大家尝到了协会的"甜头"，也会越来越支持协会。

　　问：您所说的"甜头"主要包括哪些方面？

　　答：在我们这个行业，像我这样规模的企业毕竟不多，我们有 1000 家企业，其中 900 多家是中小企业，也就是说 90% 以上都是中小企业。在这样的行业里，单个企业显得业微言轻。如果政府出台一项政策，假使这项政策有些地方不合理，一家企业提出建议的力度就很有限，政府可能要说，这个问题还要征求其他企业的意见，还需调查。但如果是协会出面，就能代表这个行业，政府就会觉得这个话有分量。所以协会在与政府沟通和影响政策方面，就能起到很大的作用。

问：协会的管理体制如何？

答：协会的业务主管单位是市经贸委。以前协会秘书长一定是由经贸委任命的，通常由经贸委的一个处长或副处长兼职。后来温州市政府明确提出一项政策：行业协会的秘书长、会长不得由政府官员兼任，要从会员企业中产生。我们协会的章程也规定：会长由会员企业大会选举产生，秘书长由会长提名、理事会讨论通过。从那以后协会的领导就没有政府官员兼职了。

问：你们现在和经贸委的关系怎样？比如说向政府部门反映问题时要不要通过经贸委这个渠道？还是自己直接去找？

答：原则上没有必要去找经贸委。经贸委是好几个行业协会的主管，实际上它并不管我们的事情，它不给我们发工资，也没有人事权。我们是民间组织，经贸委严格地说是只是一个牵头单位。

问：那么协会里的一些重大事务是怎么决策的呢？

答：我们协会每年有一次全体会员大会，重大事务是由会员大会决定的。日常的决策则是理事会做出的，理事会是我们的决策机构。前两年事情多，一年开了几十次理事会，一个月都两三次，那个时候是要应对反倾销啊！没事的话，理事会固定一两个月一次例会。不过召开理事会都是讨论比较大的事，小事我和秘书长商量着处理就可以了。

2. 协会参与 CR 法案和反倾销应对

问：协会这两年的工作成就主要表现在哪些方面？

答：CR 法案应对和反倾销应对是我们协会工作中最有影响，也是最有特色的事情。

问：2007 年 3 月新的 CR 法案开始实施，对整个打火机行业都产生了重大影响，协会主要开展了哪些应对的工作？

答：CR 法案欧盟早在 2001 年、2002 年就提出来了，我们通过努力把法案推迟到 2007 年 3 月份才执行，这样的例子在国际贸易中还真是不多。

问：但新的 CR 法案最终还是通过了，您能谈谈协会为此做了哪些努力？

答：虽然新的 CR 法案最终还是通过了，但拖了这么长时间对于行业来说，是一个了不起的成就。2007 年 3 月份通过的新法案与 2001 年、

2002年拿出来的草案相比，修改了不少的地方。这些修改里有商务部国家公平贸易局做出的努力，有社会各界，包括欧洲打火机进口商协会等的共同努力，我们协会也做了不少工作。在多方共同努力下，能够拖五六年，而且把其中的许多不利条款改掉了，为我们的企业调整策略争取了时间，这就是很大的成就。现在来看，虽然CR法案执行了，我们也受到了不少影响，但是如果执行欧盟2001年拿出来的那个草案的话，其影响起码是现在的10倍。能做到这一步，可想而知我们大家做了多少努力。光是我个人，欧洲就去了四五次，没有一次是去玩，都是半夜坐飞机到欧洲，第二天早上七八点钟就起来开会，开完会拿着行李又往回赶。

说到反倾销，它跟CR法案一样，都是国际贸易摩擦应对的内容，但在形式上、方式上有很大不同，属于两种不同的国际贸易摩擦应对模式。原来我也不懂，这些年通过协会亲身参与和推动，现在我终于明白了。CR法案属于技术贸易壁垒，是国家与国家之间的事，这类问题的解决主要靠政府，是以国家为主、企业为辅加以解决的。在CR法案应对这件事上，商务部为我们做了大量工作，其中的细节就不多说了。而反倾销是国外的企业与我们国内的企业之间的事，政府要遵循国际规则，政府是不能介入的，政府一旦介入，国际上知道了是要给我们吃红牌的。所以在解决反倾销这个问题上，社会各界虽然都做了不少事情，但是大部分还是我们协会和企业共同努力的结果，其中95%的工作都是我们协会做的。

问：2002年的反倾销事件中，很多企业都参与了，大家一开始就有这个意识要团结起来去做这个事情吗？

答：刚开始没有这个意识啊。那时候我们既没有碰到过反倾销，也不懂。只是听说过，或从书本上了解一些，那时候觉得反倾销呢，就是要和老外打官司，打官司就要花钱，并且官司也是输多赢少。我们还听说，有些企业反倾销花得时间长、精力大，官司打了三年五年，钱越花越多，官司还没打完，企业就倒闭了。至于具体的反倾销官司怎么打，我们都不清楚。

当时一听到反倾销，大家脑子里基本上是两个想法：第一个想法是疑问，不知道这件事是针对整个行业还是针对单个企业。这个行业绝大多数都是中小型企业，不是大企业，大家觉得这件事针对的如果是自己，那躲也躲不了，就自认倒霉吧；要是针对整个行业，绝大多数企业都觉得要替行业挑担子可挑不起，没有哪家企业有那个实力。另一个想法就是，大家觉得这事要是整个行业的事情，那担子很大，最好由别人来出面，他想你

周大虎　谈温州烟具协会

103

出面，你想他出面，有一种依赖别人，推诿别人的心理。绝大多数企业不光怕挑担子，还指望别人挑担子他来搭便车。然而时间不等人，很快七八天过去了，但一点结果都没有。后来有关专家和欧盟的相关部门告诉我们：反倾销案应不应诉有着严格的期限限制，超过了这个期限就算你弃权。专家还提醒我们：事情过去已经七八天了，应诉时间只剩下半个多月。如果弃权，就等于放弃欧洲市场了。

我听到这些才知道问题严重，原来是过了这个村就没那个店了。我们协会就赶紧采取行动。一开始也像应对 CR 法案一样，去找相关的政府部门。可政府部门告诉我们，反倾销是企业行为，政府不能介入。这时候我们才真正地认清摆在面前的问题。政府不能介入，应诉又有期限，协会没有别的选择，只有靠自己的力量来解决问题。我们就赶紧继续跟政府沟通，咨询比较懂行的部门。通过咨询我们了解到：行业协会不是政府，属于中介组织，可以组织同行业的企业共同应诉。一起来打这个官司。

了解到这种情况，协会马上就召开紧急会议召集大家讨论。我们提出和讨论了几个不同的方案。那几天每天都开会，你拖一天，应诉时间就少一天。刚开始的时候我们组织了很多企业，后来发现企业太多不行，大家七嘴八舌，意见太多，没法集中，难以达成共识。后来我们就集中召集16家会员企业，上午开会形成统一意见，下午就捐款。捐款的同时，立即发函至全国各地的律师团，做应诉前的准备。

问：当时您是第一召集人吧？

答：是的。当时国内外围绕反倾销、国际贸易摩擦有一批律师团，都很专业。我们就邀请这些律师团到温州来。一共来了七八个律师团，国外有欧洲的、美国的；国内有上海的、北京的。我们采取招投标的方式，让他们一个个地上去演讲，我们从中选一家律师事务所。我们要求他们一要功底好，二要花钱少（笑）。这也是个谈判过程。最后我们选中了比利时的一家律师团，他们刚好在布鲁塞尔。我们协会这16家企业便和律师团一起工作。首先是准备资料，律师团先把我们这16家企业教会，比如说每一份资料应该怎么填，工作怎样做才合乎要求，律师团要把这些细节都告诉我们。准备资料的时间就是四五天，那时候每天都是从白天到晚上地昼夜赶，刚好在应诉期限的最后一天把材料准备好了。

这期间欧盟还派官员到温州来实地调查。为了应对他们的调查，我们也要做好准备。律师团先教我们要做哪些方面的准备，然后我们协会和律师团一起，做了很多工作，确保每家企业都做好准备接受欧盟调查。他们过来做过两次调查，由于我们的准备工作比较充分，两次他们都很满意，老外很公平，也很诚实。对就是对，错就是错。第二次调查完成之后，欧盟代表临走时，对我们应诉的材料表示理解。最终调查的结果也认为，我们打火机产品的价格并没有低于成本。在这个过程当中，我觉得首先我们协会是全力以赴的，这里面有种精神，有种面对困难、面对挑战迎头而上、百折不挠的态度。我想这里面体现的就是我们温州人的特点。其他一些地方碰到这种情况的时候，还没尝试就放弃了。我们作为温州人，作为温州的企业和协会，的确有一种不服输和团结抗争的精神。

问：您当时对会员企业做了不少说服工作，对吗？

答：当然，这是当然的。尤其是在捐款出钱的时候，有的企业说，我的企业小一点，我要出少一点；有的企业说，欧洲市场我没有做，没理由让我出；也有些人说，欧洲市场以前我做过，现在不做了，我的客户全都去美国了，我也不能出。我就耐心地跟他们讲：欧洲市场你今年没有做，不等于你明年不去做。这不是一年两年的事，我们要有更长远的眼光。这种说服工作还是有难度的，一是要耐心细致，从长计议；二是要身先士卒，会长带头，大企业带头，起到示范作用。

问：那费用最后怎么解决的呢？

答：大家都同意了，最后出资的就是这 16 家，其他企业愿意的可自愿出。我是第一个带头的，会长嘛，总要出多一点。虽说这种案子都是输的多赢的少，但我们温州人不会随便放弃，这种精神不会比其他地方的人差，我就用这种方法去动员大家、鼓励大家，把大家的积极性调动起来。

还有一点，我们做事很认真，认真地去应对这个挑战。我们为什么选择"无损害抗辩"作为应诉理由呢？因为我们温州人生产的是金属外壳打火机，欧洲的企业起诉我们，可它们生产的却是一次性打火机，跟我们不同，我们有无损害抗辩的理由。因为准备得很充分，所以欧盟来调查的时候，负责调查的官员临走的时候说了一些听起来对我们有利的话，这更给了我们信心和希望。后来我们才知道，我们还省了不少的钱呢，当时我们已经花了好几百万，官司要是继续打下去的话还要好几百万，可我们扛到起诉方撤诉了。最终整个反倾销案以欧盟方面撤诉而圆满解决。

3. 参与反倾销应诉的体会

问：参与反倾销应对给协会提供了哪些经验呢？

答：我们的体会就是：团结就是力量。有协会，大家就有组织、有娘家，就能够团结在一起。人多力量才大，有了组织才能有钱出钱，有力出力；有了组织，大家就有集体的信心、集体的智慧、集体的行动。

协会成立这么多年来，我们也经常碰到需要跟有关部门去沟通、去打交道的情况。当你代表企业、以企业的名义去打交道的时候就很难，所以每次我都是代表协会去，以协会的名义去，代表的是行业，政府不能不认真对待我们。

虽然反倾销应诉主要是靠我们自己做的，但是能够坚持下来并取得成功，跟社会各界的支持是分不开的。这其中，我们温州市政府做了很多工作。比如说，在第一次开动员大会以前，市政府就把省外经贸厅的官员请过来，召集我们全体会员开大会做讲座，讲反倾销的概念。

当欧盟委员会把起诉方撤诉、我们胜诉的邮件发给我们后，我们马上通知会员企业，大家欢欣鼓舞！消息也很快传播了出去，马上就有媒体关注我们、报道我们。新华社的报道称，这是中国民营企业入世以来的第一胜案。经新华社这么一报道，《人民日报》等中央和地方的各大媒体纷纷报道，许多记者还做了深度访谈和报道。我们一夜之间成了国内外知名度很高的协会。一些朋友跟我开玩笑说："大虎啊，你这个官司只花了几百万，可你们赚了几千万都不止，这么多的宣传和媒体报道给你带来了多大的广告效应啊！"

可我心里清楚，当时我们做这个决定的时候根本不知道会不会赢。那个时候我们只想争口气。既然花了钱，就一定要认认真真地去做好。很多人都出了钱，这些钱不能浪费，要给会员一个交代。所以一开始我们都没想那么多，所谓的第一胜案，是赢了以后才知道的。应该说这是意外的收获。同时也说明，只要认真去做事，就一定会有回报的。

访谈印象

温州是民营企业高度发达的地方，也是行业协会非常活跃的地方。温州的民营企业和市场经济催生了行业协会这种集体行动的机制。我们从 2000 年起一直在关注温州，做了不少温州行业协会的调研，从中发现了许多值得深入挖掘的案例，烟具协会及其所开展的反倾销应诉实践就是其中之一。

大虎是典型的温州企业家，他有自己的企业，虽然不算很大，但在温州的烟具行业里还是排在龙头老大的位置上，他因此两届连任温州烟具协会的会长。在他的任期内，正赶上欧盟 CR 法案应对与反倾销应对这两件事，温州人百折不挠和团结一致的精神，加上行业内部良好的协会公信力，使得大虎和他所领导的温州烟具协会挺身而出，演绎了一场在国际贸易舞台上成功抗争的"第一胜案"。时势造英雄，温州烟具协会一夜之间成为中国 NGO 中最具国际影响力的行业协会。

　　行业协会是 NGO 中比较特殊的一类。它们不同于草根组织，不同于慈善组织，不同于基金会，也不同于学会等学术团体，它们并不远离市场，而是融于市场行为中，毋宁说就是市场机制的一部分。在经济全球化的今天，行业协会往往发挥着政府所难以企及的特殊作用。反倾销应对就是其中最具代表性的一例。在面对国外竞争者发动的反倾销起诉时，如何组织同行业的企业达成共识，及时、合规、有效地采取集体行动以成功应对，是我国入世后几乎所有行业的企业面临的共同难题。温州烟具协会成功应对的实践给我们提供了一个值得总结的案例。在与大虎的访谈中，他所流露出的从容、淡定和敢于担当、认真负责、不计个人得失的态度，让我们体会到作为行业协会的领导人，需要将企业家精神与 NGO 精神完美结合起来，才能既赢在市场中，又赢在社会和公益上。

周大虎 谈温州烟具协会

八 濮家黻 谈国际小母牛

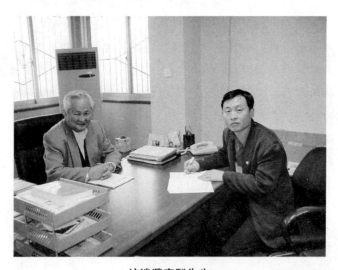

访谈濮家黻先生

访谈题记

濮家黻先生，1929年生于江苏南京，国际小母牛项目组织（简称"国际小母牛"）中国办事处主任，四川奶奇乐乳业有限公司副董事长。2004年卸任退休。

美国国际小母牛项目组织，英文名为 Heifer Project International（缩写为 HPI），总部设在美国阿肯色州小石城。HPI 通过向小型农户提供畜禽、技术培训及相关服务来消除饥饿和贫困并改善环境，其最显著的扶贫特色是在欠发达地区扶持小规模农户发展畜牧养殖业，推动受助农民传递礼品（所得牲畜的后代或贷款以及养殖技术和经验），关心和帮助其他农民，从而扩大项目扶持面。其中国项目办（注册名为"成都办"），是一家非官方的、非营利的国际乡村发展机构中国分部，设在四川省成都市，在四川省外经委注册。2008 年 11 月，国际小母牛在四川省民政厅正式登记注册一家民办非企业单位——"四川海惠助贫服务中心"，作为国际小母牛组织在中国的全权代表，负责管理小母牛中国办六个区域的所有项目以及地震灾后重建项目。2010 年 8 月，上海公益事业发展基金会与四川海惠助贫服务中心合作设立"联劝海惠专项基金"，帮助海惠开展国内筹款业务。

濮家骃先生是国际小母牛进入中国的引路人与见证人。对濮先生的访谈始于我们 1999 年的一次调研，后来又安排了多次。每一次，濮先生都热情、开朗、认真、坦诚，令我们感受到一种公益人的风骨与境界。他鼓励我们做好中国 NGO 口述史的研究，为中国第一代 NGO 领导人留下更多的历史。在此谨向濮先生聊表敬意与谢忱！

1. 早年的经历

问：请谈谈您的个人经历？

答：我是江苏省淮安市人，1953 年毕业于南京农业大学，后改为南京大学。毕业以后，我被分到西康省。

问：西康？怎么会从江苏分到这么边远的地方？

答：我毕业后本来是要留校，后来因为我声带不好，讲课声音不大好，农业部强调西南大区要人，要农业技术人员，就把我们 8 个人分到了西康省。

问：你们读大学时班里有多少人？

答：当时我们畜牧班只有 12 个人。我刚提到分了 8 个人，但畜牧专业只有我 1 个人，其他都是学农业机械的。我们先被分到西南局，西南局又把我们分到西康省农业厅，那时叫农民厅。所以我一直是从事畜牧、兽医方面的技术推广，帮助农民发展畜牧业、指导技术等工作。1955 年四川和西康省合并。合并后，西康省抽调三分之一的人，四川省出三分之二的人重新组成省直机关。每个厅、局都是这样，因为四川面积大、人口多，所以出三分之二的人；西康小一些，出三分之一的人，剩下三分之二的人就充实到地、市、州去了。当时，厅长对我还比较感兴趣，认为我能用上，就把我调到成都了。我 1955 年 12 月到了成都，在省农业厅的畜牧兽医处，后来那个部门发展成畜牧兽医局了。农业厅畜牧兽医处，刚开始叫"科"，1958年、1959年就变成"处"了，1978年成为二级局，1980年成为一级局，跟厅、局平行。

问：这个单位在不断升格，这说明畜牧在四川很重要，是吗？

答：是。四川有甘孜、阿坝、凉山三个州和十来个地、市。三个州的牧区面积比较大，是全国五大牧区之一。另外，四川养猪量全国第一。

问：您是1955年12月调过来的，当时叫畜牧兽医科，是吗？

答：对。叫畜牧兽医科。

问：当时科里有多少人？

答：十几个人。

问：现在升格为一级局以后呢？

答：有100多个人。

问：那时候，您经常下乡？

答：经常下乡。

问：那时候主要是政府拨款来做这件事情吗？

答：对，是全部拨款。80年代以前都是全额拨款。现在畜牧业也是全额拨款。目前，四川省畜牧兽医局有50个行政编制，还有100多个事业编制。

问：也就是说，从1955年到80年代改革开放期间，您做的就是传统行政事务，哪有任务，政府派到哪儿，就到哪儿去？

答：对。我在西康省的时候，是科里的一般干部，第二年提拔成畜牧兽医工作队的副队长，工作队的任务就是经常下乡，给农民做技术指导。1958年成立畜牧兽医处，1958年以前叫科，科和队是平行的，畜牧兽医队跟畜牧科平行，畜牧科是行政单位，畜牧兽医队是事业单位，专门搞技术工作。1958年设处，设处后就没有队了，就分了几个组，我是一个组的组长。到1978年，畜牧兽医处就成局了。

问：1978年是二级局？

答：是。1980年就成了一级局了，当时一级局下面分科，我是个科长。1982年是副处长，1983年是正处长。

问：您1955年到西康第二年就提成科长，应该是提得很快，是吗？

答：是。我在大学就是入党积极分子，是校学生会的副主席。但在学校里我没能入党，我各方面条件都很好，但海外社会关系复杂，当时有台港关系、海外关系就会限制入党。一直到80年代改革开放，邓小平的新政策来了，不强调海外关系了，同时还注意改善海外关系，组织动员我入党。本来我争取了多少回都入不了党，结果1980年动员我入党，而且马上提成副处长、处长、站长，提拔很快。

问：所以，1980年就入党了，很顺利。

答：很顺利！农业部从1980年开始重视发展奶牛，1980年农业部组织人员出国考察，农业厅推选我去西德考察畜牧业、养牛业等。同时从西德引进了176头奶牛。我1980年一年去西德四次，第一次是去考察，第二次是去买牛，第三次、第四次是去运奶牛。

问：当时我们和西德的关系已经恢复了，是吗？

答：当时我们和西德的关系已经改善了，且建立了外交关系。那时候还没有市场化的东西，都是包机去运牛，就是空飞机飞去，运了牛再飞回来。西德商人们很吃惊，说："早知道你们空飞机飞来，还不如给我们运点货来，还可以赚大钱。"但那时哪里敢？引进奶牛的同时还引进了西德的技术和日本的设备，用冷冻精液，人工授精配种，扩大繁殖。1980年开始酝酿建立改良站，1983年、1984年就建起了改良站。

问：日本的设备？

答：是，日本的设备！我们建立了四川省家畜改良站的繁育体系、改良体系。省里面建了四个冷冻精液站，每个县都建立两三个改良站。我们给省政府写报告，省政府很重视，给我们拨了105万美元，进口了21台汽车、100多个液氮罐。这就是中国奶牛比较发达的主要原因。过去人均吃六公斤牛奶，现在人均是30多公斤牛奶，跟这二十多年来发展奶牛很有关系。同时我们在洪雅县建立了一个种牛场，它是全省第一也是全国都比较有名的一个种牛场，专门选进口的牛在那儿繁殖，因为每年进口（的牛）太贵了，所以进口一批，我们就直接在种牛场繁殖。这就是我来小母牛以前大概的工作情况。

2. 结识国际小母牛

问：您是怎么找到国际小母牛的？

答：四川的改革开放比北京要晚。1978年邓小平提出改革开放，要引进外资、引进外国技术，提出要和外国交朋友。1981年，我开始接触美国温洛克基金会，这个基金会是洛克菲勒财团老洛克菲勒第5个儿子创办的。洛克菲勒是家族财团，共有5个儿子，大多都是靠石油起家的。但第5个儿子是最穷的，相比之下，他的钱最少。其他儿子都在纽约、华盛顿

濮
家
骃

谈
国
际
小
母
牛

111

等富裕的州，这个儿子在阿肯色州，是美国比较贫困的一个州。他在那里发展。基金会取名温洛克是把他名字的第一个字和他姓的第一个字连起来。这个基金会是我所接触的国外的第一个基金会。

在美国，洛克菲勒财团是一个比较大的财团，在洛克菲勒财团中，温洛克基金会是最小的一个。基金会有一个畜牧培训中心——温洛克畜牧培训中心，是用来帮助贫困地区和贫困国家发展畜牧业的一个 NGO。它成立了一个 5 人工作组，带队的是亚洲区主任，即温洛克畜牧培训中心亚洲区主任，叫 John Debora，他担任访华团长。第一次到中国，他找到华罗庚。华罗庚当时是科协主席，他找华老写了封介绍信，来到四川省科协谈发展畜牧业的问题。我当时是畜牧局的处长，跟科协的几个处长很熟。科协就找到我说："美国的温洛克畜牧培训中心对四川的畜牧业很感兴趣，愿意帮助扶持四川省发展畜牧业，他们想在四川做些调查。你能不能跟局长说说这个事情？接待一下他们，这个人很有来头，有权力批 600 万美元以下的项目，你们带他做些调查研究，能够争取到一些扶贫款。"

问：科协的人告诉你的？

答：是。我就跟我们局长说了这个事情，答应接待一下。后来，就把他们请到畜牧局会议室。会上他们说："四川省是个畜牧大省，牲畜数量比较多，但是比较贫困。我们对扶持贫困地区很感兴趣，但是希望先做调查，调查研究以后，写了报告报上去，董事会研究以后，才能定是否做项目。"局里当即同意他们先来调查。两个月后，他们来了个 5 人专家组进行调查。

他们不仅要在成都调查，还要到乡下去调查，我们也组织了一个 10 人专家组协助他们，我担任专家组组长。我们先后去了达县、宣汉、巴中、南充，还有雅安、剑阁等地，调查了两个多月，写了份报告《四川盆周地区畜牧业发展现状和潜力》。他们还以此出了本书，我是这本书的副主编。

问：用英文出的？

答：是。他们回去后不久，告诉我一个不太好的消息。温洛克基金会愿意给我们出钱，但美国政府不同意。那时候中美已经建交，但刚开始，两国关系还不太友好。

问：美国政府能干涉到他们这个独立的基金会吗？

答：还是能干涉到。美国政府还是有影响的，基金会报告给政府，政府一看就说不同意。因为在中国，大项目援助要通过政府来运作，要通过我们畜牧局，美国政府不同意把经费给畜牧局，基金会就告诉我们，我们这儿有个小的民间机构，叫做国际小母牛项目，是个小的项目，这个项目只能扶持农民，钱只能给农民，不能给政府机构，你们愿不愿意？

当时局长还有点顾虑和犹豫，我说："这个事情你管它呢，大项目捞不到，捞个小项目也行，没有600万，有100万、50万美元也行嘛，它不给政府，给农民也是给中国嘛。这个事情有什么关系呢？"我努力说服我们局长去谈。

1984年4月，我们一起来到了美国阿肯色州。基金会的总裁和小母牛项目主任接待了我们。他们带我们参观了总部，以及他们在小石城郊区的一个培训中心，这是贫困国家、受援助国家的一些组织的会议、培训基地，实际上也是一个畜牧农场。他们一再向我们解释：这个项目不像是温洛克，温洛克是大项目，这是很小的项目，只有几万美元、几十万美元，项目资金必须用于农民，要给农民买牲畜，帮助当地发展畜牧业，不能用于政府机构。

回来以后，我们就组织了一个50人的班子，找了三四个英语比较好的，起草了几个项目建议书。

第一次我们一共报了6个项目建议书，分别是雅安的奶山羊项目、洪雅的奶牛项目、大邑的养兔项目、宣汉的奶牛项目、简阳的奶山羊项目，另外还有一个。结果第一年只批了三个小项目：大邑的养兔项目、简阳的奶山羊项目和雅安的奶山羊项目。

问：这是哪一年？

答：1984年下半年。我们从美国考察回来就起草项目建议书，8、9月份就批了上面说的三个小项目。三个项目加起来不到10万美元。另外还有从美国进口的200只兔子。根据我当时的工作经验，估计人家肯定要试试看我们能不能按他们的要求管好项目、搞出成绩。所以，我们就同意做项目。

做那几个项目可是花了很大工夫，要按要求写报告。我们有比较好的组织网络，县里有畜牧局，乡里有畜牧兽医站，我们找畜牧局和畜牧兽医站教育农民：给你一头牛、一只羊以后，生下的小牛、小羊一定要按要求给另外一户贫困的农民。一只兔子刚开始要求还4只兔子给其他农民，因为一只母兔一窝可以生8只小兔，一年生六窝，一共就是48只，就是这么快。

小母牛项目的兔子项目很好做。兔子是从美国直接进口，那时候国内的进口兔子很值钱，本地兔子几块钱一只，进口兔子要卖到几十、上百块钱一只。这为我们发展、搞好项目提供了很好的客观条件。我们选的点也比较好，当时四川和山东是全国有名的养兔大省，而大邑县又是四川省的重点养兔县，是养兔基地县，当地农民已经有较丰富的养兔经验了。过去农民养一只本地兔几块钱，一年生 40～50 只，可以卖几十到上百块钱。但是养进口兔子，一只就是几十块钱，成多少倍增长，当种兔卖更贵，所以农民养兔子赚大钱了。农民高兴，当地政府高兴，小母牛总部也高兴。

问：项目结束后做评估了吗？

答：做了。他们要求每半年写一次报告，每年来检查一次，有时候甚至一年来两次。他们通常组织三种人来，一是项目官员，二是技术专家，三是捐赠者。另外，他们还要求并安排我们去美国接受培训，要求我们去美国汇报工作。

问：去美国培训和汇报工作？

答：是，当时我们每年都要去美国。

问：除了像您这样的官员加专家之外，还会不会请养兔专业户去美国参加培训？

答：也有。小母牛项目总部在 1994 年成立 50 周年大庆的时候，我们组织了 20 人去了美国。他们用安排我们培训、开会交流经验、派人来考察等方法来加强项目的管理。总体上看，小母牛总部对于我们中国办公室的工作非常满意，我们的项目每年都在增加。

问：您刚才讲到的第一批项目的经费是怎么使用的？

答：第一批项目共三项，经费不足 10 万美元，每个项目 3 万多美元左右。他们要求项目经费要分三部分使用，第一部分用于买牲畜给农民，这是最基本的，一定要保证直接用于农民；第二部分要用于农民培训，他们强调一定要提高农民的养殖技术；第三部分要用于项目管理，包括工作人员的工资待遇。当时总部给我的标准是一年 3000 美元。但根据我国政府的规定，这笔钱全部交给畜牧局，畜牧局在我的月工资之外每月多发我150 元。

3. 国际小母牛在中国的发展

问：1984 年您和国际小母牛打交道的时候，知道什么是 NGO 吗？

答：不知道。只知道国际小母牛是民间机构。

问：您是什么时候确切地知道 NGO 这个词的？

答：好像是在 1994 年，当时福特基金会召开一次会，讨论 NGO 参与世妇会的问题。那次会上我们第一次使用了 NGO 这个词。1995 年世妇会在北京召开，需要同期召开一个非政府组织的国际论坛，因为知道我们国际小母牛是个扶贫的民间机构，就邀请我们参加筹备。那年夏天，小母牛项目总部在成都召开了一次 NGO 妇女论坛，讨论妇女在畜牧业中的作用，会议邀请了一些畜牧业中的妇女积极分子参会，如女专家、女技术员、养猪养鸡的女专业户等。那次会上特别强调国际小母牛基金会作为非政府组织在推动妇女参与和发展中的作用。那年秋天，世妇会在北京召开，同期在北京的怀柔召开了世界妇女 NGO 论坛，我们作为推动扶贫领域妇女参与的非政府组织参加了会议，被叫做非政府组织的妇女代表。当时四川有 20 多人参加了世界妇女大会，就我们一个非政府组织。

问：会议期间，NGO 给您一种什么样的感觉？

答：我们是社会主义国家，长期实行计划经济，政府的力量很强，我们习惯于什么都要靠政府。但在那个会上特别强调非政府组织的作用，在那么盛大的一个会上，谁都说自己是非政府组织，第一次感觉到非政府组织的强大和骄傲。

问：那时候你们做国际小母牛组织的项目已经 10 年了。

答：对呀，我们是从 1984 年开始与国际小母牛这样一个国际著名的 NGO 合作，十年以后才知道我们做的是非政府组织。这个大会给我们的印象太深刻了。当时克林顿夫人希拉里在会上讲话，小母牛总部也来了好几位知名的妇女，有 Rosales Sin, Beth Miller 和来自印度、菲律宾、越南的妇女代表，中国项目去了两位妇女代表和我，我是我们代表团中唯一的一位男性。分组讨论时，我们都在 NGO 组。当时参加会议的 NGO 还有很多，像宣明会、乐施会、福特基金会等都出席了会议。

问：项目办公室是哪一年成立的？

答：我们 1984 年开始做项目，那时是由畜牧局代管。1988 年，国际小母牛总部要求成立与政府机构分开的专门办公室，希望单独有一个办公室来独立管理项目。我们向总部提出希望扩大项目，总部认为我们四川的项目做得好，同意扩大，条件就是希望小母牛办公室独立出来，成为一个独立机构。最后达成一致意见，在畜牧局的领导下成立一个单独的项目办公室，挂上"小母牛项目中国办公室 HPI China Office"的牌子，地点还在畜牧局里。

问：那时你们每年的项目经费能有多少?

答：有 20 万~30 万美元，已经比 1984 年增加了不少，当初还不到 10 万美元。对畜牧局来说多了个经费来源，这不是很好嘛。他们只要求定期提交报告，检查项目执行情况，而且项目最终受益的是我们的农民，跟畜牧局的业务完全一致，这当然是一件好事。所以，那时我非常努力，按他们的要求定期提交报告。总部对我们很满意，畜牧局领导也很满意。他们对我说："真不简单啊，不用我们政府的钱也能帮助农民，用外国人的钱扶持我们发展畜牧业。"

问：也就是说至少在 1988 年前，国际小母牛组织是直接和畜牧局合作，并没有建立一个新的民间组织，是吗?

答：是的。1988 年以后这个项目办也不完全是民间的。对外国人来说是独立的办公室，但实际上是由畜牧局代管的。我们是小母牛办公室，办公室牌子一面写的是 HPI China Office，另一面写的是小母牛项目中国办公室。外国人对这个牌子很满意，他们照相、录像、宣传。但实际上，我还是畜牧局外事处处长，兼小母牛项目中国办公室的主任。办公室开始只有两个人，后来变成三四个人了。我们下去打的还是畜牧局的招牌，叫四川省畜牧局小母牛项目办公室，人家也知道我们是搞扶贫的，用的是外国人的钱，但是省畜牧局安排的。

问：当时办公室工作的其他几个人是借调来的畜牧局工作人员吗?

答：不是，只有我一个人是畜牧局的。其他人一个是从简阳县畜牧局借调的，另一个是从宣汉县畜牧局借调来的，都是由小母牛项目办公室发工资。其中一个就是现在小母牛项目办公室的主任陈太勇，他后来一直在小母牛项目办工作。

问：你们当时有公章吗?

答：有，公章上刻的是"国际小母牛项目中国办公室 Heifer International China Office"，是中英文对照的。

问：有自己的账户吗?

答：有账户，畜牧局计财处里面有一个银行账户是小母牛项目的账户，是小母牛项目办公室的经费，畜牧局的财务处管我们的账户，财务人员是财务处的。小母牛项目办公室没有独立的财务。

问：小母牛项目什么时候开始变得更加独立了?

答：1992 年我们曾尝试单独注册，但没有成功。总部得知四川省是内陆省份，不开放，提议让我们去上海、广州等开放城市去登记注册。我就去了母校南京农业大学。当时的校长是我同年校友，他帮忙找人登记注册。前后花了两三年时间。后来我们在南京农业大学租了两间办公室。算是有了一个独立的办公场所。机构就这样建立起来了。那时候我们已经有17个项目，来回两边跑。

问：那是真正独立登记注册吗？

答：是。

问：是工商注册吗？

答：是。注册为外资公司驻华办事处。名称是"南京海福畜禽有限公司"英文名称是 Nanjing Heifer Livestock Corporation，是国际小母牛组织南京代表处，后来注册的是国际小母牛组织成都代表处，两者都是小母牛项目中国办的存在形式。我们和总部的关系是分支机构。但作为公司可以开展一些经营业务。

问：那是不是可以这样说，国际小母牛组织在中国的总部其实是在南京？

答：当时是这样的。

问：和南京农业大学有什么关系？

答：只是办公场所的租赁关系，我们租它的办公室。那时候我们有了自己的财务和银行账户，完全独立了。后来，四川畜牧局又动员我回来，希望我在成都注册，以便在四川多搞一些项目。在他们的动员下我们就又回来了。那是 1997 年的事情。我们回到成都登记注册了。

问：回到成都以后，南京的项目就停了吗？

答：南京的办公室停了，但项目还在。养鸭的项目继续在搞，而且还发展了很多其他的项目，比如有个长江水灾项目。1998 年长江水灾很严重的时候，总部支持我们开展了一个长江水灾恢复生产的项目，因为项目比较大，一年 40 万美元，就在安徽省成立了一个办公室，负责安徽、江苏、江西、湖北四个省的项目。因此南京项目实际上后来延伸到了安徽、江西、江苏、湖北等四个省。

问：成都的这个办公室从 1997 年注册以后就再也没有变过？

答：没变过，但办公室搬过家。此外，国际总部在香港也设立了个办公室。

问：在香港注册是哪一年？

答：大概是 2002 年前后。

问：为什么还要在香港注册一个办公室呢？

答：香港注册的是作为筹资的办公室，因为香港比较富裕嘛。正式的名字叫小母牛香港筹资会，它和总部是一种联盟组织的关系，它有自己独立的董事会，而中国办是总部的分支机构，直属总部管理。小母牛项目计划在香港成立办公室，就必须要在香港做很多宣传等筹备工作。筹办就要扩大宣传，宣传小母牛项目是干什么的、是什么性质、募捐来的钱做什么用等等。1998、1999 年，我经常去香港帮他们做些宣传。然后就有一个松散的组织定期开会、宣传。国际小母牛项目香港办事处正式注册的时间我记得是 2002 年。

问：那时候，你在畜牧局的行政职务退了吗？

答：退了。1992 年在南京单独注册时就退了。因为总部一再要求我退休，要我做他的专职人员。我们从独立注册以后，就有了账号和专门的会计、出纳等财务人员。总部对我们的管理也越来越严了。

问：为什么会越来越严格呢？

答：经费越来越多，摊子越来越大了呗。我离开的时候一年有将近两百万美元，其中 150 多万美元项目经费，40 万～50 万美元管理费，现在可能更多了，估计有 200 万～300 万美元了。过去我在的时候有 10 多个人，现在快有 30 个人了。

4. 国际 NGO 与政府的关系

问：您作为政府官员，也在 NGO 工作过多年，你认为政府和境外NGO 合作过程中存在哪些困难？

答：我觉得没有什么困难。主要是有一些误解和不必要的担心。但也可能个人处的境况不一样，或者我们碰到的这个国际小母牛项目不一样。这个 NGO 是真正帮助农民发展畜牧业的，它有一点儿宗教色彩，但它并不是宗教机构，并不隶属于教会，只是它的人大部分都信教。也就是说，它那里很多人是双重身份，就像是我们在这儿又是国家机关干部又在帮小母牛项目工作一样是双重身份。

安全机构很注意我们。经常过问看你是不是真的在扶贫？搞没搞别的事情？我也是共产党员，愿意按党的要求来办，不会去干为非作歹的事情。我跟他们关系都不错。因此在我看来，这个事情并不是什么大的困难，只是一些误解和不必要的担心。我认为合作应该是很好的，如果双方都能够彼此信任的话，应该是很好办事情的。对美国总部来说，他们认为我是为扶贫就就业业地在工作，农民对我们及我们的项目都很感激。总部下去调查，农民都谈得很深情。当地的扶贫项目确实搞得很好，农民都很欢迎。

我们所到之处都是跟当地政府先配合，当地政府都非常支持。因为扶持当地老百姓富裕，帮助当地老百姓发展畜牧业，畜牧局很高兴，民政部门也很高兴，县长也很高兴。

问：这其实和政府做的事情一样？

答：是啊，这是个好事情。我们就是做畜牧业务。只谈经济，不谈政治。我跟我们办公室的人就说，凡是小母牛项目宗旨范围以内的事情都可以搞，凡是宗旨以外的事情我们都不沾边儿。这样，我们和地方政府关系一直很好，都相安无事。

问：他们要求项目官员必须信教吗？

答：没有。他们到中国来不传教。

问：这个项目做得这么好，尤其是前期发展顺利，是不是和您的身份有很大关系？

答：我估计还是有很大的关系。

问：您要是一个普通的老百姓，来做中国办的主任，估计会很难吧？

答：那可能比较难。你到当地去开发项目，当地政府不一定信任你，当地公安部门可能会怀疑。我在四川省畜牧局干了几十年，他们都相信我，认为我不会干坏事。

问：在开展项目的时候，政府会提供什么样的帮助？

答：第一，我们需要当地政府的号召力。一般我们选点都跟当地政府的畜牧规划一致起来，这样就能得到当地政府的支持。比如洪雅县是四川省的奶牛重点具，它要发展奶牛，发展不起来，或者能发展起来，但比较少，我们帮助他们多发展一些，跟他们的目标保持一致，这样政府很高兴。第二，我们需要政府的政治支持和动员，政府的政治支持和动员可以帮助我们把县长、畜牧局长、乡政府、乡长、乡兽医站等凝聚到一起，帮助我们了解当地哪些是贫困户、需要发展什么牲畜等等。政府当然也愿意提供这些配套的帮助，所以我们的项目跟当地的畜牧业发展、扶贫事业、当地农民结合都很紧密。

问：所以这也是你们成功的原因。

答：是。如果你跟农民背道而驰，跟当地政府背道而驰，当然他们就不会帮助你。

濮家驮　谈国际小母牛

5. 关于国内 NGO 的发展

问: 作为一位过来人,您对中国 NGO 这十多年的发展有什么感触?

答: 我觉得 NGO 的发展非常好,中国很需要 NGO。就中国的国情而言,既然是改革开放,要发展经济,要建立和谐社会,就应该允许、鼓励国外 NGO 在中国开展一些工作。我认为外国 NGO 绝大多数是好的,小母牛项目是在畜牧业当中的扶贫 NGO,还有很多专门防治艾滋病的 NGO、致力于教育的 NGO 等等。我们也跟国际上很多 NGO 接触过,它们也愿意在中国开展各种公益活动。

根据我这几十年的经验,国际小母牛肯定是一个对中国有百利而无一害的民间机构,对中国社会的发展只有好处而没有坏处。它是能帮助中国扶贫,逐步改善中国贫困人口状况的,对我们促进和谐社会有很大的好处。这一点我是很肯定的。而且,据我了解,大多数的 NGO 多在某一个行业、某一项事业当中对中国的社会带来好处。当然,不排除极个别的有政治目的或者有宗教目的。我们国家需要教育广大的人民群众,教育广大的 NGO 工作人员,但主要是安全部门注意这方面的工作就行了,不能因为一只老鼠就坏一锅汤嘛。

所以,我认为各级政府还是应该解放思想,更加开放主动一些,不要对 NGO 那么敏感,要学会利用国际 NGO 服务于我们的改革发展,这样对国家不会有什么坏处。即使有一两只老鼠,抓出去就完了嘛,有什么了不起的事情?不能因为有两颗老鼠屎就不喝汤了?因为怕他放老鼠屎进来就不煮汤了?这不是个办法。不能因为哽住一次就因噎废食,不能因为被鱼刺卡住一次就不吃鱼了。我认为 NGO 在中国的发展是很有必要的。

从世妇会来看,从我们小母牛项目的实践来看,中国广大农村地区有很多地方还需要借助国内和国际 NGO 来帮助开发和改善经济状况,帮助我们建立和谐社会。我们的传统文化,包括儒家、道家和佛教,都鼓励人心向善,就是有一两个包括基督教徒也无所谓,有什么关系吗?各人认识不同,有人相信有来世,有的人不相信有来世,有的人相信佛教,有的人相信基督教,这个无伤大雅。只要拥护社会主义,热爱祖国,对和谐社会有好处,就能够和我们一起,共同建设和谐社会。

因此,根据我这 20 多年搞 NGO 的工作,我认为发展 NGO 没有坏处。我认为,各级政府应当解放思想,允许和鼓励国际 NGO 在中国的发展,这样对我们中国的经济建设和社会发展都很有好处，不会有坏处。

问：谢谢您接受我们的访谈。

访谈印象

濮先生是我在开展 NGO 研究不久后就深度访谈的一位。那是 1999 年，我和国胜一起去四川调研，在成都小母牛项目办公室我们见到了这位满头银发的老者。他可亲、可敬、宽容、睿智的言谈给我留下了很深的印象。2000 年夏天，我带着当时还在中学读书的女儿一起去了成都，她参加了我们的调研，从此喜欢上了 NGO，并改变了她人生的轨迹。在小母牛项目办公室，我和濮先生有过多次深入的交谈，可以说口述史的最初念头也是在和他促膝交谈的那几天里产生的。

濮先生大概是改革开放后第一批接触国际 NGO 的中国人。他当时在体制内，因为专业和岗位的原因从 80 年代前期就开始介入国际小母牛项目。从那以来的 20 多年，他和他的团队每年都争取到来自美国的国际小母牛项目组织的大量项目经费，用于贫困地区畜牧业的发展。其经费额度从最初的每年不足 10 万美元，到后来的数百万美元。不仅如此，国际小母牛项目以"礼品传递"为核心的公益理念、公益模式、公益运作机制等，改变了千千万万贫困地区农牧民的生活，帮助数以百计的贫困县发展畜牧业以脱贫致富。他们专业、负责、严谨、认真的工作态度和管理模式，也带动了许多中国的本土 NGO 的成长，在实践中引领和培养出一批优秀的 NGO 工作者。予人玫瑰，手有余香。如国际小母牛项目组织这样一类国际 NGO 在中国的发展，为在改革开放艰难行进中的中国提供了资源、注入了活力、增强了生机。中国的扶贫发展、社会转型和 NGO 的成长，有着这样一批国际 NGO 的贡献，也一定会因为它们的无私奉献而走得更远，走得更好。

濮先生从体制内走来，担任过畜牧局的科长、处长、局长等职务，后来退休专任国际小母牛项目的负责人。他专业能力强，也是思想过硬的老党员。在多年与国际 NGO 合作的过程中，他积累了丰富的经验，学会了一方面遵循公益宗旨，践行公益精神，做好公益项目，履行公益责任，另一方面维护国家利益，善于把握政策，善于化解矛盾，善于寻求支持，善以大局为重。正是因为有着他这样的优秀领导人，20多年来，国际小母牛项目这个远在美国的非政府组织才能够一直在中国内地坚持下来，并扎根乡土，融入民情，在中国社会的基层草根中逐渐繁衍和生长起来。

口述史访谈的时候，濮先生已经从国际小母牛项目退休了。他已届80高龄，仍然思路敏捷，记忆力惊人，并深切关注着中国NGO的发展。从他身上，我们深深感受到中国改革开放后第一代公益人的气度、力量和心智。借此书出版之际，祝福濮老身心快乐，健康长寿！

九 华安德 谈福特基金会

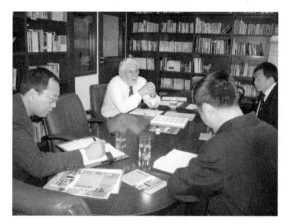

访谈华安德先生

访谈题记

华安德先生，英文名 Andrew Watson，1942 年生于英国，1975 年移民澳大利亚。曾在多所大学任教，长期致力于汉学研究。1999 年出任福特基金会北京办事处首席代表一职，2008 年卸任，是福特基金会北京办事处第四任首席代表。

福特基金会（Ford Foundation），是世界最大和最有影响力的基金会之一。成立于 1936 年。最初注册资金仅 2.5 万美元，后经增资、捐赠及改组，一跃成为全美首屈一指的基金会。福特基金会致力于全球公益和人类福祉。其宗旨为：增进民主价值，减少贫困不公，促进国际合作和提高人类成就。所关注的重点领域包括环境与发展、生育健康、公共政策与政府治理、法律与权利以及教育。福特基金会是改革开放后最早来到中国的国际 NGO 之一，1979 年开始在华开展公益项目，1988 年正式在北京设立中国办事处。20 多年来，福特基金会对华提供了数十亿元的资助，成为推动中国改革开放、社会转型与公益事业的积极力量。

对华安德先生的口述史访谈进行得很顺利，他中文很好，健谈且坦率。他很支持我和我的团队的研究，不仅是口述史。访谈结束后，他认真审阅和修改了访谈笔录。在此，谨向华先生深表我们的敬意与谢忱！

1. 加入福特基金会的过程

问：请先介绍一下您加入福特基金会的过程？

答：OK。福特基金会在中国资助项目的时间比较长，从20世纪70年代末就开始了，但我是从1999年才参与的，所以有很多历史我没能亲自见证。我第一次接触福特基金会是1992、1993年，当时我在澳大利亚的大学里教书。我原是学汉学出身的，在英国念完大学，当时就很想来中国工作，到大学去教书。因为我是研究中国农村经济发展的，跟中国社科院，特别是农发所（农村经济发展研究所）有很多合作。20世纪80年代到90年代，我们很关注中国农村发展问题。那时我得知福特基金会在北京有一个办事处，于是就到北京办事处去跟当时的项目官员讨论，咨询他们能不能帮助我们资助一些（中国的）年轻农业经济学家跟我们合作。我向福特基金会北京办事处提出这个想法，希望作为一个能力建设的项目，帮助中国农村各方面的发展，以提高相关方面的研究能力，帮助他们解决更多的问题。北京办事处最终答应每年提供一个资助名额，资助中国农学专业的青年到澳大利亚工作一年。从1994到1998年，总共有4~5位年轻学者派到我们那边去。

因此，我一开始与福特基金会的接触，主要是通过他们帮助中国农村方面的研究。同时，我自己对这个问题也有兴趣，就利用这个机会搜集资料，写了几篇关于农村医疗方面的文章。1998年，我在报纸上看到福特基金会的一则广告，说北京办事处要招一个首席代表，截止日期是当年8月。我考虑了一下，觉得不一定会选到我，所以我没申请。1998年9月我正好遇到当时福特基金会的一个项目官员，跟他讨论农发所的工作。他问我："你为什么没有申请（北京办事处的）首席代表？"我说："我有资格吗？"他说："当然，试试看。"所以我9月份写了一份申请书，虽然已经过了截止日期，但他们在时间方面比较灵活，因为他们不论是项目官员还是首席代表，都是在全世界范围内招聘的，所以他们觉得即使申请晚了，也还是可以考虑的。

1998年10月有一个福特基金会北京办事处成立10周年的纪念活动，他们请我参加，也请我写一个报告。我写了一个报告，具体内容忘了，大体是关于农村经济发展方面的，所以我被请过来了。我把报告给了他们，但当时没有任何消息。我讲话不用中文，但他们知道我会说中文（笑）。我不知道他们对我有没有兴趣。参加这个大会之后，他们又有一个招待会，当时会长过来了，有好几百人，我也去了，但还是没有什么消息。直到12月底，他们突然来了一个电话，问我愿不愿意去纽约面谈。第二年1月中旬我就来到纽约，先是和一个委员会小组面谈，然后与三个副会长一个一个面谈。他们说正在考虑两个人选，第三天他们就跟我说，请你来做首席代表，于是就确定了。

原来我没有想到我可以有这么大的一个成果，我也很高兴。当时他们问我为什么要申请，我是这样解释的：我一直在大学教书，我很喜欢教书，到1999年我已经做了十年的教授了，澳大利亚教授的地位跟美国不一样，实行的是英国的制度，每一个系只有一个教授，我做了13年的系主任，当了副院长，还是澳大利亚研究基金的评估委员，澳大利亚中国问题研究协会的主席。所以各方面我已经做了很多，在当时，我的工作只需继续做就可以了。但是我也考虑我一生都是靠这个吃饭，因为我是研究中国问题的，到中国来调查、写作、教学生，都是因为我所掌握的有关中国的知识，靠手艺吃饭（笑）。但是我现在准备来做的这份工作不同，我是来为中国作贡献的。他们最终选择了我，这就完全改变了我跟中国的关系，原来我是利用中国来发展自己的职业，而现在我的工作是帮助中国发展，帮助中国解决各方面的问题。

其实从上世纪70、80年代中国改革开放以来，我对中国还是比较有研究的，知道中国所面临的问题挺多。另外，我也知道福特基金会在中国的地位和作用，所以我能得到这份工作特别的高兴。当时我有点担心，因为我以前没有做过，觉得责任比较重，有这么多的资助项目，资助得对不对，我们的钱用得对不对，有没有被挪用，评价哪个项目好，哪个项目不好，这里面有很多的工作要做好。另外，作为一个首席代表，社会上对我的要求比较高，我应该怎样去开展工作呢？原来我接触的民间组织、非营利组织不多，只是简单做一些慈善活动，资助贫困学生等等。我自己没在

华安德　谈福特基金会

这方面做多少工作，我主要是研究农村问题、农村经济的。上世纪80年代公民社会在世界范围内发展起来了，中国国内从90年代也开始发展，我对这方面的情况很感兴趣，也希望在加入福特基金会后有机会更多关注这方面的发展。

2. 福特基金会与中国政府的关系

问：福特基金会在中国开展工作，处理与中国政府的关系一定很重要。能不能请您谈一下这方面的情况？

答：其实我们在中国是一个合法的组织，是政府批准的，也是经过注册的。我记得以前我说过，这个办事处是由八九个部门批准成立的。我们的工作都是在中国法律允许的范围内，按照中国政府的要求来做。我知道有时候政府会根据当时的经济、社会和政治环境对这些要求做出一些关键性的调整。在上世纪80年代，中国改革开放刚刚开始，那时政府欢迎我们在以下领域开展工作——经济、法律、国际关系这几个方面，希望我们能帮助这几方面的能力建设。后来，随着改革开放，中国发展了，经济、社会情况有了新的变化，我们工作的内容也会根据这些变化而发生改变。在这个方面我们也是公开的。我们每年都会通过中国社科院把我们所有资助的课题、资助的单位、资助的总数和影响向中国政府汇报。每年年底我都要写一个比较长的报告。其中有一个表格要把当年所有资助的课题进行汇报。我们知道，中国政府也会注意我们这些内容。如果某一个政府部门对我们有什么意见、有什么想法，一般他们是会向中国社科院提出来的。因为社科院是我们的对口接待单位。我们没有直接和其他政府（部门）有什么官方关系。不过我们要到工商局去登记。原来是每年一次到国家工商总局登记，现在改成每三年一次到北京市工商局登记。

问：虽然你们是在工商局登记，但还是免税的，是吧？

答：是的。国家税务总局和北京市税务局都批准了，我们完全是免税的。

问：这是怎么回事呢？

答：早在1987年，国务院的文件①就提出给我们免税。它们是根据这

---

① 这份文件是《中国社会科学院与福特基金会协议备忘录》，于1987年7月2日由中国社会科学院与福特基金会签订，经国务院批准。

个文件给我们免税的。

问：按理来说，在工商注册的是不应该免税的。

答：对，我也知道。这可能是一个特殊情况吧！这些我们都是有文件的。[①] 另外，2004年《基金会管理条例》提出外国基金会驻华代表处应在民政部注册。条例通过以后，因为具体的办法或是其他一些工作手续没准备好，有一段时间不能注册。这两年才开始有外国基金会注册。所以我跟民政部说："是不是我们应该改个名了？"他们说："可以，但是这不是硬性的，你还可以保留你现在做事的方法。"因为我们和社科院作为对口单位比较稳定了，时间很长了，另外我们工作的领域和社科院有很密切的关系，所以我目前还是保留原来注册的情况。我们定期都通过工商局注册，每年都要跟社科院汇报我们的工作，社科院再转到其他的政府部门。

我们资助了很多政府部门的项目。比如说民政部、劳动部、计生委、国防大学、中央党校等等。但这些都是工作上、项目上的联系，而不是行政管理方面的关系。我们资助的工作内容也是很公开的。我们网站上都有我们要做的项目资料，对媒体也会介绍我们是怎么做的。如果政府想要知道我们在做什么都有很多资料可以查询、可以参考。

问：具体来说，你们是和中国政府的哪些部门合作，如何开展合作的？这其中的过程能不能介绍一下？

答：你知道，福特最初在中国资助项目是从1979、1980年开始的，可以说是应中国政府对我们的邀请来的。当时的合作领域主要是经济学、国际关系学还有法学，中国政府特别注意这三个学科的发展，也希望能提高国内在这些工作领域的能力，我们当时主要与社科院和一些大学合作。其实80年代我们和政府部门的关系非常好，因为大学和社科院也属于政府。我想我们在那时稍微起了一点作用的地方，就是在帮助政府提高这些方面工作的水平。1988年，我们已经发展到很好的关系，就开始正式在中国成立办事处，当时作为一个非政府组织，没有办法直接和政府讨论这个问题，是通过社科院来沟通的。1988年，当时的国务委员陈俊生起了一定作用，于是几个部门一起商量，有八九个部门都批准了，说我们可以在中国成立办事处。国务院就向社科院发了一个文件，批准我们在中国成

---

① 这些文件包括：《关于上报外国企业常驻代表机构作为非营利性机构申请免税的请示》、《国家税务总局关于美国福特基金会北京办事处等33家外国企业常驻代表机构免税问题的批复》和《国家税务总局关于福特基金会北京办事处常驻人员及其家属免征个人所得税的通知》。

立办事处,同时让社科院作为我们的对口单位。后来赶上"六四"。"六四"发生后,很多国际组织都质疑中国的发展和改革开放,担心中国政治上的变化会影响国际组织的工作。我们当时也很担心。福特基金会管理层内部有一个争论,有一些人认为我们到中国工作没有用,因为遇到了这样的情况。但是我们更多的人相信中国的改革开放还会坚持,各个方面都还需要很多帮助,需要良好的国际联系与合作,也需要提高各个学科的能力。最终,福特基金会理事会决定,继续留在中国开展工作。

1989年下半年情况比较复杂,我们的一些工作受到了影响。但到1991年,我们的项目陆续又开始活动,项目官员也很快回到岗位继续工作了。从那时起,我们和政府部门的合作越来越多。比如我们开始搞环境与发展项目,跟扶贫办、农业部和林业局开展合作,也跟一些省政府的部门开展合作;在生殖健康方面,我们和计生委开始合作;在经济方面,我们和发改委、国务院发展研究中心等部门也开始合作。

20世纪90年代以后,我们和中国政府的合作越来越多。但是有时我们的工作也会受到一些外部环境的影响。1995年发生了"台海危机"①,当时克林顿派了航空母舰去,中美关系受到了一定影响,许多政府部门怀疑福特基金会是美国政府的,提出要不要与我们合作的问题。1995年以后,有一段时间,我们发现一些政府部门不来找我们了。它们怀疑我们是不是美国政府的一个组织? 其实我们和美国政府是完全独立的,没有什么关系。但这一段时间里,我们在教育、教学研究这方面的资助还是没受影响。到1998年、1999年,已经全面恢复了以前的关系。所以1999年我到北京来以后,发现我们跟政府部门各方面的合作都发展得很不错。

根据我们工作的领域,我们和不同的政府部门都有合作。比如说,上世纪90年代我们和民政部合作不多,但是到了1999、2000年以后,民间组织、非营利组织发展很快,于是民政部门也来找我们,在许多领域开始合作。

我们和政府部门的合作形式,有些是直接资助,有些则是间接合作。

什么叫间接合作呢? 有些部门不能直接接受我们的资助,就采取比较间接的形式。比如上世纪90年代末,我们资助了一个中国改革论坛,当时中央党校不能直接受我们资助,但是通过这个论坛的方式就能间接得到

---

① 台海危机是"台湾海峡危机"的简称,指的是台湾海峡两岸曾多次出现的可能引发战争的紧张局势。"台海危机"的出现常取决于两岸政治形势的变化,也受国际因素的影响。

资助。一直到最近，党校也还在和我们开展关于改革论坛的合作。从上世纪 90 年代末到本世纪初，我们跟很多政府部门都有各种各样的合作项目。2004 年关于颜色革命①的争论开始后，又有一些人对我们提出质疑。从 2004 年到 2007 年初，许多部门开始审查我们。它们想了解我们到底是什么样的组织？我们过去资助过哪些方面的工作？我们的工作方式怎样？等等。那时候，有些部门不敢和我们合作了。但 2007 年以后情况好像好转了不少，应该说他们有了一个结论，认为我们是可以合作的。于是，很多政府部门，包括中央的、地方的，又开始跟我们合作。有些部门还是有点敏感。比如说教育部，虽然我们跟大学、跟研究机构合作很多，但教育部一直很谨慎。我自己认为这不是部门的问题，不过是部门内部具体负责的工作人员的观点有所不同而已，有的部门的一些工作人员太敏感。碰到这种情况，我们就暂时不与他们合作。等到他们了解了情况，知道了我们是什么样的组织，就愿意和我们合作了。刚才说到教育部，并不是说它认为课题不好，有时候它也觉得课题很好，只是觉得同我们合作比较敏感。有时候，我们也会通过另外一个组织来资助课题，等过了一段时间还会恢复原来的合作。总体上看，各个部门对这个问题的态度不一样，有的很好，有的一般。我们的项目都是透明的，我们每年资助的项目都是清清楚楚的，挂在网上，每年也向社科院汇报，媒体有什么问题我们也都直接面对。从我们来说，还是希望和政府保持良好的合作关系，不是说我们所有的课题都非得和政府部门合作，但在中国，有政府的支持和参与，项目就好做一些，比如扶贫、教育、生殖健康等领域，有了相关政府部门的参与和支持，课题可能会做得更好一点，成果也会比较容易推广一些，这是肯定的。政府部门跟很多国际组织，比如世行、UNDP 等，都有很多合作，合作有利于项目开展。但我们不是一定要它们用我们的钱，愿不愿意利用，这是由它们来决定，不是我们来决定的。

3. 对中国公民社会的资助

问：福特基金会是从什么时候开始资助中国公民社会发展的？
答：我手头没有具体的资助文件，估计是 90 年代初期开始的。比如

---

① 颜色革命，指 2003 年底开始，独联体地区的格鲁吉亚、乌克兰、吉尔吉斯斯坦相继发生的反对派在民主旗号下的夺权事件，这些事件分别被媒体冠以"玫瑰革命"、"橙色革命"、"黄色革命"等称谓，因均与颜色有关，被统称为颜色革命。

说，1992 年我们开始资助社科院农发所的杜晓山开展小额信贷的项目。
1995 年世妇会期间我们也资助了一些妇女组织，包括后来许多妇女 NGO
的项目。环境方面，大体上也是从上世纪 90 年代中期开始的。当时总体
的情况是，我们主要是对某一个组织或者集中在某一领域开展资助活动，
希望能帮助他们解决具体问题，比如妇女问题、环境问题等，还不是从总
体上关注中国公民社会的发展。1999 年我来了以后，开始考虑不仅从组
织层面，也要从较为宏观的领域层面，包括制度层面关注和支持中国公民
社会的发展。当时首先考虑的是法律制度框架的问题。因为没有很好的法
律体系，公民社会就不能发展起来。一方面没有法律，大家随便做，这是
很不健康的。有了法律，大家就知道界限是什么，什么是合法的，什么是
违法的。另一方面，法律不仅提供界限，还能够提供一定的动力和资源，
来帮助 NGO 发展。我们关注的第二方面是研究方面，清华 NGO 研究是我
们当时支持的一个主要项目，后来北大、人大等各个高校都开始做起来，
我们也都有所支持。第三个方面是能力建设，我们通过温洛克这种形式集
中支持中国 NGO 的能力建设。第四个方面是一些会议支持，主要是通过
会议传播和推广 NGO 与公民社会的理念。比如我们资助 NGO 与扶贫方面
的会议，其实开一个会不一定会有具体的成果，但肯定会引起媒体的注
意，能够使更多的人了解、认识 NGO。

问：那么从总体上看，福特所有项目中，公民社会大体占多大比重？

答：十多年来我们资助的项目中，大概有30%跟公民社会有关，另外
70%与研究机构、政府部门等有关。

问：刚才您说的这四个方面，能不能再具体谈谈？包括在工作中的感
悟和想法？

答：好的。我刚才说过，中国国内 NGO 和公民社会的发展大体从 90
年代初开始，比国际上略晚了一些。我来到福特基金会以后，开始关注这
个领域。我知道随着中国的改革开放，社会领域的变化越来越大，包括社
会结构、社会体制、社会建设等各个方面，这里面也包括 NGO 的发展。
一开始我考虑这个问题的时候，觉得这个问题很复杂，因为组织本身有各
种各样，既有注册的，也有没有注册的；有工商注册的，也有民政注册
的；有官办的，也有民间的。各种各样的 NGO 规模不同，性质不同，能
力也很不一样。

我发现福特基金会在这个领域已经做了不少工作，大概从上世纪 90
年代初开始，陆续资助了一些相关的组织开展项目。比如说，资助一些组

织开展扶贫方面、妇女方面、生殖健康方面、教育发展方面等的项目。当时我们资助它们主要是为了相关领域的公益事业的发展，并不是为了帮助公民社会的发展，所以采取的都是项目资助的形式。当然，项目资助中也包括这些组织自身的发展，但这不是主要目的。

我来到基金会以后，结合已有的项目资助，我们提出了两方面的问题：首先，怎样帮助我们资助的组织提高它们的工作水平，解决它们所面临的问题？这些组织的管理方式怎样？财务管理和状况如何？信息是否公开透明？内部治理结构是否合理？有没有理事会？等等。我们努力来帮助它们改造组织。对于基础好的组织，则通过项目的形式加强其能力建设。其次，要从整体上考虑公民社会发展的问题。怎样推动整个公民社会的发展？NGO 是作为弱势群体的代表，怎样更好地发挥作用？怎样全面提升中国 NGO 或公民社会的整体水平？

从 1999 年开始，我们明确地将公民社会作为我们资助的重点领域之一，由我来直接负责。根据申请的情况，我们逐渐将工作重点集中在四个方面，从整体上推动中国公民社会的发展。

第一，推动能力建设。我们继续支持原来资助的那些组织，直接帮助它们进行能力建设。你们知道温洛克项目①，就是专门用来推动福特资助的那些组织开展能力建设的。原来我们希望能帮助它们改善工作，提高质量，解决它们内部管理的问题。其实它们内部的问题很多，有的是个人说了算，它们的想法很好，但不能做到把个人和组织分开。我们还发现有些组织中的年轻人工作一段时间之后，跟领导闹矛盾就离开了。怎么帮助它们解决这些问题？怎么帮助它们开展能力建设？我们专门设立了这个温洛克项目，成立专门的机构来帮助那些我们资助的组织进行能力建设。

同时我发现，在那个时期，一些国外做能力建设方面的 NGO 也都开始进入中国，包括来自美国、加拿大、英国的，它们希望到中国来工作。它们有各种各样的方法，包括能力建设和培训等方面的专业的方法，希望能够在中国发挥作用，但有一个磨合的问题，很多国外组织不太了解中国，它们对中国的具体情况不了解，对中国的法律框架不清楚，对中国的制度不太清楚，所以很快我就发现它们的做法不太好。虽然它们希望能跟中国 NGO 合作，但是它们的做法不很适合中国的情况。同时，我发现从

---

① 温洛克项目，全名为"温洛克民间组织能力开发项目"，英文为"Winrock NGO Capacity Building Program"，由福特基金会资助、温洛克北京代表处执行。该项目旨在加强中国非营利组织的管理能力，以使其在运作中更加便捷、有效和成熟。

亚太来的 NGO，包括台湾、香港的 NGO 要稍微好一点，因为毕竟文化背景相同；它们也比较了解中国的社会和国情，以及工作方式等。但是我觉得引进来并不能解决问题，最重要的是要帮助中国本土的 NGO 进行能力建设。当时有一些组织，像清华大学、中国科学基金会、青基会中国民促会等，也都在探索开展培训等能力建设的模式问题。慈善总会的阎明复先生也很重视这个问题。当时它们开展了很多活动，包括成立网站、成立专门的培训机构、召开论坛、交流信息、举行沙龙和座谈会等，对于这些活动，我们都尽可能地给予支持。我们也支持一些新的组织，像 NPO 信息中心等。

第二，支持 NGO 和公民社会的相关研究。当时中国社会对于 NGO、公民社会的了解很少，社会上对许多概念不清楚。中国在过去几十年的计划经济中，有公社的概念、事业单位的概念，但就是没有民间组织的概念。到底什么是民间组织？什么是非营利组织？政府不懂，媒体也不懂，连学者也不知道。人们一提起非政府组织，就怀疑会不会是反政府的组织？改革开放以后，整个社会都在向钱看，大家对公益慈善也表示怀疑：谁会把自己的钱让给别人花？基金会能白给钱吗？是不是有什么目的？真的可靠吗？等等，这里面有很多问题。

因此我觉得要加强 NGO 和公民社会的研究，资助研究机构的发展。包括资助它们开展深入的调查研究，资助出版相关的书籍，特别是学术著作，资助各种公开的出版物和内部的研究报告、政策报告等等。这方面，其实在我来之前福特基金会已经开始做了，清华大学 NGO 研究所就是这么成立起来的。我来了以后继续推动这方面的工作。也开始资助其他一些大学 NGO 研究的发展，比如复旦大学、北大、人大等许多大学相关学者的研究和机构的发展。我们还特意请邓国胜做了一个调查，介绍了全国各地高等学校设立相关研究机构的情况。现在我发现，很多大学对这方面都很有兴趣。公民社会是一个跨学科的研究领域，跟不同的学院、不同的学科都有关系。现在来看，做得比较好的是设在公共管理学院下面的，像清华、人大等，因为 NGO 和政府一样具有公共性，和政府的合作非常重要，政府官员也很需要学习了解这方面的知识。北大主要是和社会学有关，也有在法学方面的研究。不管怎么样，我们希望帮助它们开展相关研究。这些研究包括国内 NGO 的研究，也包括国际上的比较研究。每个国家对公民社会的理解都会有所不同，不能套用一个统一的标准，欧洲有欧洲的特色，日本有日本的特色，台湾也有台湾的特色。中国应该根据自己的历史、文化和社会各个方面的国情，发展有中国特色的公民社会。

总之，帮助中国 NGO 与公民社会的相关研究，推动这方面的理论发展，进一步为全世界相关的理论研究作出贡献，这是我们关注和支持的第二个方面。

第三，支持中国相关法律框架的建设。这方面实际上是我来到福特基金会以后工作的一个重点。我注意到中国这个领域的法律框架还没有建立起来，而 NGO 和公民社会的发展，一定需要有一个比较好的体制和法律框架。所以我们就围绕法律框架，资助一些，研究一些，调查一些，翻译一些，帮助大家了解国外 NGO 的管理需要考虑一些什么问题。因为需要健全法律体制，所以我们跟政府部门合作到国外去调查，有时候是资助他们，有时候是安排他们去看一些地方。民政部起草《基金会管理条例》的时候，有一些涉外的内容，它们来找我们，由我们支持开了几次会，其实它们初稿没有给我们看，但是我们还是提出了一些应该注意的问题，参与了相关的讨论。不仅是登记方面的法律，还有配套方面的法律法规，比如财务、税收、海关等，我们都很关注和支持。

另外，在考虑法律框架的时候，还涉及一个管理体制的问题，就是由什么政府部门来管理 NGO 的问题。中国目前实行的是双重管理体制，带来了很多问题。也由于法律体系不健全，存在许多弊病。比如有的组织到工商局登记，工商登记从法律的观点来看是一个公司，属于私有制的，所以财产属于公司所有。如果这个组织因为内部矛盾解散了、改变了，它们的财产怎么处理？我看这里面有很多问题。因为注册本身就是个很大的问题，比如找不到业务主管部门等等，类似的问题也不少。所以我希望能致力于一套完善的法律法规和管理体系的建立，这样才能解决问题。现在中国的问题不但是没有配套的法律，而且没有一个母法。比如说现在有社会团体、基金会和民办非企业单位方面的法规，但没有一个统一的民间组织的法律，本来是同样的组织，却分为三个法规分别来管。民政部有一个民间组织管理局，它们采用民间组织的概念，它们认为民间组织是一个更加广泛的概念，其中包括社团、基金会和民非，这是一个和国际上的 NGO 很接近的概念。但是在中国，法律上还是应当统一起来，统一成一类组织，调整这类组织所涉及的法律原则、法律规范应当是共同的。所以我们在考虑怎么帮助中国去解决这个问题。我看现在有很多法学家比较了解这个问题的重要性了。但是立法不是很容易的，所以我们也在考虑，怎么样帮助各方面进一步开展研究和推动工作，努力形成一个比较完善的法律体系。

第四，帮助整个社会提高对 NGO 和公民社会的认识。这主要是通过资助一些比较零碎的项目来实现的。比如说"NGO 与扶贫"国际大会、2005 年慈善大会等等。像这样的活动，我们也在努力资助，这类活动不是长期的活动，往往是一次性的，但可以提高社会对 NGO 与公民社会这个领域的认识，为这个领域的发展起到一定的作用。我来到中国以后开始资助这方面的工作，主要是从这个角度考虑的。其实这也并不是我自己想出来的，一开始是你们清华要开展这方面的活动，来找我，请我们支持，后来发现效果不错，我们就常规性地开展这方面的工作了。

此外，2008 年在中国改革 30 周年之际，我们资助社科文献出版社出版了一套丛书，其中包括王名老师主编的《走向公民社会》一书。这本书是由这个领域最权威的一批学者共同完成的，已翻译成英文和日文，各方面反响都还不错。

4. 调整的思路和方向

我来到福特基金会已经快十年了，我的工作即将结束。应当说，在我的任期内，我们在公民社会方面开展的工作还是比较有成效的。下一步，我觉得可以在现有的基础上做一些必要的调整。目前我主要考虑这样几方面的工作：

第一，在能力建设上，现在社会上能力建设的项目很多，不仅我们福特基金会在做，加拿大的也在做，其他中国 NGO 也都在做。所以将来在这个领域应该怎么做需要考虑有一些调整，我的初步考虑是：如果其他资源都进来了，我们不一定会长期去做，别人来做了，我们可以挑另外一些领域去做。这个想法还没有落实，我们正在考虑。

第二，在相关学术研究方面，越来越多的机构在研究，出现了研究机构多元化的倾向。我们过去主要资助在北京的研究机构。现在正在考虑可以更多地资助其他地方的研究机构的发展，包括上海和其他地方。研究领域也可以更加宽泛一些，比如事业单位的改革研究，与 NGO 的发展关系很大，有的事业单位改革之后也会改成民非；可以改成非营利的，也可以改成营利的。这种改革的过程会给公民社会带来什么变化？有些研究机构是专门从事行政管理研究的，它们研究事业单位很有优势，我们可以资助它们开展这方面的研究。总体上看，在相关研究上，我们的资助要更加多样化一些。

第三，关于慈善事业的发展，除了慈善法方面的工作以外，这几年中国慈善事业发展很快，特别是非公募基金会数量增长很快，表明企业家的社会责任也在发展。我们过去在这个领域没有做多少工作，现在要更多关注和支持民间慈善活动，我觉得一个国家的公民社会主要应该靠自己国家的资源，靠外国的总是会有危险的。尤其是现在出于对颜色革命的考虑，政府部门也有质疑。对我们来说，能推动中国本土慈善事业的发展是很重要的。其实过去我们在这个方面也做了一点，比如民政部要制定慈善法，我们就资助它们到国外去考察。这方面也召开过一些会议，邀请国外的专家来。今后我们会继续支持这方面的活动。

第四，关于 NGO、公民社会与政府的交流合作问题，也是我们今后关注的一个重点。这两年地方各级政府，包括中央政府都在推动政府购买服务，加强在社会领域政府与 NGO 的合作，我们会继续关注这方面的政策，尽可能提供一些支持。

5. 总体评价和感想

最后，我来做一个简要的小结和分析。福特基金会在中国的项目，特别是上世纪 90 年代以来，我们非常关注公民社会的发展。我们知道许多发展中国家的发展碰到了问题，主要是政府出了问题，但 NGO 却发挥了很大的作用，特别是在提供基本公共服务方面，NGO 发挥了政府、企业所发挥不了的积极作用。我们相信在中国，NGO 发展得会更好，作用也会更大。我们的基本愿景是促进政府、企业和 NGO 合作，NGO 可以代表弱势群体发出声音，政府也能够真正了解有些工作领域由政府去办很不容易。比如，上世纪 90 年代吸毒问题在中国开始出现，政府部门对此没有别的办法，只能用治安手段处理犯罪，结果吸毒问题愈演愈烈。艾滋病问题也是这样。NGO 不同于政府部门，他们比较了解情况，能够深入基层，掌握更多的信息，可以去帮助吸毒者改善生活方式等。所以在某些领域，政府做不到，做不好，NGO 可以去做，政府也可以利用 NGO 去做。另外，政府有权力、有能力、有财力，所以大的事情都是政府做的，但是政府总是采取它们认为正规的办法。它们有税收，可以集中资源；它们有制度，可以制定规范，按制度行事。但是 NGO 就比较灵活，并不是说没有要求、没有条件，但可以决策快一些，运作灵活一些，它们有不同的活动方式。

很多国家也有类似的组织，其实很多国家面临的问题也跟中国一样，比如法律体系不够完善等等。今天世界各国都很关注NGO，不仅在中国，在美国、印度尼西亚都一样。很多国家的政府部门都在探索怎么更好地发挥NGO的作用，怎么更好地和NGO合作，NGO自身发展中面临的问题也是类似的，比如NGO的问责问题，财务透明度问题，治理结构问题等等。这些问题也是我们所关注的。

问：您如何评价福特基金会对中国NGO资助所产生的效果？

答：先说国际资助的影响。国际资助的影响有好也有坏，两个方面都要考虑进来分析。一方面是提供了一些帮助，特别是资源方面的帮助；另一方面也可能带来一些问题。真正的公民社会应当是由本国内部产生出来的，单靠外国的资助无法形成公民社会。况且外国的资助也难于做到可持续发展，而且往往会走形。受助方拿到外国的资助，有时会要考虑资助方的要求和意愿，会出现所谓"资助方依赖"，带来一些问题，这是应当注意的。另一个方面，能够得到资助的人主要有几个特点：第一，往往是身在外国人比较多的城市，因为接触比较容易；第二，他们有一定外语的能力，或者是从国外回来的，或者他们会沟通；第三，有一定的公信力，一般来说被认为是可靠的。所以如果考虑这些因素，我们会发现只有一部分人能得到资助，有很多人没有得到资助，可能更值得注意的是那些没有得到资助的人。公民社会的发展需要形成更加健康、宽松和平等的发展生态。我更想强调的是，国际资助只能提供来自外部的帮助，真正的公民社会应当是从本国获取资源，特别是可持续的资源才能不断发展壮大起来。

说到福特基金会的资助，我们资助的项目未必都是成功的，有的会好一些，有些成果达到了预期目标，有些没有达到预期目标。我并不是一个一个项目来考虑，我是从总体上考虑的，主要关注的是总的发展趋势。因为我们的目标不在微观，而是在总体的宏观层面，我们关注和支持中国NGO和公民社会的整体发展。能力建设也是这样，我们开始对一个组织资助后，可能还要进一步资助。比如说NPO中心，它们开始的时候没有多少经验，我们开始的资助比较少，后来慢慢发展起来。我们的资助就增长上去了。但到了一定阶段，我们的资助占它们总预算的比例应当逐渐下降。我们希望有这样一个过程，慢慢地大家会发现我们的作用不是那么重要。所以从这个角度来说，我们也起了一点作用，对这个领域的发展也提供了一定的帮助，但是一定不要成为唯一的帮助，甚至不要成为最重要的帮助。我们资助的对象主要在大城市，有影响力、有能力，但我们不希望它们形成对我们的依赖。有很多 NGO 是国内本土发展起来的，我们在不在，对它们没有什么影响，这一点很重要。目前我们要考虑的是一些新的发展趋势：比如非公募的基金会和富人慈善的发展，这很重要。如果真的能发展起来，我们愿意提供一些支持，包括国外的经验和理论支持。非公募基金会这种组织形式在国内的发展是很重要的，因为它们有钱，它们可以自己资助中国的 NGO，而不必依赖国外的资助。

在目前情况下，我们应当考虑通过怎样的方法帮助政府和 NGO 合作，这是一个重要的方面。只有和政府合作，NGO 才能得到资源，政府也才能放心。另外，我们也想更多资助那些有能力的人去创新，包括通过社会企业的方式解决社会问题。在这方面，我们的作用大不大，重要不重要，我还不清楚，但我觉得这是一个很值得关注的方向。可以今后讨论吧。

访谈印象

福特基金会（以下简称"福特"）是我们口述史项目的支持者。选择华安德（以下简称"华"）做口述史似乎有悖科研中立的原则。犹豫再三，我还是决定选择他。因为相对而言，福特在中国的所有国际 NGO 中堪称最具典型性和代表性，它们 1979 年进入中国，与我们的改革开放同行。

华是福特北京代表处的第四任首代。我原是打算通访这四位首代，联系了首任彼得，也联系了第三任赛奇，中间的第二任也叫彼得，怎么也联系不上。我发现对福特的口述史工作超出了我们的负荷，也似偏离了初衷。我于是赶紧刹车，集中对华的访谈。

其实即使集中于华一人，也覆盖了福特近十年的历史。这一段，恰好是中国 NGO 成长最显著的一个时期。福特在华的任上，加大了对中国 NGO 的资助力度，扩大了资助面，许多 NGO 的成长都和福特有关。客观地说，福特助推了中国 NGO 的成长。不仅是福特，所有的国际 NGO 在这一时期都见证了中国 NGO 的成长，它们不同程度地起了助推的作用。但正如华所言，外部资助终究还是外部，中国的公民社会不可能从外部长起来。福特很有策略地掌握它们资助的一条弧线：由缓而疾，由疾而缓。许多成功的组织，在得到福特最初的重要资助后，逐渐争取到越来越多的国内资源，包括来自各级政府的资金支持，从而回归本土，回归到真正意义上的中国公民社会的成长中。这样的例子我们身边有很多，包括在这本口述史中的许多组织也都经历过这样的过程。清华 NGO 也是如此。尽管我们现在已很少申请福特的资助，但犹忆当初，心怀感激。我相信我们中的绝大多数，都因此有了一种感恩情结，不是对福特的感恩，而是对公益的感恩。这应是 NGO 的大爱情结。也是福特所倡导的全球公益、人类福祉。当有一天我们中的某些成为全球顶尖级的 NGO 的时候，不要忘了我们曾经有过的这种感恩。

华是一位汉学教授。福特任后，他又回到了澳大利亚那片美丽宁静的土地，回到了让他着迷的历史课堂上。整理这篇书稿的此刻，我坐在旧金山湾畔一个宾馆的窗口，遥望傍晚的大海。这海连着太平洋，会不会一直连到南半球的阿特兰德？我不知道这会儿华在干什么？他比我年长不少，但我还是希望我们之间有一种友情系着彼此，让我从大洋东岸寄托一缕亲切的问候和祝福，给远在南岸的华，感谢他对我和我们大家的这份大爱情怀。真心祝他：好人一生平安！

十 迟福林 谈中改院

访谈迟福林先生

访谈题记

迟福林先生，1951年生，现任中国（海南）改革发展研究院（简称"中改院"）院长，教授，博士生导师，第十一届全国政协委员，中国经济体制改革研究会副会长，海南省社会科学界联合会主席，北京大学等多所重点大学的客座教授或特聘教授等。

中改院，全称为中国（海南）改革发展研究院，成立于1991年，是改革开放后我国成立最早的民间思想库之一，是一家以转轨经济理论和政策研究为主，培训、咨询和会议产业并举的独立性、网络型、国际化改革研究机构。20多年来，中改院坚持"立足海南，面向全国，走向世界"的办院宗旨，以直谏改革为己任，在服务改革决策、追求改革理论创新、凝聚改革共识、培养改革后备人才等方面，发挥了积极作用，先后向相关决策部门提交改革政策和立法建议报告140余份，发表改革论文1500余篇，出版改革研究专编著200余部。提出了许多富有前瞻性的理论观点和政策建言，成为海内外媒体广泛关注的中国改革思想库。

对迟福林先生的口述史访谈进行得很顺利，他健谈且记忆力强。访谈结束后，他叮嘱秘书跟进我们的访谈笔录，进行了认真的修改补充。借此机会，谨致深切谢忱！

1. 中改院的成立背景与经过

问：您好！作为改革开放后成立最早的民间思想库之一，您能详细谈谈中改院创办的历史背景、想法和您的个人经历吗？

答：还真没有认真去琢磨过这件事情。咱们边谈边提问吧。中改院成立于1991年，但实际上在1989年以后就开始考虑筹划了。

问：能不能详细介绍一下当时的经过？

答：1984年我到中央党校读研究生，担任党建班的班长。1986年被抽调到中央政治体制改革研讨小组，在那儿干了两年。1987年10月"十三大"结束的时候，我们小组在一起商量，协助海南成立建省筹备组，就把我派到海南去了。

1988年4月，我正式进入海南。在此之前，我在北京参加了1988年十届全国人大会议，会上讨论了关于海南建省的问题。派我到海南来，主要是为了做两件大事。第一件大事，是1987年4月经小平同志首先提出来的，把海南推到国际市场上去，建设成为香港那样的国际经济中心。于是我们办公室和筹备组就根据小平同志的意见提出一个设想：要在我国建立第一个社会主义自由贸易区。这个设想直到1993年2月才得以明确和落实。

第二件大事，就是设计和推进海南的整体改革。1988年我到了海南就开始着手海南省体制改革的规划和实施。海南当时的改革有四项走在全国前面：第一是"小政府、大社会"，这个提法大家都很熟悉；第二是从1988年开始设计统一的社会保障系统，1990年海南省以省政府名义在全国第一个出台了社会保障条例；第三是海南推进企业改革，当时就提出搞以股份制为主体的现代企业制度，这是海南的一件大事；第四是放开价格。海南把企业自主登记、放开价格（现在看来都不是很难，在当时却是不容易的）这两件事都做了。值得一提的是放开价格这件事。首先着手的是粮食价格——海南省过去没有粮票，地方粮票归广东，按当时我们的设计，是先把粮食的价格放开。

我们将整个方案设计出来后就提交给中央。当时李鹏是总理，钱其琛、李岚清、陈锦华三个副总理。对于这个方案，陈锦华表示反对。李鹏表示担心："怎么放开粮食价格？这个问题很重要，你们要等国务院组织调研以后再动。"

1990年初，当时在国家物价总局做副局长的马凯来海南搞调研。他回去写了一个报告，建议国家放开粮食价格。海南从1990年5月1日正式开始搞粮食价格开放。那时我陪海南省委书记一起到市场上去看，发现粮食价格放开后市场其实很平静，好的粮食品种价格比原来略贵一两毛钱，但总起来说海南的粮食特别是稻谷的价格还是走低的。

后来，海南又陆续放开了19种钢材、水泥等生产资料的价格，并建立了人才市场、房产市场、期货交易市场等。现在回过头来看，海南早在上世纪90年代就开始放开价格，在全国范围内是第一个探索放开价格的，这对于全国范围内的价格改革提供了宝贵经验。

因此，海南当时推进的四项改革，一个以"小政府、大社会"为导向的政府改革，一个企业改革，一个价格改革，一个社会保障体系建设，这四大改革在1990年底以前全面推开，完全走在了全国的前面。举个例子来说，1989年4月，我在无锡开一个会，路过上海，下了飞机再倒火车还得五个小时。要买一个面包吃，我没带粮票，那个卖面包的老太太就批评了我一通。我说："多给你两毛钱。"她说："小伙子，这可不是钱的问题。"没有办法，我只好给上海市委组织部打电话，去他们的招待所吃了个午餐。当时的上海还是这么个状况。

在这样的改革过程中，我们就开始设计中改院了。1988年成立了海南省改革发展研究所，属于事业单位，我是体改办主任兼所长。然后我把冯仑请来做副所长，刚参加工作的潘石屹是我们这个所办的海南改革发展咨询公司的一个工作人员。1990年初，时任国家体改委主任的陈锦华和高尚全一起来海南调研。他们来跟我商量一件事："中央下一步要调整体改委、体改办这些权力机构，要合并到国家经贸委去。你这里有一个海南改革发展研究所，能不能把海南两个字打一个括号，然后在前面冠一个中国？"我当即表态："锦华同志，这样做好。"1990年4月，陈锦华在海南开会的时候正式提出："我们打算由国家体改委和海南省委联合建立一个改革发展研究院。"1990年6月，省委常委会研究决定：和国家体改委合

迟福林　谈中改院

作，共同筹建中国（海南）改革发展研究院。当时确定这个院的业务指导归国家体改委，党的关系、行政关系都归海南省。在省委常委会讨论决定之前，国家体改委正式给海南省发了一个文件，提出把中国（海南）改革发展研究院建成全国的改革研究基地，同时为海南的改革发展研究服务。

1990 年征地之前，这里全是海滩、养鱼池，什么路都没有。我向海口市要求买地，六万多一亩，很便宜。经过一年的筹备，我们建的速度很快。1990 年 10 月 1 日奠基，年底开始建设，仅 8 个月就将研究院建成。建院后开的第一个大型研讨会是关于海南对外开放的国际研讨会。

建院还涉及一系列有关体制的问题。比如研究院实行什么体制？海南省管什么，归哪个部门管？体改委调整以后怎样与中央对接？等等。当时成立了院务委员会作为研究院的最高权力机构，国家体改委指定高尚全兼院长，我是院务委员会的秘书长兼常务副院长，刘剑锋是院务委员会主任，当时省委常委、组织部部长李志民和高尚全是院务委员会的副主任。

另外，经费怎么办？国家体改委当时给的钱很少，建设筹备阶段只给了 40 万元。海南省的支持力度比较大。首先是从编制上提供支持。研究院定位为正厅级建制，给 30 个财政全额拨款编制，另加 50 个自筹经费编制，加在一起一共 80 个事业编制。1991 年 1 月 1 日，研究院正式成立并开始运作。1992 年初，陈锦华提出："你既然研究改革，研究院自己能否走出一条改革的新路子来？"我接受了他的建议，立即组织力量开展研究。1992 年 4 月，我们将研究院的改革方案提交给陈锦华。这个方案说到底就是实行企业化改制，不要省财政一分钱。他有点担心地问我，行吗？我说："没问题。"

在建设阶段，国家体改委就只给了上面提到的 40 万元，海南省提供的用于建设的支持一共是 200 万元。不够，怎么办？我就找到一些企业，有的企业给 50 万，有的企业不出现金，但全部绿化归它们管，也算是支持了。当时我为什么会心中有数？其实我在研究院成立的时候，就同步成立了一个基金会，叫中国（海南）改革发展基金会，一下子募集到了 3300 万元。

当时叫中国（海南）改革发展基金会，后来因为基金会整顿，不让挂"中国"字头，就改为"海南改革发展基金会"。因为有这个基金会，所以我心中有数，敢说不要省里一分钱。当时刘剑锋还很担心："没有钱怎么办？"1992 年省委办公厅还明确地对我说：有财政困难随时提出来。1992 年底，我们听说国家工商局有一个关于支持事业单位实行企业化管理的内部通知，可以允许事业单位保留原来的名称进行工商登记。我就赶紧向陈锦华汇报并提出推进研究院企业化改制的改革建议。他明确表态："这个好！"

我马上就跟海南省政府沟通，提出把省政府的全部投入作价折算成股份，包括当时对我们整个的工资、车辆，几十万买的两部车等，都计算在内一共作价500万，其实当时哪有500万？另外加上建设投资200万，绿化80万，电脑硬件等80万，这些都作价折算成股份。国家体改委没有钱，陈锦华答应并签字，允许我们以研究院名义贷款，然后由国家体改委来偿还。我们就在建行贷了500万，并将该款项算成国家体改委的投资也折成了股份。应该是在1993年3、4月间吧，我们走上了股份制企业化发展的道路。

问：这非常有意思，把所有的投入全部股份化，转成股份制企业进行企业化改制。能不能具体谈谈？

答：好的。转制成企业以后，企业领导怎么办？1993年初，陈锦华调任国家计委主任，当时国家体改委要提拔三个副主任，我是候选人之一。陈锦华把我叫到北京说："国家体改委需要三个人选，我推荐你，明天就有人来找你谈。"

当时我想都没想就说："我不来。"他问："为什么？"我说了三条理由，强调研究院转制发展正处在关键期。陈锦华明白了，他很支持我。1993年我们正式实行工商登记注册，陈锦华出任董事局主席，一直到现在。实行企业化改制以来，我们实行全员聘任制，院长以下的人事都由董事局负责。院长由省委组织部任命。我开始做常务副院长，后来改任院长。1993年以后，宝钢、上海石化和"一汽"先后各投入了500万元，后来又拉了一个民营企业进来，逐步完成了股份制改制。

从1993年起，这套企业化的模式一直运行到2004年。2004年国务院下发了一个通知，凡是挂中国字号的（各部委除外）一定要经过国家审核。属于事业单位的都要报中编办，属于社团的都要报民政部。

问：你们当时不是属于企业吗？

答：我们是属于企业，登记的时候是非营利企业。那个时候看工商登记可以看得出来，我们完全是非营利性企业。那个时候属于很特殊的改革，真正的非营利法人怎么还能在工商注册？国家当时有一个政策，鼓励成立事业单位。但是2004年我就面临这个问题，怎么办呢？当时国家体改委要撤，变成体改办。主任是刘中林，体改办提出了好几个方案，归根

迟福林 谈中改院

143

到底就是想把我们弄到社科院去。在这种情况下，我们不能挂体改委，因为体改委马上要撤销，为了保留这个机构，我们就挂靠到国务院发展中心。当时陈清泰是董事，王梦奎是发展研究中心主任，他们建议体制一切不变，就是将海南两个字拿掉，变成中国改革发展研究院。

后来中央领导批示："鉴于海南改革发展研究院已经有历史了，就不要叫中国改革发展研究院了，不然以为是新成立的机构，还是保持原有体制和隶属关系不变为好。"这个文件我们有，等于承认过去的一切。但是我们还是有一个问题：能不能一个名字两个登记？因为我们已经工商登记了，而事业单位的地位等于已经承认了。当时事业单位法人登记也才刚刚恢复并由中编办负责，它们坚持一个机构不能又是事业单位，又是企业单位。无奈之下，我们将工商登记的机构名称变成了"中改院有限责任公司"。

这样，在国家层面，我就做到了事企分开。前不久，我们企业的登记手续经过一年多的分账，基本完成了。现在我们有两个实体，一个是企业法人，一个是事业单位。二者是什么关系呢？中改院原有的股东全部从企业里退出来，来做事业单位，事业单位仍然实行股份制。

那么企业是什么性质？中改院拿出一部分资产，与一些没有进入中改院事业法人的企业，联合组建成中改院有限责任公司。这是一个营利性的法人，目的是通过营利支持中改院未来的发展。中改院作为事业单位，尽管是事业法人，但仍然实行董事局领导，仍然是股份制。我们在中编办登记的也是股份制。最近我们在北京召开董事局会议，提出进一步推进事业单位改革的设想，希望将中改院推向市场，完全走出现有体制。

问：那你们的基金会呢？

答：基金会还有钱，基金会糟糕在哪里？当时海南省政府号召大家都买海发行①的股份，到海发行存款。基金会拿出 800 多万元到那里存款，到现在还没有还。在活动方面，基金会主要资助一些课题研究，目前还有 1000 多万元基金和一部分股票等有价证券。

我们现在的业务主要分三大块，最大一块是业务咨询，由基金会支持，然后争取国际合作，与项目相结合。这几年，因为有基金保障，我们在商务部支持下开展了双边国际合作项目，一直做得不错。我们的国际合

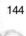

---

① 海南发展银行的简称，成立于 1995 年 8 月，是海南省唯——家具有独立法人地位的股份制商业银行。其总行设在海南省海口市，并在其他省市设有少量分支机构。1998 年 6 月 21 日，中国人民银行发表公告将其关闭。

作项目包括与联合国合作，与德国合作等，都有十多年的历史了，近年又拓展到挪威、瑞典等国政府。国际合作项目中往往有基金会的配套，效果很不错。第二部分业务是行政管理，我们每年的行政管理费用都在500万~600万元，全部靠自己的营利性活动来挣。营利性的活动主要包括咨询服务、培训和会展服务。十多年来，我们的行政管理费用完全做到了自给自足。第三部分业务是长远发展的问题，我们现在选了一块地，正在基建，未来两年要搬过去。进一步发展的资金，一是靠公司的积累，另外一个要靠新的企业来支持。

从资金上大概就可将我们的主要业务分为这样三大块。业务费用靠基金会和取得的相关国际合作项目的支持；行政费用全部靠自给自足，咨询、培训和会展服务是我们收入的三大来源；最后是发展基金，靠我们的自我积累和社会各方面的支持。

2. 中改院的发展环境

问：您能否具体谈谈中改院发展的外部环境？包括政治环境和社会环境等。

答：应该说，总体上看，这几年中改院发展的外部环境还是不错的。中央对社会组织越来越重视，从中央到地方都开始探索向社会组织购买服务。

关于社会环境，要分阶段来看。海南建设之初，外来人口相当多，一下子挤进来很多人，带来了许多先进的思想。那个状态下，你做什么都会有影响。我们当时宣传"小海南、大智慧"，海南的改革发展都是我们设计的，大家欣欣鼓舞，都说海南是个好地方，我们靠着一股创新的劲儿来做事。到了上世纪90年代中期以后，就没这回事了，海南从梦想落到现实的土地上。那时候从社会层面来看，已经没有改革的动力了。在上世纪80年代、90年代，要什么人有什么人，全国最好的人才都到海南来了，各方圣贤都往这里跑。但是后来，海南失去了这种优势，整体的社会环境大大改变了。

问：像我们这种民间组织，往往缺乏一种吸引人才的机制，中改院怎么解决吸引人才的问题？

答：在这种体制中，感触最大的一件事就是：很多人都可以给你干一阵子，但要是跟你长期干，谁都不放心。原因有两个，一个是很累，第二是有风险。尽管他们不承担风险。

我们和美国的研究所搞合作项目时有个女孩子，被老公连骂带打的，坚决要她离开这儿，不走就要离婚，闹到这种地步。风险是一方面，另外最大的问题是他感到我们没有帮她解决户口问题。在这种体制下，我时刻都是有风险意识的。我跟他们讲，就算《人民日报》写一个再反动的文章，把人都抓起来了，但《人民日报》不会倒。中改院的人犯一个错误，中改院就有可能被撤销。这就是我们这种机构和官办机构相比的脆弱性。

3. 中改院的主要政策咨询

问：你们现在每年提交的政策报告大概有多少份？

答：八到十份，最少是五六份。我有两个渠道，一个渠道是通过地方政府提交给相关部委，另一个渠道是通过新华社以内参的形式报上去。

问：这些报告能够提交到政治局的大概有多少？

答：没有专门统计，但是去年有六个，2006年有两个。比如说中央提出的"大部制改革"，因为几个部委意见不同，所以有些话就需要我们来说。我们有一个报告提交给国务院研究室，他们当天就直接报给了总理，总理第二天就做出了批示。

问：中改院作为中国改革的研究基地，在改革方面，你们主要开展哪些研究？有哪些主要观点？特别是关于政治改革，你们主要开展了哪些方面的研究？

答：政治改革很难做，但不管怎么难还是要去做的，对于这一块，总体上来说，我看得比较现实。原来我们从党的角度考虑这个问题，现在主要是从政府的角度来考虑。要考虑怎么让政府接受这个理念，政府接受了，政府也能解决。所以要谈政府转型。这个转型是介于经济体制、政治体制之间考虑的，我想下一步的侧重点应该是推进政府转型为主线的全面改革。

我们国家现在主要面对三大问题，一个大问题是政府和市场之间的关系如何进一步调整？这次源于美国的金融危机，政府不拿钱救市不行，说到底政府的钱来源于社会，为什么不能拿来稳定市场和稳定社会呢？政府要干预，干预到什么程度为好？政府和市场的关系就是一个需要认真研究的重大问题。

第二个大问题是政府和社会的关系问题。这方面首先要解决的是基本公共服务的供给问题，我们现在城乡还是二元体系，要通过建立统一的基本公共服务体制来实现城乡一体化。此外，随着整个社会利益格局的深刻变化，各种社会矛盾激化，要在利益主体多元化的同时大力发展社会组织，通过社会组织来化解社会矛盾，协调各种社会关系，提供各种社会服务，不能把社会组织当成敌对力量，要努力建立政府与社会组织的合作伙伴关系，培育和发展社会组织。

第三个大问题是政府自身的治理问题，其中包括腐败问题、政府绩效问题，也包括政府公信力问题。

如今我们谈论这三个方面的问题，包括政府和市场关系问题、政府和社会关系问题、政府自身的治理问题，其实都面临着一些较为严重的危机。这个阶段对于政府转型的呼声很高，比五年前发生了巨大的变化。如果我们的政府没有意识到这一点，下一步就会很被动，就会陷于各种尖锐的矛盾中。所以我们现在特别强调讲政府改革，我想未来一两年内我们的重点也在这里。

问：关于党内民主呢？你们有没有研究？

答：党内民主是一件大事，但是我们不想碰。当时中央研讨政治体制改革的时候，曾经组织力量开展了较为深入的研究，这方面的材料我没有带出来。那以后也没太多关注。那时候的主要观点简单来讲就是一句话：社会矛盾不断增长，要有排气孔，不能把气球越吹越大，最后炸了。那么这个排气孔是什么？大家认为最好的就是社会协商对话，所以当时提出社会协商对话的制度安排。

问：关于三十多年中国改革开放取得的巨大成绩，很多人都在总结。你们是如何看的？

答：关于这一点，我们最近写了三篇文章，主题一是中国社会发展阶段的历史性跨越，二是基本公共服务体制和企业创新，三是改革过程中的政府转型和政府作用。这三篇文章，实际上将过去的 30 年划分成了几个阶段，我们的基本结论是：我们用 30 年时间走完了发达国家用 50～60 年时间或更长时间走完的初步现代化的道路，解决了温饱问题和发展问题，使中国社会的发展特别是人的发展达到了一个新阶段。

怎样衡量人的发展权的实现？我们认为有五个基本指标，第一是GDP，第二是产业结构，第三是就业结构，第四是消费系数，第五是城市化水平。从这五个方面看，近两三年来，中国社会正在发生深刻的阶段性转变，这一方面说明改革开放取得了巨大成果，另一方面也提出了进一步如何发展的问题，怎么才能实现中国社会的可持续发展？我们发展的新动力何在？上世纪90年代以后，个人用于公共服务的支出成倍增加，主要包括教育、医疗、旅游、住房等公共需求和基本社会需求方面的开支，相当于上世纪80年代的3到5倍。正是这种需求带动了我们社会的发展。这是三十多年来我们改革开放的历史结果，也是未来发展的新动力。

再过五年、十年以后，即整个社会的发展权得到满足以后，公民的参与权就会成为一个越来越突出的新问题。现在我们的公民社会正处在一个起步阶段，也是至为关键的时期。公民对于自身发展的要求很强烈，在这种强烈要求下，发展权逐步开始向参与权转换。所以能不能抓住这个时期来采取积极的社会发展政策，是未来发展的关键。此外，对社会组织如何认识、如何判断、如何有效利用，都是十分重要的问题。我们现在过于敏感，和我们所处的社会发展阶段的要求不相适应。社会层面需要更多的社会组织参与社会事务，来满足公民在经济社会发展中的发展权、参与权。

4. 几点体会

问：是什么使您放弃了很多诱惑从事现在的工作？

答：如果没有这项事业我可能做了高官。我到海南后，担任省委政研室和省体改办的负责人，很快又成立了改革发展研究所由我来负责。当时说真的，并没有去思考未来的发展和事业的打算。"六四"以后，我下决心全身心投入进来做这件事。1993年初我有一次回北京的机会，但我果断地放弃了。那时候我已经开始了这个事业，已经停不下来了。我是一个有很强责任心的人，个性强，很多人可能不理解，特别是年轻人理解不了。我们这代人，一般都有一种使命感，为理想而奋斗，而现在并不是很多人都能接受这种东西。我现在比较苦恼，这种文化的对接比专业技术还重要，因为专业技术只要你自己努力，给你平台你就可以上去。但这种理念、文化和思想认识上的问题，很难对接上去。这可能是时代的问题吧。到今天，我还是很重视责任感、使命感，不管任何情况下，从不放弃。

另外，在海南这个地方，我觉得对我倒是很适应，大家在各方面对我本人的认可度还是比较高的。

中国NGO口述史　第一辑

问：那么您最终想完成什么样的事业呢？

答：走到这一步，应该说大体上已经成形了。我就是想要坚持把中国改革的研究做下去，要有一个可持续的机制和团队。另外，关于改革的研究要和海南的改革实践结合起来，就是要实现把海南变成当初设计的自由贸易区、自由经济区。现在我正在全力以赴推进这个事情，应当说正在实现中。这是我对海南的一个情结，这么好的一个岛屿没有开放，实在太可惜！

访谈印象

福林身上有不少"如果"：如果不去海南，他或许早已在政坛发展；如果改革继续，他不会创办思想库；如果当初回京，他或许能重返官场；如果不进行企业化改制，他不会成为NGO领导人；如果……但历史不承认如果。结果是，他成了一个有着很强的政治抱负、官场背景和思想深度的民间思想库的领导者，成了一个职业的改革思考者与实践者。

我很喜欢福林的气质。即使作为NGO领导人，他身上也散发着强烈的政治家气质。我和他同为中央党校的研究生，他高我一级。在上世纪80年代中期，我们同在一个校园里，当时正值政治体制改革呼声最高的一段时期，也是思想领域空前活跃的时候，他写过不少犀利的政论文章，在课堂上、会议中，也常见到他激辩的身影，他因此成为我和我的同学们辩论的焦点、关注的偶像。后来他很快进入了中国政治的核心，成为中央政治体制改革研讨小组的成员之一。再后来，他南下海南，我的一些同学也曾追随他在那里探索梦想，鏖战激情。俄而，他的名字消失在我们的视野之外。多年以后，当我回国开始NGO研究的时候，发现在南中国的海岛上有一个很特别的民间思想库。关于它们的各种信息使我将其归入中国NGO特殊的一类。一个偶然的机会，我在深圳见到了福林，我们一见如故。在他身上，我读到了中国NGO领导人的另外一种经历和豪情。尽管他本人著作等身，但我还是想通过口述史从他身上挖掘出一些东西。

对福林的访谈是在中改院他的那间宽敞的院长接待室里进行的。他虽很忙，还是拿出了整块的时间接待我们。对于所经历的人和事，他如数家珍，思路敏捷且充满豪情。和他的谈话亲切且深入，我会时常被他的那种专注和执著带回上世纪80年代那一段激情时代中，中

迟福林 谈中改院

政院所走过的这一段关于改革研究的坚持之旅，在他短短两个小时的谈话中仿佛变成了一段演义，其背后的许多故事，还有待于我们今后进一步深入的挖掘。在这种意义上，这段口述史访谈无论对福林还是中政院，都只能是一个简短的开端。我们期待下一段更有深度的继续。

十一　肖培琳　谈利智中心

访谈肖培琳女士

访谈题记

肖培琳女士，1949年生于北京。在唐山工作多年。退休前为北京铁路局京西建筑段工程师。提前退休后创办利智中心，任利智中心主任、理事长。

利智中心，全称"北京市丰台区利智康复中心"。创办于2000年8月。致力于面向智力障碍人士的公益服务，宗旨为"支持智障人士学会生存、学会做人、做一个对社会有用的人"。2003年5月在北京市丰台区民政局正式登记注册为"民办非企业单位"；2007年经北京市丰台区劳动和社会保障局批准并在民政部门登记注册，成立旨在推动智障人士职业技能培训的"利智职业技能培训服务中心"，隶属利智中心。先后获得"北京市残疾人工作先进集体"、"北京市先进民间组织"、"北京奥运会残奥会先进集体"等荣誉称号。

对肖培琳女士的口述史访谈进行得很顺利，内容也很丰富。多年来，她坚韧不拔地致力于智障康复教育等公益实践，有很多故事，很多感想。整理完访谈笔录后发给她，她自己也很惊讶，也被其中的故事所感动。走在公益的路上，许多人都是这样忘我。真的要感谢如肖女士这样的公益人，世界因他们变得更加美好。

1. 做公益的初衷

问：您从事公益事业的初衷是什么？

答：我其实最初想做的事是和老人相关的。我曾在河北遵化插队，后来结婚到了河北唐山。在那里，我接触到了两位唐山地震后的孤寡老人，当时我尽自己的能力照顾她们。那时候我就想：如果将来有一天，一定要在有生之年办一个敬老院。我亲眼看到人到老了太难了，特别是实行独生子女政策以后。1991年我母亲得了癌症，我不在身边。1993年我从唐山调来北京参加西客站的建设大会战，那时候很辛苦，没白天没黑夜地工作。三年后西客站通车了，我就想辞职去办敬老院。那年春节我回到唐山，到唐山民政局咨询，民政局的一位姓邢的局长告诉我："你回北京吧，到民政部去，民政部有人认识你。"我很纳闷："谁会认识我呢？"他说："你经常来唐山福利院照顾老人，民政部有好多人在那里在职锻炼，他们对你印象很好，常常提起你。我给你写个信去找找他们看。"

带着唐山民政局邢局长的信，我找到当时民政部社会福利司的白益华司长。我一见他，他还真的记得我。我告诉他想办一个敬老院，想不到他特别支持。这位当年支持我的老司长至今一直是我们的理事，我们成了好朋友。见过白司长后，我就开始走访北京的几个敬老院，写了调研报告和可行性分析报告。因为刚回到北京，我也正在丰台区找房子，白司长就把我介绍到丰台区民政局，他给丰台区写了信。当时丰台区民政局的刘局长接待了我，他也表示支持。1999年底，我把房子租下来，工作也辞掉了。这时我到民政局找刘局长来办手续，办公室的同志告诉我，刘局长调到区残联做理事长去了。我找到区残联，刚过去担任理事长的刘局长说："你别做敬老院了，都是公益事业，你就改作残疾人的事情吧，我支持你一块儿干。"

就这样，我稀里糊涂走进了残疾人公益事业中。说得不好听一点，我是被他们拖下水的。其实我对残疾人一点儿也不了解，我一直就想为老人做事。当时我在唐山那边看到震后的老人太难了，真想做敬老院。1994年我妈去世后，我爸就跟着我。爸爸也特别支持我做敬老院。但是，丰台残联支持我做公益，刘理事长说："咱们一块做，好好做起来，我支持你，大力支持你，一定要做高起点的。做智障人士培训我们是第一家。"他还借给我30万元作为创办费。借钱的时候写了一个协议，以我个人的住房作抵押并写了逐年还款的计划。

领导这么支持，我只好硬着头皮干起来。区残联人事局正式给我们下了一个批文，批准我在丰台区招收智障孩子开展特殊教育。利智中心就这样于2000年正式开始了活动。

2. 与清华结缘

问：您怎么认识王老师的？

答：我跟王老师早在2000年就认识了，最早认识的是邓老师，邓老师特别热情。开始的时候，说真的，我不太懂，经常跟他们聊，现在说起来像故事一样。

当时，我和邓老师参加一个德鲁克培训班，我们坐同一张课桌，他坐我边上。我看他拿出NGO研究所的那个蓝皮资料，上面印着清华大学。我问："您是清华大学的，您是研究什么的？"他告诉我研究NGO。我就问："我做的事情算不算NGO？"那时我并不清楚自己做的事是公益事业，只是想多为别人做点事情。当时好多人也说，成立敬老院、私立学校等等，也是一种"下海"，能挣钱。当时我告诉邓老师我的想法后，他说："很有意义，我们可以一起探讨一下。"他告诉我清华NGO研究所是王名老师负责，给我留了电话和地址。在他的引荐下，我见到了王老师。从那以后，王老师就一直很支持我。

3. 利智的登记

问：您刚才说利智是2000年开始活动的？

答：对呀，是2000年8月。我记得那一年12月王名老师和黄浩明老师专程来利智考察，那一天下了很大的雪。其实那时候，利智还没有正式登记注册。

问：是什么时候登记注册的呢？

答：两年以后的2002年我们正式登记注册。在那之前我们并没有考虑是否要登记。包括王老师和黄老师在讲课的时候，也强调大多数NGO

并不需要登记，因为我们国家的登记管理体制很严格，大多数 NGO 都没有登记注册。另外，既然残联人事局有一个批文，就是一个合法的程序，好像也就不需要登记了。当时残联也来参加我们的活动，它也没提出要登记的问题，而且还很支持。后来中国民促会支持我们参加培训学习，认识好多人，也都没有提登记的问题。

但是到了 2002 年，当我们搞第二个校庆活动的时候，媒体很关注我们。当时《公益时报》的一个记者给我来电话说："肖老师，你们不是民非机构吗？"我告诉他我不懂什么是民非。他才问："你们没有正式注册登记吧？"我拿出残联的批文给他看，他告诉我，要在民政部门正式登记注册成为民办非企业单位，才算正式登记注册，才能接受社会捐赠，也才具有法人地位。《公益时报》是民政部办的报纸，他告诉我如果不在民政部门登记，我们的活动他们也不能报道。我这才明白，就去找区民政局。他们告诉我需要有业务主管单位。我就又找到区残联。残联的领导听说我们要登记注册，生气地说："怎么着？肖培琳，你们翅膀硬了，想另立门户了？"我就一个劲儿地解释、求情。残联总算答应做业务主管单位了。

民非登记的时候要明确举办主体。当时的利智中有我个人的投入，有来自残联的借款，还有接受的社会捐赠。残联不同意办合伙的，股份的也不同意，我们就只有选择注册民非法人。残联的借款加上几万元资助，30 多万元都算投入的原始基金。后来到会计师事务所一问，政府投入不能超过三分之一。为了满足这个条件，我们就必须把注册资金提高到 100 万元。当时哪有 100 万元呢？为了登记注册，我们想方设法把所有的资产折现算出来。当时我个人投入是 18.8 万，残联投入是 33 万，剩下的怎么办？我们把所有的东西都作为投资，包括桌椅板凳和各种设备。比如这把椅子是人家给的，值 20 元一把，但不能算 20 了，就算成 100 吧。比如这桌子值 20 块钱，就折 200 块钱。还有电脑、康复器材等等，所有的东西就这样折了，折到了 48.2 万元。就这样，我们勉勉强强地在民政局登记注册成为民非机构，当时的注册基金是 100 万元。

4. 利智的运作管理

问：注册下来之后，利智的经营状况有没有明显改善？

答：也不是很明显。这可能还跟我自己的做事态度有关系。我一直坚持不要提高学费，以公益为主，要等有条件的时候再去开展市场营利。我也了解，不论是政府还是社会对我们这个机构，对我们从事的这项事业还不是很理解。许多人都认为：残疾人服务哪有不牟利的？我不想通过营利来推动机构的发展。况且公益领域又常常出现一些负面的事情，比如胡曼丽事件，这些报道出来以后，公益组织的公信力就会受到置疑。

利智成立以后陆续接到了一些社会捐赠。我们很注意信息公开。比如，我们接受的捐赠大多是定向的，只要捐赠人有明确的指向，我们一定按照捐赠人的意愿安排资金的使用。去年有个企业来考察后发现孩子们的纱窗不好了，就给了我们2万块钱，要求你做纱窗的改造。我们拿到这笔钱，一分不少地用在纱窗的改造上，即使有其他困难也另外想办法去解决。另有一个企业给了1.8万块钱，要求进行厕所改造。我们就一定要把钱花在厕所的改造上，一分都不含糊。今年春天，德国大使馆给了5.8万，希望给孩子们建一个吃饭的餐厅，我们拿到钱立马就开始规划建设，每一笔钱都用得很清楚。正是因为这样，我们的硬件设施每一年都有不少改进和翻新，老师和家长都很认可。说真的，我这个人没有什么私心杂念，工作一直兢兢业业。我因此很坦然，心底无私天地宽。我信奉的原则是：老老实实做事，踏踏实实做人。

因为设施上投入很大，所以我们从成立以来没有搬过一次家。有的机构到处搬来搬去，我们却一直不动。感觉这块地方相对比较稳定，就在这里扎下根来了。尽管我们房租还是很高的，每年要12万。外面的房子也都是我们一点点建起来的。多年下来，我们的设施总的感觉是越来越好了。

问：房山那边的情况怎么样？

答：房山那边我们租了一块地和一个院子。因为合同问题一直在打官司。①　现在还留守了二个人。我们还一直在坚持，找当地的农民帮忙，农忙的时候要过去收成什么的。总之处在维持阶段，没有办法发展。但是地没有让它空着，空着太浪费了！我们种地也会有一点收成。几年来一直也没有到市场上去卖，因为正在官司阶段，我们不可能踏踏实实地做。

但我们的确还是想把那一块地好好用起来。我也学过一些管理和经营的知识。我们每年都有一些收成，我一直坚持没有去变卖，但是我们还是想办法把这些收成用起来。比如收了老玉米，收了白菜，我们就送给了那些关心支持我们的朋友，特别是企业家朋友。反过来，他们在条件许可的

---

①　当时利智康复中心陷入了一个土地使用权纠纷，下文中还会提到这个问题。

情况下也能够给我们一些支持，通过这样一种方式，不走市场，而以捐赠等支持的方式，我们在尝试建立一种补偿机制。冬天的白菜萝卜，拉一车走也就两三百块钱。可是你得到的捐赠和支持可就不是这样了。像企业的餐厅、餐厅的老板，你给他一车萝卜，他给你的捐赠就远远不止这些。木樨园那边有一个马总，他对我们一直很好，每年六一儿童节和春节，他都会来看望孩子们，每次都给我们捐赠。说真的，我们给他的，不过就是每年一车萝卜、一车白菜。

此外，夏天我们还组织采摘活动。但我们不像那些营利性的采摘园，论斤论两尽量多收费。我们采取的是自愿付费的原则，愿意给多少钱就多少钱，给多了我们没意见，给少了也行。确实人都不一样，有人给十块的，五十块的也有，一百块的也有。每当搞这种活动的时候，孩子们也都过去，跟着一块儿采摘。我觉得更重要的是，这几年我们把房山的采摘活动不当成一种经济收入，而看作是一个跟社会沟通的大平台，使更多的人到那边去，关注我们的孩子们。这些孩子也更开心，给了他们一个交流的机会，这让我感觉更大的是收获。因此，这几年采摘活动我们一直坚持着。

问：利智在筹款方面，做得怎么样？

答：怎么说呢，这方面实际上一直是一个瓶颈，做得不好。

问：筹款方面还是您一个人在努力吗？另外，员工待遇怎么样？

答：筹款方面也不完全是，但主要还是我在做吧。员工待遇方面，我一直觉得对不住大家。反正这样做起来很艰难。我觉得苦了我自己，也苦了跟我一块儿工作的老师。今年想做一下调整，如果还是筹不到款的话，就只能适当涨点收费了。我们的收费标准是三年前定的，确实很低。丰台区在北京市算比较困难的，我们服务的家庭大部分还是丰台区的，现在已经有好几个家长来找我，主动提出来希望我们适当涨点钱。我们现在的工资太低，还到不了北京市的最低工资标准，这的确是个很严重的问题。

尽管我们一直竭尽全力地做，从 2005 年开始，我们给符合条件的老师们上了保险，但是基本按最低的上的。从 2002 年开始一直到今年，专科生来给 500 块钱，本科生来给 600 块钱，确实是很低，今年来的也还是这样。但尽管这样，还是有人过来了。当然我知道，肯定有不少想来但因待遇低而最终没来的。我觉得低待遇把一些想做 NGO 的人拒之门外，是一大损失。

但是从另外一个角度来讲，还有这么一部分人，做了一段时间，感觉还可以，尽管待遇低，最终还是选择留了下来。从 2004 年以来，我们的员工流动性并不大，相对还是比较稳定的。

去年，我们考虑在管理方面探索改革。长期以来我一直有一个理念，就是希望实现人性化的管理、专业化的服务。因为面对这些孩子，他们真的需要更高的人性化态度，更强的专业化水平。我们的学生不是正常的孩子，大部分也没有表达自己的真实需求的能力。为他们服务，在某种程度上真的是要专业加良心的。很大程度上，学生的转变是老师们的态度对待出来的，是很难拿绩效去考评出来的。但一定要有职业的原则，不能跨出这个原则。

如何让员工能够发挥出自己的潜能？我通过对一些个案的观察，积累了一些经验。我发现，作为一个非营利机构确实要给员工一定的空间，要体现出作为一个非营利机构人性化的一面，不能像企业那样。我在企业待了几十年，深知企业关注的是绩效。今天是质量考核，明天是标准化管理，定出好多规章制度。早上员工迟到一分钟，要扣多少奖金，迟到十分钟以上扣多少奖金。这要是放在我们机构里面真的不现实。一个是这边大家都是在一块吃一块住，24 小时都跟孩子在一起，真的已经很疲劳、很累了。我自己也在这边住了 6 年，感受很深。有时候晚上可能因为孩子有问题一夜都休息不好，老师们真的是很辛苦。你要求他 8 点钟一定上岗，也不现实。我们的工作，更多凭的是一种责任。我一直就主张：规章制度虽好，但不是对每个人都适用。

肖培琳 谈利智中心

157

我们一直在摸索，像我们这种机构，对一些没有行为能力的孩子，到底怎么更好地服务？几年下来，慢慢我们也有了一些经验。在我们这里，学习氛围相对比较好，只要我们知道哪里有学习的机会，一定派老师出去学习。另外我们也有一些资源，经常把外面的专家请过来给老师们讲课。在利智，这种因学习形成的上进心和进步的收获还是很大的，我们的老师中，专科生来了以后都在想读本科，本科生来了以后都在想读研究生，现在有两个已经拿下了研究生，他们真是在努力进取。我也一再鼓励他们，要做好这里的工作，就一定要学会观察并进行持续的个案跟踪和记录。要跟个案一起成长。老师们之间也要相互激励。没有个案的话，你天天上课来之后，十来个孩子围着你转，一会儿这个，一会儿那个，把你自己弄得筋疲力尽，一点也感觉不到成长。智障教育很重要的特点是要进行个案的跟踪和记录，因为智障学生在短时间内很难看到他们的成长，比如说这个孩子，你不可能像正常孩子一样，今天教加法，明天教减法，后天教乘法除法，那种明显的进步和成长在智障学生身上是看不出来的，而必须对他们有非常详细的观察记录，这就涉及对每个孩子训练的计划和指导。要通过个案的方式，在你的计划指导下，观察记录孩子们是如何一点点进步的。通过这种方法，会让你找到成就感，我也常常这样鼓励我们的老师。特教老师有三种角色，一是研究者，一是教师，一是保育员，并且这三种角色之间要经常转换。保育员是替代家长的角色，教师是指导学习生活的角色，研究者则是在不断观察、记录个案过程中积累和总结经验的角色。日积月累，我们的老师们不仅成了这方面的专家，而且和学生及他们的家庭建立了深厚的情感，能够相互支持，共克难关，一起走下去。比如说，孩子不会吃饭，通过你的训练，就学会吃饭了。有的孩子在语言上有障碍，通过老师正确的语言训练，他没问题了。这些努力，往往解决了孩子一辈子的大问题，他爸爸妈妈都恨不得给你跪下来。在这种情况之下，你肯定有成就感，能够自己支撑下去。

5. 利智和政府（残联）的关系

问：利智和政府的关系，特别是和残联的关系怎样？

答：作为一个土生土长的草根组织，说句实话，民政部门对我们还是挺支持的。残联一开始也很支持我们。但后来它们好像总是看不惯我们。最让我伤心的事发生在"非典"时候，在我们最困难的时候，残联不仅不帮忙，还一个劲地指责我们，当时我们差点闹僵了。

2003 年北京发生了"非典"。利智从 4 月份开始就整个封闭了，既不让家长交钱，也不让家长看孩子，谁都不许来。而老师呢？我说能走就走，不能走就留下来，结果最后就全关起来了。当时院里有 17 个孩子、22 个老师，总共 41 口人，谁都不让出去。那时我和市场的菜贩说好先借他们的菜，以后再还钱。于是我们每天就派一个老师戴着口罩，拿点菜回来。另外当时每天都要消毒。由于我们没有给老师们上保险，我生怕老师们出问题。他们都是年纪轻轻的，本身又投身公益，如果在这里感染上"非典"，而且还是那个敏感时期，那可怎么办啊？于是我就天天自己背着大药壶去消毒，不敢让老师们沾一点消毒药水。

问：你一个人？

答：我真的是一个人背着大药壶天天干。眼看着快到"5·16"助残日了，我们真的快揭不开锅了，外面还欠了好多账。那时候，电视里天天

中国NGO口述史 第一辑

播放着政府给封闭的居民楼、小区送粮食、送蔬菜，觉得政府真的是在做好事，所以心里也特别希望残联能够来看看我们。我满怀希望地打电话给区残联理事长问："助残日快到了，你们是不是会来看看我们啊？"理事长当时就说："你们自己在院里种菜吧，现在是特殊时期，我们就不过去了。"当时我就懵了！我们多么渴望他们能过来看看我们，帮我们解决无米之炊的困境，人家却说不来了。到了助残日那天早晨，我戴了3个大口罩就去区残联找理事长，碰巧他不在，出去慰问了。我心里就更不舒服了，我们这么多智障孩子和老师，难道就不该被慰问吗？我转身又去了区政府，他们说什么也不让我进那个门，还真是求助无门啊！怎么办呢？我不死心，就去了区民政局。区民政局那位孙局长人真好。孙局长比我还大，我一进门他就拉着我的手对我说："肖老师您先坐。"我一坐下就开始掉眼泪。他连忙说："肖老师你别说了，我知道你有难处，明儿我就过去看看。"第二天他真的就来了，而且还捐了点钱。

从孙局长那里出来后，我就直奔市残联。当时市残联有两个人接待我。我一进市残联可高兴了，我看到这堆着米、那堆着油，还有面之类的补给品。我心想：真是到娘家了！当时4楼是办公区，结果他们不让我上4楼，让我在1楼等，后来下来了两个处长，我就对他们说："能不能帮我们解决困难？我们那还困着十几个学生，二十几个老师，总共三十几口人呢！"他们一听就和我急了："谁让你留那么多人？你为什么不让他们走？你负得起责任吗？"真的就这样质问我，后来我说："正因为我负不起这个责任，我才来找领导帮忙的呀！""这时候就来找我们了？"他们说："我告诉你肖老师，我们得好好说说这事，当初是你想建的，我们没人让你建。你吃喝都没处找了，我们哪负得起这个责任啊！"我一听真就急了。我说："我从干这个头一大起就承担了很大责任，要是我不想承担这个责任，我就不干了。来找你们真是因为天塌下来了呀！我是没有能力了，要不然一定会顶着的。"最后我就说："你们到底是管不管？说白了残疾人不是我管的，是你们管的。实在不行，我明天就找个车把孩子都拉过来，我不干了还不行啊?!"我这么一说，他们就害怕了，这才稍微好点，忙劝我说："您千万别拉来。"但说真的，我那时真动了这个念头。几天以后，他们也过来慰问我们了。这样我们的日子才慢慢好起来。

因此你问到我们和残联的关系，有时候我心里还真是耿耿于怀的。说真的，我不喜欢它们。我总觉得残联的工作作风比民政差远了！说句心里话，我觉得残联必须改革，否则就没有存在的必要。最近这几年北京市和

肖培琳　谈利智中心

区的残联都在搞购买服务，我们年年评估都得第一，但残联就是不给我们支持。想从它那里拿到一分钱可难着呢！我觉得它有时候真的不讲理。比如这次的床位补贴就不给我们。为什么呢？05年民政局发布了54号文件，要给老人和残疾人的住宿机构一些床位补贴。那时民政局的孙局长就对我说："肖老师你们去注册一个社会福利办的证书就可以享受这个补贴。"当时每个床位每个月的补助有50元，于是我们就花了很大精力去办下了这个证书，它等同于福利院、养老机构的证书，这样每个月每个孩子就可以得到50元的补贴。到了09年，又出了一个文件，好像是121号文件，说这个补贴要涨，所以要重新核实。为此我们还特地上了市民政局一趟，这之后的要求就特别规范了，要把发票复印件交上去，而且发票上必须开床位费，这样才开始从50元涨到100元，也慢慢变成了一项一年几万元的收入。2011年残联和民政同时发布的161号文件继续上涨了这个补贴，重度的涨到300元，中轻度的为200元，这不是挺好的？然而给我们的就突然给停了。其中第4条写得清清楚楚：残疾人的补助由残联从残疾人就业保障金里出，由财政直接拨款，但残联就不吭声，还是一分不给，无形之中这十来万块钱又没有了。

问：最开始残联的刘理事长不是很支持你们的吗？

答：那是初创的时候，后来的情况可以说是越来越差。我想也就我能忍得住，没有和他们折腾，不像孟维娜。反正我们也是逆来顺受，弱势和强势有什么好争的？这些年也都这样过来了。

6. 利智的治理结构

问：利智目前的机构情况如何？

答：目前利智有两个不同的平台，一是康复中心，一是职业技能培训学校。康复中心现有特教教师28人，另有办公室和后勤保障方面的员工及志愿者10人。我们在2007年10月另外登记了利智职业技能培训学校，隶属康复中心。现有各类学员70多人。

问：利智较早地建立了理事会治理结构，这在相关领域的民非中还是做得比较好的。请谈谈理事会的情况？

答：在2007年的时候，我们请一位老师来讲课，提出并帮我们设计了关于理事会的基本框架。我们在那一年的下半年召开了第一届理事会，理事会中包括各个方面的代表人士，有NGO研究专家，从事特殊教育的专家，社工方面的专家，有企业家代表、家长代表、媒体代表和法律方面的专家，一共有 11 人。第一届理事会于 2007 年底召开，选举王名老师担任我们的理事长。理事会每年召开一次，集中讨论中心的重大事项。第二届理事会 2012 年 7 月 28 日刚开完。我们选举了新的理事会，一共 7 位理事，其中我和王名老师、许家成老师是上届理事会成员，另外聘请了 4 位新理事。王名老师坚持让我担任理事长。除了理事会，我们还成立了包括家长代表、员工代表和业内其他 NGO 代表参加的监事会。可以说，经过这些年的发展，特别是最近的改革探索，利智的治理结构已经比较规范和健全。

7. 房山土地纠纷

问：我们上次提到，利智在房山的那块地陷入了一些法律纠纷，您能不能简单介绍一下过程？

答：2002 年春天我们接手了那块地。起初，我们跟一个孩子的家长在那里有合作，那位家长是退伍军人，他自己有点残疾，孩子就在我们这里。他多次跟我们提起合作的事情，说自己院里有土地，可以合作种花种什么的，他投入，他买花，然后由我们和孩子帮着种，我们也出工作人员，一块儿在院子里种。开始的时候合作得挺好。孩子们也特别高兴。说真的，孩子们有时候不懂，但是非常质朴。他们在下雨的时候还在浇水，老师就叫："不用浇，都浇湿了，进来吧，别浇了。"我们就去拽他们，孩子说："老师，我还没浇水呢，今天应该我浇水。"这群孩子，就是这么质朴。

当时我们也找了些专家学者，聊起这件事，他们都说挺好的。那位家长还提议，在外面整块地，我们继续合作。他觉得做这件事，对孩子挺好的。最近台湾做了好几个智障人的农场。真正做成农场，在某种程度上，成本投入还是很高的，当时也没有预料到。这个家长非常执著，带着我们去了房山（他是当兵的出身，好多战友是房山的）。在他没介绍之前，我根本没想过房山。刚去房山的时候，那里大片土地荒芜，我看到以后心里很难受。一去协商，土地很便宜，当时就是往外扔的，当地人就想快有人种起来吧。当时和我们定下那块地合同的是村书记，他就讲："我把地都租出去了，在乡里还受表扬呢，乡里说我给村里找来收入了。"

书记跟我说："你要土地的话，这块地是我弟弟的，有 100 亩地，我弟弟也不想种了，要的话秋后过来要。"我说："行。"就这样走到村头的时候还看到一片空的，我们去的话肯定要建房、打井、盖工具房呀什么的，我多少了解一点土地政策，知道耕地里盖房子是不允许的，所以我想不能只租耕地，还是要有一个院子。孩子们过去后要有地方待着，要能休息，能吃饭。我就跟他商量，看能不能有一个院子。一开始他说没有。但那书记真的很热心，送我们走到村头，看见一个被围起来了的大破院，里面都是荒草。我问："这是什么院子？"他说："这里原来是老知青的地，三十多年了，前一段租出去给门头沟那边来的人养猪，现在不养了，都赔了，就荒在这儿了。"我问："这个院子能租吗？"他想也没想就说："当然了，你要是愿意要这个破房子，可以租啊！"我们就商量起来。他告诉我，因为原先租给养猪的时候一年一万多块钱，现在租给我们，就按照一年 8000 块。我想了想、看了看、量了量，发现那个院子有 7 亩多地，一年 8000 块，还真划得来。2002 年 5 月 30 日，我们就按照这个条件租了下来，合同一订 30 年，每年 8000 块。这块地是宅基地，不是耕地，可以盖房子。当时我们规划着，以后甚至可以搬过来到房山来发展，还打算做一个远景规划呢。

但当时并没有在意的是，我们签的合同有点问题。合同中规定由双方法定代表人盖章，并经监管站监督管理。但当时就差没盖章。我们签好合同后我就跟村书记提起盖章的事，他说："没事，要盖章也得我们盖，这属于我们的，盖也行，不盖也行。"我又给监管站打电话，他们说："这个我们也就走形式，走也可不走也可。"他们说需要的话，会找我们盖章的。我也就没在乎这件事。结果留下了一个很大的隐患。

问：他们书记换届了是吗？

答：换届了。

问：是换届了以后来告利智的？

答：2004 年当地村委改选了。我听这话就过去找老书记了。说真的，那个老书记当时也没想到他下来，改选那天他才过去。他一直在城里忙工程，他以为没什么大事，就突然地把他给鼓捣下来了。我见到他的时候他跟我说："没事，我都给新书记了，都是自家兄弟，找他跟找我都一样。"结果我们再去找新书记，他态度倒是挺好的，但今推明、明推后的，总说："不着急，着什么急，哪天过来咱们就把这事儿给弄了就行了。"这样一推就一直推到那一年的夏天，有一次他叫我们过去。过去后他也不提地的事情。我就跟他说："我们快把合同签了吧，我把公章带来了，钱也都交了，不欠您钱。"我们当时交了三年的钱。他说："钱好说。大姐我想跟您说啊，咱们的合同有点漏洞。"我说："这合同有什么漏洞？那天都带去了嘛，哪有什么漏洞呢？"他说："大姐您再仔细看看。"他指着盖章的地方说："这儿缺个章。"我就解释当时的情形和老书记的态度。但这位新书记说什么也没用，他坚持说我们的合同是无效合同。

这就成了问题了。我们有三年的口头协议，因此只交了三年的租金。三十年的合同因为没有加盖公章而无效，老书记又不愿出来作证。就这样，三年协议到期以后，村里就把我们告到房山区了。法院的法官一开始很同情我们，又去调查又去看，回来就给我讲：没办法，按现行政策讲，即使有合同也是无效合同，因为我们不是当地农民，我们没有权利去租那个土地。后来新书记又联合村民继续告我们，还找了媒体报道这件事。村民还举着一个大条幅，都签了字，上面写着："我们需要土地，我们没有地种。"这样我们就很被动。这个问题一直到现在，还没有妥善解决。

8. 接班人问题

问：除了土地问题，您觉得利智在发展中还有什么突出的困难吗？

答：我们现在面临的主要问题是接班人的问题。谁来接我的班？这可能是中国草根 NGO 普遍面临的一个难题。我们这样的机构，和其他 NGO 比起来好像更难一些。我们没有任何官方背景，也没有名气，没有能人，又不是媒体关注的领域，加上智障人群这个特殊的弱势群体，整个组织好像一直处在弱势的地位上，可以说是步履维艰，特别特别难。我常对同事说，很想能够有一个接班人，来替我分担一些，最好是接过这个担子，可能比我干得更好。但由于种种原因，我们现在还没有找到合适的人选。最近这两年，我有意识地在发现和培养年轻人。我们这里还是有人才的，有的专业能力很强，还有在国际 NGO 工作过的，来了以后也很努力。但我总觉得还是不够成熟。

问：你们的管理团队怎么样？

答：我们有一个执行团队，一共 5 个人，还有几个部门负责人。我们每星期都会开一个会。我有空也会和他们坐下来聊天，有的时候一对一推心置腹地谈心，谈得还是不错的。我们这些年轻同事干得真的挺好。但是怎么说呢？真的要把这个摊子都交给他们，现在还不成熟。

我觉得这不是我个人的问题，也不是利智的问题，而是中国 NGO 的普遍问题。我参加过一个座谈会，一位专家在会上谈到这件事，认为从中国 NGO 现状看，不是你想不想交班的问题，找不找人接班的问题，而是有没有人来接你的班的问题。尤其现在的利智，面对的又是智障服务，还有这么多的问题，在某种意义上不是找接班人，而是找替死鬼，没人来替你。还有一点，就是在两代人之间存在历史的隔膜。有人说，中国 NGO 第一代领导人是实实在在地用生命来做公益，把组织当成自己的孩子，把公益事业视为生命的一部分。这话我是认可的。但是下一代呢？能够这样要求他们吗？你要是用这样的标准去找接班人，就会很困难，你肯定找不到。比如在利智，就目前我的状况来讲，我和利智绝对是生死与共的，可能到我一闭眼睛的时候最放不下的就是这件事。但是你能要求一个年轻人也这样吗？对于他们来说，利智只能是他生命中的一段旅程，这是很实实在在的事儿。我现在跟同事们谈的时候，一再让他们制定个人职业生涯发展规划，准备在利智做几年，第一年的目标是什么，第二年的目标、第三年的目标是什么。最近我看到一篇文章，谈到年轻人在 NGO 的职业选择，不仅中国是这样，国外也是一样。年轻人第一年选择 NGO，但第二年很多人不愿意再选择 NGO，他们愿意选择收入更高的、待遇更好的、更具有挑战性的职业。包括美国也是这样。为残疾人服务当然有其公益的一面，但工资相对低一些，工作强度相对大一些，工作时间相对长一些，对年轻人来说还是更愿意选择好一些的职业。在利智，虽然近年来人员的流动性不是很大，但我们还是有几位干得不错的年轻人离开了。如何留住优秀的年轻人，是我们发展中的一大难题。

　　说真的，我已经到了该退休的时候了，有时候想想看必须退了，也真的很累！但是，我把利智看得比自己的孩子还重要，一点点成长到今天，没有一个靠得住的、成熟的人，怎么去交班？其他许多 NGO，包括北京慧灵、自然之友、绿家园等等，这几年一直在探索这个问题，个别的成功些，但大多数都还在探索之中。

　　问：您对选择接班人的主要标准是什么？

　　答：我个人认为，首先要有公益的愿景。我觉得自己在骨子里就想做 NGO，心中有公益的愿景，再难再累也会坚持干下去。但现在年轻人活得很现实。这一点我也理解。但反过来看，我觉得 NGO 还是要有理想的支撑，要有愿景。我每天跟他们谈，我说在某种程度上，我没你们活得现实。我比你们年龄大那么多，好像我在梦幻和理想中生活，真的只是为了愿景去奋斗。那我们就没有现实了？不是那么回事，我也有我的开支，我也有我的生活，但就是看你怎么想？你想怎么去奋斗？什么是你的目标？说真的，我们这么大年纪，还能活多少年啊？要说我们更现实，更需要现实地活好每一天。但正是因为有理想，有愿景，我们活着的每一天才能这么充实和有意义。我希望我们的年轻人，特别是未来接我的班的年轻人，他们能够逐渐接受这样一种人生观。

我和王名老师也谈过多次，我们对此也达成了共识。他的建议是：接班人的标准第一要有三心，即公正心、公德心、公益心；第二才是能力，包括专业能力和管理能力。三心是精神方面和品德方面的，在很大程度上取决于人生观；能力则是可以锻炼与提高的。我很认可这种标准。我相信，我们一定能够找到德才兼备的人，来和我一起珍惜利智，呵护利智，为利智所致力的公益事业奋斗到底。

9. 利智的交接班

问：2012 年 7 月 28 日，利智召开了理事会换届大会，实现了治理结构的转型并启动了新的管理和执行团队，应当说顺利进行了新老交替。您是怎么看的？

答：我 2009 年过了 60 岁，那时我就开始考虑接班人的问题，也找冯璐谈过。然而 2010 年我们突然遇到了税务问题，交不下去了。当时觉得首要的问题是生存的问题，我一度很悲观，那时真想不干了，真的太难了！

问：是啊，那段时间我看您的确很悲观。

答：对，那是一种很差的状态。2010 年整个一年，我们都在苦熬。直到 2011 年 4 月份利智开了现场会，税务问题才算解决了。从那时起，我就着手考虑交班问题。刚才谈到了，利智有一个很好的执行团队，都是实务派，能干事，但缺少外向型的。我觉得他们都是挺好的将才，但不是帅才。或许我是小看了人家，有的人锻炼一下也能成长起来。冯璐大学毕业以后就来到利智，和杨超他们差不多同时过来。她干了一年多，然后去世界宣明会，在那里担任项目官员，干了将近五年。我对冯璐印象一直不错，也一直保持联系。我在几年前就考虑过请她回来。等我们的税务问题解决以后，我给冯璐打电话，问她愿不愿意回到利智来？她很干脆地答应我，很快就辞去了宣明会的工作，回到了利智。

冯璐回来以后，我正好家里有些事，就请她来临时负责，我去澳大利亚住了三个月。

问：这三个月你把工作都交给了冯璐？

答：对，我其实就在旁边看着，当然还有几个朋友也在帮助我观察，给我一些反馈的信息。回来以后，我总体感觉不错，她能力很强，适应得也快。所以我就决定要交班了。

新老交替是我们当前面临的首要问题，也要努力保证机构的连续性。看在这么多年的情感与大家对我尊重的份上，我还是极力把一些老同事请回来。利智毕竟已经形成了一个品牌，他们能回来是对我们极大的鼓励。所以我最近一直在和杨超联系。

总之，这么多年来最难的就是人的问题。现在我们有意让一些重要岗位空缺着。我们的这个执行团队还需要在实践中摔打、磨炼，我要协助他们把该用的人用起来，把能请回来的人请回来。相信经过一段时间以后，这个新的团队能够逐渐胜任起来。

访谈印象

培琳是一位我很敬重的公益大姐。我们相识有十多年了。尽管常因种种不得已的理由拒绝她的邀请，有时甚至让这位大我十多岁的大姐等在我的门口不得而见，显得我对她那么不够礼貌，但由衷地说，我真的很敬重她。

她出身贫寒，早前一直在企业里工作，对 NGO 或者公益也几乎没有任何渊源。只是心地善良，看不惯别人的苦日子，总想帮别人一把，总想让别人过得好一些，哪怕自己付出多一些。她原来打算帮助那些无依无靠的老人。阴差阳错，走上了帮助智障人士的公益之路。这是另一个同样需要理解、需要帮助的弱势群体。这一走，培琳在帮助智障人士的草根 NGO 的公益实践中走过了十多年。

这是怎样的十年？她把自己仅有的退休金拿出来租房；她整日整夜和孩子们住在那个铁封的大院里，从不关手机；她像妈妈一样呵护每一个智障孩子，从不打骂；她不问寒暑远近努力参加每一个与 NGO 有关的培训、会议，总是认真听讲记录；她拜访每一个能够找到的专家学者、企业家和政府官员，讨教思路，争取捐赠和谋求支持；她尝试在财务管理上信息公开，探索社会企业的运作模式，推动组织治理的改革创新，举办首届智障公益服务全国论坛，等等。在智障人士公益服务方面，肖培琳逐渐成了一个标杆、一面旗帜。

对培琳的口述史访谈断断续续做了多次。她忙里偷闲接待我们，非常认真，且总是有很多想说的话。最近一次访谈，是在利智中心理事会换届之后。培琳下决心要加快利智中心新老接替的步伐，她从中心主任的位置上退下来担任理事长，组建了新的理事会。这次她是动真格的了。真心希望她能通过这次的改革卸下沉重的担子，哪怕只是一部分，也能松一口气，让家人多一份踏实，让健康多一份放心。真心地祝愿她！

十二　孟维娜　谈慧灵

孟维娜女士和她服务的智障人士们

访谈题记

  孟维娜女士，1954年出生，早年为广州一个家具厂工会的工作人员，1985年辞职后发起创立全国第一家为智障人士服务的民间机构——广州至灵学校，后于1990年在广州发起创立了慧灵智障人士服务机构。2000年春，孟维娜率领她的团队进京，成立一家全国性的智障人士社区化服务机构——北京慧灵。经过二十多年的发展，"慧灵"已然成为中国NGO中最具特色的公益品牌之一。今天的

"慧灵"已在广州、北京、西安、西宁、天津、广东清远、重庆、长沙、兰州、重庆万州、陕西商洛、香港等地建立起同名同旨的服务机构。尽管各地的慧灵都是独立法人,彼此之间没有隶属关系,但慧灵还是慧灵,它们不仅以同样的品牌命名,且奉行同样的宗旨、同样的理念,它们还成立了"中国慧灵决策委员会",在改革创新中不断丰富和壮大慧灵的公益实践。

对孟维娜女士的口述史访谈主要是在2006～2008年进行的,前后多次。开朗健谈的她每次都和我们谈得非常投机,话题和内容也丰富多彩。访谈笔录形成后,她也做了很多的修改补充。借此机会,谨向孟女士致以诚挚的谢意!

1. 从事公益事业的缘起

问:能否先请您谈谈是什么时候决定致力于公益事业的?

答:1985年是中国改革开放第一个高潮,1979～1985年在广州这样的沿海开放城市,出现了第一批万元户。这种改革开放的繁荣刺激了很多人的理想和欲望。1984年我30岁,当时在一个家具厂的工会,工作相对比较清闲,老是觉得自己无所事事,总想趁着改革开放自己能出来做点什么。后来我自己总结,之所以做NGO,这和我当初所做的工会工作有着很大关系。做工会工作时更多的是访贫问苦,接触的大多是工人的生老病死——这些是人生中最困难的阶段。能帮助他们让我感到很大的满足,觉得只有服务社会才能实现自我。这对于我后来的人生选择起了很大的作用。

另外还有两个直接原因促成我开始做NGO,一是无意中看到了一篇德兰修女①获得1979年诺贝尔和平奖的"旧闻",还有一个是在《人民日报》上看到了题为《论社会主义的人道主义》的文章,得知邓朴方已经开始在做中国残疾人福利基金会了。这些在我心里引起了很大的共鸣,觉得冥冥中自己一直以来追求的好像就是人道主义,榜样就是德兰修女。

1984年底,我的30岁很快就要结束了,那种光阴似箭的紧迫感让我

孟维娜　谈慧灵

169

---

① 德兰修女(1910年8月27日～1997年9月5日),又称做特蕾莎修女、特里莎修女、泰瑞莎修女,是世界著名的天主教慈善工作者,主要替印度加尔各答的穷人服务。因其一生奉献给了解除贫困,而于1979年得到诺贝尔和平奖。

觉得非要做点事情不可，心中充满了一种非要做成事的原始动力。

问：您是那时候开始着手创办至灵的？

答：是的。至灵是我创办的第一家公益组织，是一所民办的全日制、寄宿制特教学校，主要为中、重度智障儿童和少年提供康复治疗、文化教育、职业培训等特殊教育。其实在那之前，我并不懂特殊教育，只是想做点慈善事业。1985 年初，我通过朋友联系了多家香港的慈善机构，其中包括后来资助我们的香港明爱①，它们愿意资助我办一所主要面向智障孩子的慈善机构。

其实在那之前，我通过军医大学的一个朋友得到了 500 个智障孩子的名单，我就按照那个名单给这些孩子的家长发信。当时台湾歌手侯德健回到大陆唱了一首流行歌曲，叫《熊猫咪咪》，歌词里有一句话是这么唱的："请让我来帮助你，就像帮助我自己，这世界会变得更美丽。"我很喜欢这句歌词，就把它原封不动地写到信里去了。很快，许多家长都给我回信了。对这些家长我真的很感激，是他们给了我更多的信心和勇气。因为在当初我根本没有任何专业基础，唯一有的就是想做事的热情。那时候我没有办公室，我向原来的工厂请了长假，向家长公开了我家里的住址，有些家长就带着孩子来了。

1985 年旧历大年初二，我们开了第一次家长会。当时我们借了一所小学的一间教室，结果来的家长坐了黑压压的一片，远远超出了我们的预计。会上我告诉大家：我只是一个想做慈善的人，能力有限，规模不可能办得太大，目前我们还只能接收一部分人。结果有人求情，有人下跪，有人送礼。第一天就来了那么多人，并不是因为我有本事，而是因为在那以前很少有人去关心这些智障的孩子和家长们。当时我真的很感慨！对他们来说，我就像一根救命稻草。

面对这么大的需求，决定谁来谁不来是一件很为难的事情。我们就把这几百个报名的资料都转给了香港明爱。他们一看就说我们疯了，因为按照惯例，起步时招收的最佳规模应当是 30~50 人。最后经过专家认真挑选，逐一面见了孩子和家长，并使用专业评估工具挑选了 50 名学生。那时已经是 1985 年 5 月份了，尽管我们的招生工作已经启动，但地方还没定。到了 7 月份，我们总算找到了一个地方。虽然香港明爱给了启动资

---

① 香港明爱（Caritas Hong Kong）成立于 1953 年 7 月，为天主教香港教区辖下慈善团体，是国际明爱（Caritas Internationalis）154 个成员组织之一。主要提供的服务包括社会工作、教育、医疗护理、小区及接待服务。

金，但我们还需要配套资金。我们就跟家长们商量，向每个家长借500元钱。在当时，500元也是一个比较大的数目，但家长们为了孩子能得到这个机会，都愿意交。此外，仍然不断有家长向我们诉说家里的困难，并提出希望孩子入学的申请。不得已，最后我们只好把招生人数从50人扩大到96人。人数翻了将近一倍，但地方和设施都无法扩大，结果只能两个人一张床。不过家长们根本不计较这些，就是愿意来。后来要进我们学校的孩子排了很长的队，最长的时候要等2~3年才能入学。你可以想见当时的社会需求有多么大，而相应的服务机构又是多么缺乏！

后来有媒体在报道中讲，至灵在中国草根NGO里堪称第一。这不是说我们做得多么好，而是说我们办得比较早。我并不知道至灵是不是全国第一家草根NGO，但当时在偌大的中国，关注智障人士的机构真的是寥寥无几。只有北京、上海两个大城市设有公办的培智学校，广州市教育局后来也办了一个只招收十几名学生的培智学校。如果公办和民办算在一起，我们也许不算第一家，但如果只算民办的，说不定我们还真是全国最早的一家呢。

说实话，香港明爱给我们的支持是很大的。它不但给我们提供资金支持和专业技术的指导及培训，更重要的是带来了治理的理念。我们1985年办学校，1986年就成立了理事会。

当时我们的资金来源主要有两个方面，一是香港明爱的资助，二是向家长们的借款，我们向每位家长借了500元。此外我们每月也有一定收费，尽管这样，当时的资金仍然十分紧张。老师们拿的工资很低，我自己头三年就基本没有领工资，算是个人奉献了，但我认为我们当时的做法还是具有很强的超前性的。这并不在于我们服务了50个还是96个孩子，而在于体制。这种体制创新对当时的政府来讲也是一个很大的冲击。有些政府官员很愿意帮助我们，但在体制内却帮不了我们。

上世纪80年代中国在总体上还属于计划经济，不是说有钱就可以买到粮食，买东西要附带很多证件，粮票只限于个人使用，集体买粮只能用集体粮本，超出十公斤就必须登记。这么多孩子要吃饭，就要买粮、买煤。如果我们的学校登记不下来，我们就办不到集体粮本，领不到煤票，可能只能像以前的私塾那样从家里背米背煤来，这些我也都和家长讲了，而就是背米背煤，家长也都愿意干。

1985年2月份广州召开市人代会，我们就发动了好几个家长带着孩子要去市人代会请愿。在这之前我也没有认真去看过相关法律，我们既没有公章，也没有身份证明（那时候身份证制度还未开始），就是有一种本能——找政府，我提前到当地派出所去办"请愿"手续，派出所说要到区公安局，区公安局说要到市公安局，市公安局就让我填了个表，还给我一个回执，又说当天会派出两名警察协助。到现在我还很怀念那几次很开放的"政治"。

那时候最先进、最时髦的设备是录音机，我们把请愿信（内容是请求人民代表关注我们，帮助敦促政府给登记，给办学场地和资金）连同《熊猫咪咪》那首歌事先录音好，歌词也蜡版刻印好。人代会闭幕式那天是个阴天，我们在那两位警察叔叔护送下（他们骑着警用摩托车缓缓跟着我们后面）来到会堂外，我们一群十几个人在等待散会，大概五点钟，人大代表从会场出来了，听到我们的录音，看到了我们的横幅，有的出于同情心，有的是好奇心，很多人就围了过来。我们有个募捐箱，有些人大代表也不说话，就把钱投进去（那个时候还没有 100 元，10 元就是最大的，一般都是 10 元），有些则拿了我们的宣传单。

然而当天不知道出于什么原因，人大常委会主任很生气我们的行动，让那两位警察驱赶我们，但那两位警察还是默默地保护我们。这是我见到的最"人民警察"的人民警察！

我们第二次"请愿"是在 1990 年，当时学校经过 5 年的发展已经办得很好了。在前有邓朴方给我们亲自题写了校名"广州至灵学校"并给予6 万元资助，在后有主流的新闻媒体经常报道我们，包括我在 1987 年自荐参选区人民代表成功和 1988 年落选市人民代表的这些消息。《人民日报》和中央电视台这些媒体都时不时有长篇报道，我们也在广州媒体评选的"十大公仆"和"十大新闻人物"等等排行榜里面。这些使我和至灵有了名气，一些国家部级的领导人也来看我们了，其中有中纪委的领导，民政部和卫生部的部长也都来视察过，省、市级领导来慰问的就更多了，每次领导来都会给我们带慰问金和慰问品。这些慢慢积累起来，也就成为我们可以和政府谈判的"资本"了。当时也是市里开人代会，我们就找代表写议案（要找 10 位代表联名才能形成一个议案），我自己又给人大主任写了封信，说我们这个民办学校希望得到"权利"意义上的义务教育经费，还希望人大会议能给我们机会到大会上去表达。当时市人大的赖主任对我们的情况已经很熟悉，他来电话答复我说："孟维娜同志请你顾全大局别来人大请愿，但我可以承诺你，有关政府部门一定到你学校现场办公解决困难。"我说："我相信人民代表大会可以帮助人民解决困难，我们不去人大请愿啦。"果然在人代会议期间，共有 9 名包括民政、教育等不同部门不同级别的局长、处长来到学校，当时就决定给学校 20 万元、以后每年 10 万元的教育经费。

后来有很多研究者总结说，孟维娜成功的因素之一是依靠媒体支持。这一点我很承认，也很感激！更意识到"新闻自由"是一个多么重要的环境。

2. 从至灵到慧灵

问：您能否谈谈从至灵转而创办慧灵的过程？

答：随着至灵学校的发展越来越好，内部就开始出现了一些不同声音。那时政府给了我们一笔 20 多万元的钱，还答应每年给 10 万元，这在上世纪 90 年代初是很大的数目，因而大家更希望走政府那条路，同事和家长都期待有一天政府会收编我们，我们都会转为国家教师。

理事会最直接的分歧也发生在 1990 年。当时我们学校已经正式登记，学生有 100 多人。有的孩子已经到了 18 岁了还没办法"毕业"，因为"毕业"意味着回到幽闭的家中，而外面还有很多孩子在排队，有些甚至等了两三年都来不了，但学校规模有限，只有老生毕业了新生才能进来。在这种情况下，学校就做了一个"到了 18 岁就毕业"的决定，但 18 岁孩子的家长不干了，于是就造成了内部很大的分歧。

我觉得孩子大了不离开不行，你不离开就意味着其他很多等待的孩子就会错过早期教育的时机。我认为学校应该做延续服务，把成年人、青年人和儿童相对分开，这样可以兼顾不同年龄层次孩子的需求。但理事会中有半数人不同意这个提议，他们说："学校的定位是义务教育阶段，为了体现专业不可能什么都做，君子有所为，有所不为，但你以个人名义办，理事会不会干涉。"就这样我真的再办了一个为至灵学校毕业生服务的"广州慧灵智障青年训练中心"。那些 18 岁孩子的家长是最支持的，同事中也有支持我的，他们就从至灵调到慧灵和我一起工作。此外，至灵学校理事会还送给我们一辆旧校车，香港明爱也捐赠了 10 万元。

慧灵最初的服务对象是至灵 18 岁以上的毕业生，第一批来了 20 多个人，随后另一批一直在家等待的十几人也来到了慧灵。至灵在麓景西路，慧灵在麓景东路，遥相对望，我就两头跑。重新创业，很累，面对内部的分歧意见，更累。但我们毕竟已经有了这么多年的经验，对办慧灵还是比较有信心的。

由此，我发现 NGO 穷的时候会分化，情况好转时也会有分化，这个很伤元气，更伤感情。我们已经走过来了，希望我们的教训能够使其他 NGO 少走这样的弯路。

问：您认为您和至灵学校其他理事的分歧是不是由于办学理念的不同？

答：我觉得这可能只是其中的一个原因。还有另一个原因：在媒体的作用下，造成至灵学校好像就是孟维娜个人的，而我说话爽快和办事利索的作风无意中也强化了人们的这种认识，于是一两个对学校有很大贡献也有位置的人自然就不服气了，她们就成了我明里暗里的"反对者"。这些"反对者"一方面锻炼了我必须听取不同意见并周旋于不同意见中突围发展的能力，另一方面则更加强化了我"家长制"的作风以得到更高的办事效率。

从开始到现在，每一次的分歧都是由于有人不同意我走得太快以及我倡导的思想行为，认为我是牺牲机构的安全去冒风险，但我确实希望做事业不但不能落后于形势，还要保持超前性，而这种超前性肯定会让一些人觉得跟不上。当然超前肯定是有风险的，我对自己冒风险所产生的损失是很勇于承担的，例如我就主动赔偿因投资物业管理失败损失的几万元，但却从未在投资成功的利润中获取奖励。

理事会机制中的少数服从多数原则确实能够减少决策过程中的个人主义。然而，如果理事和创办人有分歧，我认为也有必要考虑创办人的愿望，假设我的理想和抱负就是"胸怀天下"，这个有"错"吗？我作为创办人，"民主决策"是我的追求，但我绝不会因"民主决策"而放弃对理想的追求。在这个过程中，我认真听取不同意见，但心中一定有自己的判断。我花心血最多的是在茫茫人海中寻找志同道合的人，个人的力量是很有限的，如果不是志同道合的人一起奋斗，肯定会不断分化。因而我也很接受"分道扬镳"的结果，至灵和慧灵一直就有分化，长远来说这也是好事情。

我在至灵做了七年校长，1992 年才辞去校长职务，而到了 1995 年我是被自己创办的学校开除的（同样，在 1987 年，家具厂通知我不可以再长期请假，要不回厂上班，要不被开除。结果就是被"开除"）。至灵从创办到现在已经 20 年了，我个人做 NGO 也有 20 个年头了，慧灵也有 15 年了。

现阶段无论是广州慧灵也好，还是哪个慧灵也好，创办人的意见在决策里占的比重还是很大。我是"民主人士"还是"斗士"？留待人们评说。

我觉得之所以会不断分化，既有 NGO 内部的原因也有外部的竞争压力。现在广东省残联、广州市残联以及广州市的许多国际 NGO 组织吸纳了很多从我们慧灵辞职出去的人。它们比我们多给了一倍工资，这一点慧灵是竞争不过的。我觉得这样的社会环境不公平，但并非全是坏结果，最直接的积极作用就是使我更有动力，我非要做得更好，否则就是死路一条。

类似的压力有很多，其中包括来自国际 NGO 的压力、同行竞争的压力等等。NGO 的分化往往发生在它有一定知名度、有一定实力，即完成了初级阶段后，向专业化转型的时候。这个过渡期该怎么把握？这是每个 NGO 一定要面对的。

问：你们在接受资助的同时是如何保持机构的独立性的？

答：慧灵一直希望独立，但在资金上依赖外援的机构是很难做到独立的，资助方多少有一些要求和我们的想法或文化不一样，也不一定适合当时机构的发展。从上世纪 80 年代开始香港明爱虽然稳定资助了我们 10 多年，但它也的确影响了机构的独立性和发展方向，比如它就认为在全国发展没有必要，也不可能。

因此我就想要分散资金来源，但到现在为止还做不到，也走过一些弯路。比如我们曾于上世纪 90 年代投资广州慧灵所在一个小区的物业管理，这一方面有利于开展公民教育建设共融社区，另一方面有利于为智障青年开拓就业岗位，而且还可以获得一定利润，但最终因为没有经验而失败了。此外，我们还设计了终生托养的方案，分别向 20 多名家长集资了共三百多万元购买服务用房产，现在我们已经归还了两百多万元，还有一百万元没有还。每一个家长对"集资"的理解是不一样的，虽然双方为集资办理了公证书，但还是有家长认为自己借出了钱就应该是慧灵的大股东，会经常来提意见，比如有的家长就很反对全国发展，认为是分散资源，有些家长甚至认为我挪用了广州慧灵的资金去开办北京慧灵，为此还一纸诉状递到法院。我觉得这些家长希望参与机构决策的想法是很自然的，但他们认为"借出钱就等于当股东"的想法却很幼稚。但确实这一个"钱"字，对机构的独立性产生了很大影响，而且即使分散了资金来源，由于没有"权利本位"，我们还是永远附属在资金上。

另外，一些 NGO 获取西方资金后也变得盲从了，但不同于它们，我自己经常会批评西方，而且不论是本国还是西方，我都会就事论事表达意见。人家说我怎么拿了政府的钱还批评政府，拿了西方的钱还批评西方？但我真的不会因为别人给了慧灵钱而失去自己的独立思想。有些西方基金会还是比较欣赏我这种批判精神的，但客观上完全的独立性已经很难做到了。NGO 固然希望得到钱，但最起码还是要观察一下援助方，它们愿意支持的事情是否真的是和自己"志同道合"。

问：您能否谈谈后来创办北京慧灵的起因和过程？

答：我 30 岁创办至灵的动机只为成全自己"三十而立"的人生，但当全身心进入一种服务状态的时候，我觉悟到残疾人的社会问题需要体制改革才可以实现，而只有到北京才可以影响到党政最高决策层。

在广州为办成年服务而和至灵分裂时，那些 18 岁孩子的"老"家长绝对是和我站在一起的，有这些家长的大力支持我们才办了慧灵。实际上当我还在广州办慧灵的时候，我就已经想着向全国发展了。然而对于慧灵是否要向全国发展，一些"老"家长就开始和我有分歧了，等他们看我真要搬家到北京时，意见分歧就变成了激烈的抗拒行动。北京慧灵也一样，2000 年开办北京慧灵时，北京的家长很欢迎、很高兴，但在 2003 年我从北京出发去办西安慧灵的时候，北京慧灵的家长又反对了。每一次的反对总会伴随着一些事件发生，2003 年那次风波，甚至不得不请律师写出律师意见才得以平息。那些不愉快的经历现在回想起来还心有余悸。

在北京慧灵最初创办的 2000～2003 年期间，我的心根本没有办法放松，因为我要向全国发展，就要面对内部不同意的压力。最终，我们的处事宗旨还是回到"满足社会服务需求"这个层面来思考问题。

然而，大家有意见，施加压力的结果，就是慧灵更加地发奋图强。现在慧灵每年都要发一次问卷收集家长们的意见，这种处理内部压力的方法还是十分有效的，现在所有的慧灵都不会再为发不发展而争论不休，理性讨论的是有关发展的计划和步骤。

3. NGO 的能力建设

问：这么多年来，你们是如何进行能力建设的？

答：这几年 NGO 的能力建设，包括好几个内容。一是内部的治理架构。我们从 1985 年就和香港明爱合作，决策层和执行层分开在架构上就已经很清楚了。我作为创办人既在决策层，也在执行层。这种治理结构使我们适应了中国 NGO 的初级发展阶段。

还有一个问题很迫切，就是专业水平需要提高。刚开始我们没有专业经验，后来才知道不同的智障还要分类别分年龄，才知道有些是属于治疗康复范畴，有些属于教育范畴，有些属于就业保障范畴。随着经验的慢慢积累，我们也就越来越专业了。2000 年以后，我们开始在社会上广泛地吸引人才，北京慧灵一成立就有一个英籍的社工当总干事，正是她引进的社区化服务模式带动了各地慧灵的专业提高并领先于全国同行。

广州慧灵的总干事现在才二十六七岁，是我们自己培养的，她从普通老师起步，任何一个级别她都经历过，是从基层一步一步成长起来的。她这个人性格不瘟不火，但内心有想法，而且很能忍耐。这个小秤砣可以拨千斤呢！她现在发挥的作用可大了，因为她年轻，学习新事物很快，一些专业的手法她能得心应手地用在筹款上，发动很多企业响应，形成的广州慧灵筹款模式对其他各地慧灵都能派上用场。从我们的成长、从 NGO 的需求来看，我们需要有一支专业的队伍。而培养专业队伍需要资金。员工要学习、要提高专业素养，就要有钱交学费。年轻人都愿意去进修，愿意参加培训，但这些都要钱。他们安心在 NGO 工作，工资本身已经比不上其他行业，因而在别的方面就不能让他们再受损失了。比如社会保险，这是个很实在的问题，对全国的慧灵来说每年需要投入几十万元为员工上社会保险，对员工来说，上了保险才有安全感，他们会感到很受鼓舞。只有这样才可以凝聚一批年轻人进入 NGO，推动 NGO 的发展。一个做社工的大专生，在另一个 NGO 里拿八百块钱的工资，我们应该起码能给到一千元。我们第一代人很艰难地走过"雪山草地"，但不可以让第二代第三代还在走"雪山草地"，我觉得年轻人愿意到 NGO 来做就很不错了，所以筹措资金也是能力建设的一个很重要的方面。

我们现在招募新毕业的大学生不是太难，但要招募熟练的、专业对口的就困难很多。现在好多没有专业背景的人想要进入，因为比起那些工厂，我们慧灵这里算是稳定的，但很多人没有专业背景，用起来很费精力，要对他们做基础培训。高端的人才也有愿意以公益为职业的，但我们付不起高额工资，只有放弃。

很多慧灵工龄长、年龄大的员工在专业上有不足，但他们长期在一线。这些老员工在发不出工资的时候都留下来了，而且牺牲了自己的保险（我们是创办了十年后才办理社会保险），这些老员工起码损失了十年

（保险），我觉得亏欠了他们很多，所以对我来讲，很愿意保护我们的老员工。

当专业化成为一种社会潮流的时候，也会影响到慧灵。要使机构"有良心"地发展，不能说没有学历、没有专业背景就不要了，老员工大部分没有学历，他们从1985年到现在就在基层做，对机构的发展做出了他们的贡献。机构的发展是承前启后的、连续的，新来的人要尊重历史，老人要带新人，这样才能建立机构的良性循环。我现在快到退休年龄了，就要去找钱解决老一代员工的保险问题，我不愿意慧灵的人员包括我自己在退休以后生活没有保障。还有医疗问题，生老病死是自然规律，员工生病了就存在医疗问题，我这次一场大病就感觉到，像我这样收入的人，一般不病的话还能维持，一病的话就完了。从1985年到现在，前后有一百多、将近两百个员工，到现在还留下的第一批员工也就十个八个了。机构要保护他们，就像保护"文物"那样。

还有我们已经开始在做长远规划，三年的规划已经做出来了。短期的、经常性的服务，我们都已做成了标准化的东西，就是《慧灵社区化服务大纲》。

这两三年我们不断参加培训，民促会的免费培训对我们的作用很大。像我们这种早期就面向全国的NGO本身专业性不高，有些先天不足，但经过培训，我们按照培训的内容做，自发自觉性就更高了。在运作全国慧灵一盘棋方面，我们不够成熟，但从思想观念来讲，我们明确了自己应该做什么，可以不做什么。对突发事件我们也有一个应对机制，在一些涉及服务理念、价值观等新问题上需要我们做出表态的，我们不会瞎表态，任何紧急的事情第一时间我们都去找法律专家，请他们支招，这是最安全的。

我们也注意到官僚化往往会伴随专业分工而产生，比如一个家长提出某一个申请，如果所谓的专业分工变成各自为政，开这个会研究、那个会沟通，往往等很长时间才能做出回应，这样的所谓专业化，不是真正的专业化。我们理解的专业对服务对象来说肯定应该是更能提供便利的。

NGO本身就处在这个阶段：本土的专业人才少（教社工专业的老师不具有实务经验，教的都是书本上的东西），引进人才很难也不一定适合。当我们的服务处于找人才难的时候，想形成行业化、职业化、专业化就不可能。

另外，我最近比较关心的一个问题是自己的年龄，我不想让年轻人认为自己"老不死"，也知道必须让年轻人来做，机构才有可持续性。

问：请问慧灵的组织架构和工作模式是怎样的？

答：我们的组织架构相对来说比较简单，1985年和明爱合作，我们的组织架构都是由它们引进的。以至灵学校为例来看，我们的组织架构最高是理事会，然后是校长，下面有几个部门主任。那时候我们没有管理经验，我们按一个现成的模式来尝试是很好的机会。别的民间组织和我们有一些不同，它们开始时个人色彩肯定比至灵、慧灵强烈。在包括所有权在内的各个方面，我们从来都没有经历过个人占主导的阶段，我们的例会是一个钢铁打就的制度，开会是形式，通过议事制度来决策是本质。

每一个慧灵都有自己不同的特色、不同的专长，也有不足。我们倡导本土化和鼓励多样性发展。北京慧灵现有的服务规模不够，按照预期服务规模应该在六十人左右，但现在只有四五十人。北京慧灵的目标不是扩大服务，而是扩大影响力，但现在也没有达到影响力的预期。各地的慧灵，除了广州还保留部分传统大型的模式外，其他慧灵都小型分散在不同的社区里。如果这种小型分散的模式成功了，就会带动很多人去做，做的人多了，有可能会带动社会机制改革。我们的服务最终会分别扩大到每一个社区中心，并和市民互动共融。

NGO的一个问题是租金压力，现在很多政府的社区中心是空的，政府应该向实际做服务的NGO开放，采取招投标的方式让社区中心充分发挥作用。现在的社区中心没有向真正的NGO开放，我们只好花钱去租私人的房子，费用很高，运作有很大的困难。办北京慧灵是和老外合作，他们喜欢北京的人文四合院，这样可以更加突出北京的社区特点。但四合院很贵，我们就再想办法。这个老外有一个朋友是志愿者，他是做国际旅行社的，他说："我们正在做胡同游呢，你们要是想参与就把方案写出来，合适的话就给你们做，把这部分胡同游的钱转到你们这里来。"我们就把方案给了他，剩下就很简单了，人家怎么做胡同游我们就怎么做。我们这里有一半工作人员成天就去唱啊跳啊，还有一些游戏、手工、秧歌等等，很能吸引老外，很快越做效果越好。

最高峰时我们一天接待三拨。我们坚持这样做是因为智障学生的成长需要外部的刺激，比如说美国人来，我们的学生就接触到美国人，澳大利亚人来我们就接触到澳大利亚人。学生的兴趣特别高，因为他们原来的生活面窄，有这种刺激他们就有信心了，和别人交往就自如了。我们觉得这个项目对学员的刺激是很有效的。所以这个项目也是我们一直在苦心经营的。

我现在提出要从北京发展到西部去。我也听了各方面的意见，慧灵内部的员工和家长都有反对的声音，他们问："现在是民主时代，你是根据什么样需求来做去西部的决定的？怎么才能证明，你带领机构去西部就是对的呢？"我就说："要我论证也不是很难，因为从道理上讲，肯定每个地方都有需求。我们现在能力还有限，但如果我们有一个很高的使命感，能力就不是主要问题了，能力是很重要，但能力是可以提高的。"我也花时间给员工讲，动员员工到西部去，我讲了许多，还是有很多人不放心，他们觉得风险太大了。

我要做的工作就是使机构"推广"的使命深入人心，机构中层以上的员工基本上接纳了我的观点。接纳也有很多的原因，一是有成就感，毕竟我们在西部也做了两三年了，有成就感了。另一方面，我们在机制上做了一些安排，比如说我们的员工如果愿意去西部支援的话可以得到一些奖励，工资就高不就低。2002～2003年，我们在西安是比较成功的，没有花多少钱，刚开始就是和天主教会合作，他们给了我们不少支持。青海西宁比较麻烦一点，青海属于高原地区，那里的人做事的节奏比沿海城市的人慢，地区差异给了我们一些挑战。我们不能以自己的快节奏去要求一个高原缺氧地区的合作伙伴达到和我们一样的效率。

我们去开发西部服务的做法一般是先让一些有经验的、老资格的同事过去，从服务到管理到筹资都要带动和示范，然后老员工慢慢撤回来。因为那边也确实比较远，一般员工不愿意待太长时间。找当地人当员工也有流动性，比如说在我们撤的时候，困难就突现出来了，当地有人坚持不住了，员工队伍很难稳定。

我们的方法就是"授人以渔"，做到自力更生。但有当地同事认为，我就是你们的雇工，你们给钱我办事。比如一个项目，指标是服务20名智障人士可以开支十万块钱，但现在可能只招到五个学生但还是花了十万块钱。对我来讲，我无法交代，也不接受这样的结果。当地的合作伙伴开始不理解，认为自己每一天都在上班，怎么会有这个指标的问题。他们混淆了"做完"和"正在做"这两个不同阶段。因此培训当地员工我觉得花钱花心血最多，但我觉得这种投入很有必要。每一个地方的第一笔资金都是事先找好的，比如以西宁慧灵服务的名义，在北京找基金会递交项目书，钱找来以后，我们在北京对这一笔资金怎么用进行把关。

选择当地慧灵的领导人很重要。在西部我们和天主教关系比较好，现在西部的负责人一般都是教友，他们的宗教情怀和我们这个职业的理念很接近。但实际上，成长环境和惯性思维有可能会让当地领导人在遇到问题时与我们的理念发生冲突。遇到这种情况我们一般也不着急，我们还是通过培训来慢慢解决。在一些比较紧急的情况下，我们会下一些命令。然而我们在管理上有规定，一般来讲，我们是鼓励当地慧灵自主发展。在我们的管理框架、评估模式内，每一个慧灵有自己的自主权。但为了更有效率，规定创办人理所当然是每一个慧灵的理事，必要时创办人可以作为当地的执行理事介入。

4. 对慧灵的管理

问：你们是如何评估各地的慧灵的？

答：我们有一个架构图，标示出各地慧灵之间的关系；有一个峰会制度，每年开峰会就是议事和做出决定。比如峰会文件上有说明，如果某个慧灵没有达到评估的质量标准，决策委员会有权取消服务。这个机构它可以继续服务，但它不能够用"慧灵"的牌子做。基本上我们是一年开一次峰会讨论问题，如果发现没达到要求，那起码要看到进步的潜力。有时候我们的标准还可以根据当地的发展阶段去调整。总而言之，一些最基本的东西你必须要做得到，如果实在不行，换个领导人也是一个办法。再不行我们就把这个慧灵的牌子收回来（没发生过），找别人合作。我觉得我们现在的这个架构相对来讲还是安全的。

孟
维
娜

谈
慧
灵

181

评估首先是自我评估，使用一套描述性工具。这和第三方评估不同，各地慧灵对通过自我评估评出来的强项弱项都会口服心服地接受。"中国慧灵"派出的专业评估辅导员只在一旁对评估过程提供协助。从评估的结果上看，如果行政管理是弱项，那无疑管行政的要负主要责任；服务方面的分数比较低，服务部门就要负责任。但不管怎样，任何结果最终都是一把手工作质量的反映。当然我们也要分析很多具体原因，哪个部门的领导可能弱一点，就要去调整人手。即等评估出来后一要看结果，二要做分析，然后再采取一些措施。

这么多年来，我们最大的一个收获就是我们自己成长了，还把西方的东西融合进来了。在治理结构方面也越来越接近"特许经营"的模式。我们有些新成立的慧灵还没有董事会，也不要紧，因为在建设的过程中我们也允许分阶段完成。

我们现在在探讨成立一个全国性的慧灵，这样所有各地的慧灵就成了全国性慧灵的一个部分。实际上现在各地慧灵都是独立登记的，有可能将来在全国范围登记一个大慧灵，那么各地慧灵的独立性就要改变了。不过各地慧灵分别登记有个好处：一地出事不会影响其他地方。

各地慧灵的法定代表人，都是当地第一把手承担的，这样有利于本土化。我们还有一个措施就是把"慧灵"这个商标登记注册了，"慧灵"体现了我们的知识产权，我们可以用这个商标帮人，这样相对来讲就比较安全了。我们要想很多办法，来预防可能出现的问题。因为出事了我们还是要承担责任的。实际上，只要有事情发生时，不管是不是我们的责任，都有可能损害到慧灵的形象，这个风险是我们要承担的。所以各地慧灵的董事会总有一个很重要的工作，就是任命法人代表，选择一个熟悉相关法律的律师进入董事会也是很重要的。

我们一年开一两次董事会，主要看预算有没有超支，有没有大的任命事项和发展项目。董事会就是让人感受机构的权威性，其实不会让董事真正去操作。比如说，机构执行层希望去买房子，但买不买房子不是执行层的一把手去决定的，必须是董事会决定。董事会这个时候讲得难听一点就是一个很可爱的木偶，因为需求、信息等都是从执行层那儿提上来的，董事会要了解房子的意义和必要性，买在什么地方，这些先看的就是执行层提交的方案，然后一般都举手同意，很少有不同意的。只要执行层计划周密，董事犯不上去不同意。但这个决定就必须是董事会做出的，千万不可让行政的第一把手来决定。虽然买下这个房子从头到尾实际上都是执行层去操作的，但从程序上来看，只要一把手就是一个干活儿的人，他就骄傲不起来。这就是治理的牵制作用。

问：慧灵又是如何提供专业化服务的？

答：服务既是慧灵的出发点也是我们的目标，我们已经把积累的经验编辑成《慧灵社区化服务大纲》，第一页就说明慧灵的服务不是强迫智障人士学会什么，而是强调生活品质，强调营造一个充分支持的环境。服务大纲里有九大领域以及每个领域相应几十条的指标。如果服务模式不对或不契合人性化的要求，学员肯定是没有进步的，家长肯定是不满意的。家长不一定从很专业的角度来看我们，但是他期望孩子有进步。如果家长不满意，等于就没有达到效果。我们这个服务模式，不是我们自己发明的，是引进来的，但经过实践证明很人性化。只有现在这种开放的服务才能使学生取得更大的进步，才能使他们得到有品质、有尊严的生活。

我们不可能做到像大学学制那样，本科四年后可以达到毕业的标准。我们服务程序流程图是很清楚的，服务开始前必须家访，第一个月是试一试服务对象适合不适合来我们这。有些人刚来就是闹，别的机构认为这孩子缺少培养，就应该强迫他。但我们不轻易下结论，就像试用期一样，正式进来三个月以后我们对服务对象有一个评估。评估分成几个领域，比如一般的生活自理、社交表达、人际关系、劳动愿望，当然也包括认知能力。根据评估的结果给他制订个人计划，计划制订时他父母、他本人和我们的评估人员都要参与。智障人士本人也应该参加到计划设计中来，他可以表达自己对生活的想法，我们会用专业的手段去启发他。他如果表达不出来，我们就对他进行进一步的观察。我们不会轻易对一个学员下"能力"方面的评价，而更多地去评估周围人和环境对他的支持程度。一个人的生活、学习能力可能没有问题，仅仅缺乏情感生活也已经足够让人沮丧了，因此我们可能还要观察他对同龄人以及对异性的兴趣有多大。有一些智障青年他只要有人和他做朋友就很满足了，这样我们可以假设在没有父母的情况下，他可以在青年公寓度过自己青年、壮年阶段。我们评估后发现有些所谓能力比较低的，是由于家里照顾他太多，使他没有机会锻炼造成的。我们就辅导他的父母减少对他的溺爱。如果真有很大的困难，确实做不到，我们会设计很多使他开心的活动。我们并不在意他做不到的方面，而是更注重他的生活品质。每个学员在个案评估后，都会有一个包括近期目标、长远目标和实施步骤在内的计划表被设计制作出来。

　　比如说，有些学员在老师面前或者在很多人面前会胆怯，不愿意说话，我们提供给他的就是使他有安全感，有被尊重的感觉，使他能找到自我。具体有很多方法，艺术化和游戏活动是最常用的手法，像拉一块幕布，让学员站在幕后自由表达，几次下来他不但在幕后可以表达自由，在人前也开始乐于表达了。比如说有的学员的行为很情绪化，我们就做评估看看他究竟是厌烦机构生活，还是不适应，还是有其他的原因。更多的时候，我们发现很多学员只是希望被更多地关注。这样的情况下就赞美他、鼓励他做一个遵守纪律的好学员，他会答应的。这时社工就和他"签约"，以示互相承诺履诺的重要性。有些学员一下子很难控制自己不去发脾气或做一些损坏物件的动作，假如经观察记录每天犯一次过错，一个星期就会有五次，经过双方商量可给他三次犯错的机会，这是第一个月的指标。到第二个月我们要求他减为一次。这样慢慢强化、慢慢改进。每一次他达到目标都能够得到鼓励和奖励，每次犯错，也会评估他到底是故意的，还是控制不住。我们还要了解他在家里的情况。比如，在我们这里要按时起居，有时间的约束，但如果他在家里老是睡懒觉，那他肯定不习惯机构生活，我们就和家长商量，看有没有可能做到生活有规律，看家长愿不愿意，他本人愿不愿意。

NGO 人手一向很紧张，志愿者的流动性也是一个很大的问题，做不到定期均匀有志愿者。有些志愿者没有坚持的一个原因是机构对志愿者的管理不够。他们来了之后发现自己可来可不来，慢慢地他们就不来了。对志愿者进行管理和培训，让志愿者有动力、有归属感，这是整个 NGO 面临的问题。

现在北京慧灵租金贵，我们每月向来日间活动的学员收 300～400 元之间的费用，而其中每月午餐费肯定要花去 100 块钱。我们一年的租金是三十多万元，一个月的租金起码要两万多元。北京慧灵要自筹资金额的比例特别大，百分之七八十都要靠社会募捐。如果说其他创收，那就是我们的胡同游，胡同游的收入可以占到四合院房子租金的一半。今年好一点，可以达到三分之二。

你问一个员工服务几个学员就可以达到收支平衡？我们是社会保障性的非营利服务，账是不能这样算的，服务智障本来就是人力资源占最大比例，如果以经济衡量服务的意义，那有可能误导人们认为智障人士是废物和垃圾，如果通过收费来维持收支平衡，这恰恰说明这个社会制度有问题。我们机构努力的方向就是政府购买社会服务。社会捐助有不稳定性，以我们慧灵来讲，我们这么多年来就是靠社会捐助。实在不行，就暂时不发工资。员工也不会因为不发工资就跑了，他们也都习惯了。所以真正来说，机构有什么风吹草动，牺牲的还是我们从业者的利益。即使发不了工资，服务还是能保证的。我们的员工也不都是使命感很强烈的人，但总是觉得在慧灵有归属感。有的员工第一年盼第二年，盼着涨点工资，盼到第三年，若是这个工资增长幅度不算很大的话，他可能等到机会就离开了。

慧灵在哪个城市都基本保持在当地的最低收费水平，现在在西安收两百六十块钱，在西宁收一百块钱。我们靠募捐，靠基金会获得资金。对北京慧灵有特别的要求，可以说作为国际大都市的北京遍地是资源，只要服务做得好，这些资源就会主动来找你。北京慧灵拿到基金会的支持就去做全国性的培训交流。

如果申请的钱多一点，可能用在能力建设上就多一点。得到的钱少，维持服务就是首要的。如果没有了服务，其他的事情就没有意义。

一旦产生新的社会需求，我们机构也会跟进。如果要做一些新的服务，肯定要涉及资源的重新分配，风险比较大。比如托养服务，相比日间服务的投入就会更多一些，而且风险会更大一些。像我们现在，政府办的智障学校在我们附近，他们没有寄宿服务，有家长提出："我的孩子白天去政府办的学校，晚上到你们这里可不可以？"现在做智障服务的机构已经很多了，做慧灵这样的社区家庭式的服务还是比较少，我们肯定要跟着需求走。我觉得这就需要讨论，我们是一个民主管理的机构，如果真要征询员工的意见，他可能愿意白天上班，但做晚上的服务就不一定赞成了。这就一定要先征求相关利益人的意见，否则机构想做事而员工不干，这不就乱套了嘛？再比如现在我们服务的很多智障人士都到了恋爱的年龄，他们也有情感需求和性需求，谁去辅导他们？这是一项专业性很强的工作，我们原来没有这方面的人才，所以我们就着手做这方面的人才培训。

从 1985 年到现在，各样的培训我很少有缺席，和各地的慧灵也是保持通畅的信息交换。我认为领导者必须保证自己是最全面了解每一个相关专业最新趋势的人，不一定要自己完全掌握技术，但必须了解原则，这样才可给员工正确的指引意见。

访谈印象

维娜是中国 NGO 中真正的老资格。她 1985 年创办至灵的时候我刚上研究生。那个时代，还真的很少有人知道什么是 NGO。一路走来，她披荆斩棘，经历了几多磨砺，几多炼狱，真的是愈磨愈坚，愈炼愈刚。从 30 岁到 60 岁，她成就了公益人生的梦想，也练就了钢铁般的意志和韧性。她因此这样评价自己的公益人生：钢铁是这样炼成的。

我与维娜有多年的交情。她给我很多帮助和理解，像一个大姐对待自己的兄弟。我带着学生去慧灵实习，她再忙也要亲自接待；我们开会、上课、讲座请她，她有请必到；她有事就呼吁我这个政协委员帮忙，我往往帮不上什么忙，她也一笑了之。每每想起她，总觉得有些亏欠，不仅是我对她，这个社会对她也有不少亏欠。这样一个公益人，我看着她从风风火火的年代，走向白发暮年，尽管慧灵成长了不少，但她所面临的问题，一点儿也没有少。连今年深圳的慈展会，也向她亮出了红灯。

　　30 多年来，中国的 NGO 和公益事业的发展环境已经大大改观了。慧灵能有今天的成就无疑也受益于此。中国需要公益，也需要更多地包容各种不同风格的公益人，包括像维娜这样看似有些另类、实则充满爱心和责任心的公益人。唯此，我们才能走得更远。

十三　于海波　谈心语协会

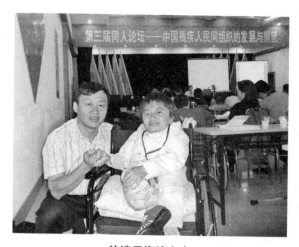

约谈于海波女士

访谈题记

于海波女士，1970年生于长春，患有先天性脆骨症。1995年主持开通公益心理咨询电话——"心语热线"，1996年创办心语协会。现为心语协会会长、心语热线主持人。

心语协会，全称为"长春心语志愿者协会"，以青年大学生志愿者为主体的公益性社团，由于海波在心语热线基础上发起成立，得到吉林团省委和长春团市委的大力支持，长春市社会科学联合会为其业务主管单位，活跃在助残、助学、心理援助等公益领域，在长春市16所高校设有分会，拥有上万名志愿者。曾先后获得"长春市十大杰出青年志愿者服务集体"、"长春市优秀社团"、"吉林省十大杰出志愿服务集体"、"全国百万青年志愿者助残行动先进集体、"全国先进学会"等荣誉称号。

对于海波女士的口述史访谈先后进行了两次。她很理解和支持我们的访谈，给我们提供了尽可能详尽的资料，并对访谈笔录做了认真的审阅。借此机会，谨致谢忱！

1. 个人经历及心语协会的创立

问：以您这样的身心处境，如何走上了 NGO 公益实践的道路？能否详细谈谈您的个人经历？

答：好的。我祖籍山东。爸爸 16 岁当兵，身上有着很强的军人气质。后来他转业来到长春，在市政工程处工作。我妈妈原是小学教师。我出生后，妈妈为了照顾我，辞掉了教师工作，到离家不远处的一个理发店工作，因为理发店离我家不到一站地，上班还分上下午，这样就有半天可以陪着我。但这样一来，妈妈的收入降了不少，退休工资很低，职业稳定性很差，也不受人尊重。我觉得妈妈为我付出了很多很多。

我得的是先天性脆骨症。这种病一不小心就会骨折。小时候，爸爸妈妈也尝试让我去幼儿园。记得好像五六岁的时候，妈妈带我去过一次幼儿园。结果上午去，下午就不得不回来了。骨折使得我的父母、周围的孩子跟我在一起时必须非常谨慎，我无法跟正常的孩子一起玩儿，一起学习。因此，我小时候的学习主要靠自学。但是自学会缺乏系统性，也难做到循序渐进。十几岁的时候我曾经有过一段时间非常迷茫和困惑：我不比别人笨，可我的同龄人就可以有很好的生活，而我没有。我觉得活着是一件极其痛苦的事情。

后来，凭着一种内心的强韧，我慢慢走出了迷茫。我觉得一定要学下去，要坚强地活下去。现在来看，我觉得一个人的心理素质非常重要。

我早期学的是汉语言文学专业，然后报自考，没考完就不考了。因为对我来说，文凭不是很重要，但学完这些学科的知识是很重要的。别人问我："你最高学历是什么？"我说："我函大毕业的。"虽然不算正规，但正不正规在我心里不重要。从 1992 年开始，我又改学心理学，学到 1995年结束。

问：都是自学的？

答：嗯。我喜欢心理学的一个直接原因，是想探析个人心理的成长过程，解答我自己实际生活中的一些心理困惑。那时候对心理学还不是很懂，以为心理学是一个可以解开人们心锁的万能钥匙，但实际上心理学包含的领域和面对的空间是很大的。所以，对于我来讲，当时的学习还是有价值的。1992 年以后，我就经常参加一些电台的文艺节目，其中有一个关于人生哲理的谈话类型节目，我会经常打电话去跟主持人交流。后来大家也邀请我去直播间做嘉宾主持，慢慢大家也就知道我的身体状况了。很多时候遇到别人要轻生的问题，一些台里的主持人就让那个人给我打电话。在 1993、1994 年，虽然我没开热线，但是找我的人特别多。他们总是说，要我给说说心里话就会觉得好一些。后来就觉得，有很多人有一些问题在广播里，主持人不便以公开的形式去回答，既然我学了心理学专业，干脆就开通一个热线电话，这样方便大家打进来。这个热线开的时候，我也没想那么多，就想通过电台给我播报一下，这样可能大家就会知道。另外，我在自学考试时认识了一个报社记者，我就让他也帮我报一下。他说："本来这也不算帮啊，这也是一个新闻。"后来，他也给我报道了，并且他的报道就被新华社转载了。

问：他那个原发报道是在哪里？

答：在《长春日报》。你如果需要看文献，我可以让同事给你找，但是只能选一些让他们给你复印，因为这是十几年的资料，我自己也要保留。他报道以后，《人民日报》记者来采访，这样我很快被很多人知道。我觉得我这个人是属于努力加机遇的那种类型。当时有一个困境，就是电话对于很多个人家庭来讲还不是必备品，所以很多人还会写信。但写信给我造成了极大的压力，全国各地的信一天能有二三十封，往往回不过来。因为当时《家庭》、《女友》和《知音》这三个杂志几乎在同一两个月之内发了我的报道。而它们的发行量在 10 万以上，所以我忙得简直就像炸开了锅了，真叫"热"线了。后来有一些学生志愿者和在职志愿者愿意过来帮我回信，我们先把信分类，然后确定这一类的怎么回信，那一类特殊的怎么处理，而最难处理的就留给我。这样，我的工作就被分解了，压力就小一些了。

那时候又有一个新的压力，就是志愿者谁有空谁来，有时一来就赶上中午了，我妈就留他们在我家吃饭。结果我家就简直像开店铺了。这种情况大概持续了一年多。后来我认识了一个四川的生意人，他给我提了一个建议：应该注册成立一个社团，这样志愿者来服务就能够做到组织化和持续化，也得到社会的认可。我们就开始草拟章程。那时候没有现成的社团章程，我们就找了一个水利部门的章程作为模本。我就把我的想法和那个文本结合，保留文本的形式，将内容更换为我们的章程。

在我们还没正式注册成立的时候，就已经开始搞一些公益性的活动。比如，帮助盲人捐献眼角膜的宣传义演，为贫困儿童或者残障人士捐款、治病等等。那些年，这些形式很新颖，会很容易做起来。但放到现在就不行了，现在一个场地就要好几万块钱，就不现实了。当时，我们整个活动的开展，再加上当地媒体的报道，促成了我们的登记注册。

问：当时登记注册是挂靠在哪里？

答：民政登记需要有业务主管单位。我们一开始考虑找残联，但残联当时还没有下属社团登记注册的先例。民政局就推荐我去找社科联。我去了省社科联，他们非常支持我，很快就答应做我们的业务主管单位。别人找"婆婆"都很难，我们好像一点儿也不存在那种问题，因为我们当时已经做了不少事情，开展了许多公益活动，在媒体上报道的也很多，这些报道可能起到了很好的促进作用吧。所以大家都很理解我们，知道我们是出于爱，都非常支持我们。我一直有一种感觉：爱是不受限制的。

另一个原因，或许是当时"法轮功"还没有闹事，政府对社团的限制还不是很严格吧。就这样，我们在 1996 年 8 月 18 日召开了第一次筹备委员会，并很快向民政局提交了注册申请资料。过了没多久，10 月 28 日，民政局正式批复同意我们登记注册，我们拿到了社团证书。大家都说我会选日子，8 月 18 日、10 月 28 日。我想这大概是我们的缘分吧。

问：登记注册以后发展顺利吗？

答：登记注册的过程很顺利，但登记以后却遇到了一件尴尬的事情：我们没有独立的办公场所。

1997 年，我们开始租用办公室。当时会费很少，房租虽然不高，但还是很大的一个负担。为了能把房费挣回来，我们开了一个中介事务所，帮助人家做房屋中介、换房子等。但是我很快发现自己不会做买卖，越做越不明白。到 1997 年底，我们快坚持不下去了。这时候我认识了当地一个信息台的负责人，他刚开始搞有偿信息服务，就建议我搞一个咨询热线。他说："我给你打广告，给你安装电话，你做管理就行，因为你有知名度，很多人会找你。在这个城市里，你就是品牌，相信你一定会做好的。"这算是得了贵人相助吧，然后我们就做了一个有偿咨询热线，一共安装了 6 部电话。这项业务在当时我们经济非常困难的情况下解了我们的"燃眉之急"，从经济上给我们不少支持。但很快也暴露出一些问题。到 1999 年初，我就提出不打算合作了。为什么呢？因为这种热线电话已经

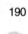

非常混乱了，有很多人加入了一些不该加的服务。我就提出，一是不再开新的热线，二是对这些人进行职业道德培训。因为我的热线曾经挽救过很多很多生命，在我的意识里，热线是一个很神圣的东西，但是它走下坡路了，变成有偿的热线了，到1999年，我就提出我不干这个热线了。

问：那时候的收入是不是很好呢？

答：还可以吧，我不太会管理。我特别推崇的就是日本的管理模式——靠自己的自尊、自律来管理。坦率地讲，有一部分人的素质不太好，比如说，如果按分钟计费的话，他说他接了8分钟，实际上他可能只接了3分钟，然后我就给人开了8分钟的工资。这样的话，我可能就丢了一部分的利润，搞了半天自己却没赚到啥钱。我总觉得人与人之间应该是要相互尊重的，我的要求并不高，我觉得我对你是真诚的，你也应当给我一个同等的对待。实际上，可能不会每个人都按照你的这种尊重去做事。后来热线就不开了。到1999年的10月，正好我家宝宝出生。到2000年，我家儿子半岁以后，在停了一段时间之后，我又重开志愿者协会，还是以志愿服务为主题。在这之后，就慢慢把志愿者协会办起来了。虽然2000年的时候也很艰难，但是我觉得一步一个脚印走过来也是很实在的。

2. 心语协会的发展环境

问：从心语协会的成立和发展过程看，法律政策环境还是不错的。您怎么看？

答：我觉得我一直是比较幸运的。幸运在哪儿呢？这么多年来，每一层领导走了之后都对我印象挺好的。我一直以来和省、市民间组织管理局的关系都很好。我们社团10周年庆典时，市民间组织管理局的领导——党委书记来了，省民间组织管理局的副局长来了。我们的副省长特意为我们成立10周年题字，还给我们做了一个现场播放的电视讲话。此外，我们的主管单位社科联的领导，还有省慈善会、市慈善会、市妇联、省妇联、共青团市委等许多机构都派代表出席了我们的庆典。我在介绍来宾的时候发现，省里和市里可能的相关部门都派人出席了。会上我们特意请领导上主席台给贫困生颁发助学奖金，因为领导太多，分了五次，每次20个领导上台颁奖，结果特别尴尬的是，还是有不少领导没能排上去。没有办法，只能跟人家道歉。

现在，我们的优势就在于除了钱，我还有很多其他的资源，有的比钱更重要。我常说，一个好主意，一个好建议，对我的帮助可能比金钱更大。在我们这里，有了任何不明白的事，我都会找到人来帮助我。比方前一段时间，我们在网上建立了一个公开 QQ 群，这本来是一个很小的事。但特别棒的是，我们下半年想开展手语 500 句培训，有个人正好学的就是中国手语，她从网上知道后就找到我来做志愿者，专门教手语 500 句，而且帮我做了教案。这就是一个意外的收获。我在生活中感觉到，资源对 NGO 来说太重要了！而且还要活化这些资源，不要把它弄死了。像我有一些好朋友，一打电话问他们，虽说这个部门不归他们管，但是他们会跟你说认识谁谁谁，并会介绍你们认识。这样搭一个桥就很好。我见到许多草根 NGO，它们都说和残联不好处，残联对他们不好。我总劝他们说："谁都会对你好，关键是你用什么态度去对待他们。"

问：我也觉得很奇怪。为什么同一个部门，或者同一个领导，对别的组织不好，但对您却很好？您的心得是什么？

答：其实我们也有受气的时候、不顺的时候。我觉得这里有一个肚量的问题，肚量反映的是人的心胸，有肚才能有量。比如说，我们要做一些项目活动，有时一些领导会提出一些金钱上或其他方面的额外要求，对这些要求，有些组织会拒绝，认为不合乎组织宗旨。我们会在可能的范围内考虑这些要求，只要不违法，能做到的我们会尽量去做。因为我们的目标是要做成项目活动。只要能够实现这个目标，我的包容性和弹性还是很大的。但是你知道，我们也有欠缺，因为我是残疾人，不能出去陪人吃吃喝喝，我只能靠我的真诚，靠一种平常心去跟人家交往。大家能够接纳我这一点，就是给予我很大的尊重和理解。对于一个残疾人，坦率地讲，社会还是有一些歧视的。能够把一些机会给我，并不是我争取得到的，还是来自于大家给我的帮助和支持。

开始的时候，我从个人的角度想去帮助别人。当有了团队时，就想用团队的力量去做。现在我有一种感觉，就是我们的发展到了这样一个阶段，我们希望更多地去帮助别的团队，而不是把我们有限的力量用在帮助个人上。我们希望有更多的团队能够和我们一起去帮助那些需要帮助的人们。我自己有一个愿望：如果可能的话，希望把我们的管理经验整理成书。这方面我也有我的困惑。最近联系了一个大学的教授，他提出："我让我的研究生跟你半年，把这些东西整理出来，然后资源共享。"这让我很为难。坦率地讲，我很不情愿。我们用了十几年时间摸索积累形成的管理经验和制度，其中有许多是我们独到的东西，这个知识产权应当属于我们。但是有的组织来学习考察，把我们的经验和制度学到手，说是作为一种共享资源。如果它们是自己用，也承认是来自心语的，我们当然乐意给他们。但问题是，有的人不这样想。这位教授的这种主张我就不能接受。

比如说，我们多年来学会了申请项目，不管是基金会还是企业，我们都能够争取到它们的项目支持。大家就觉得海波很厉害，写的项目书几乎百发百中。能达到今天这样，我也是挺高兴的，其实我也很想把这些东西拿出来跟大家分享。但是我们也面临一个问题。比如说，我们从加拿大的基金会申请到项目，下一次它们就不会再资助我们了，因为它们更愿意广撒网，受益面大一点，能扩大基金会的影响力。我知道这一点，所以我愿意向其他组织介绍加拿大的基金会，帮助它们申请项目。但是后来我发现事情并不是那么单纯。有的组织你一旦帮助了它，它可能很快就会来拆你的台，它会和你一起去申请，而且拿的就是你的项目申请书。它们这样做，结果弄得我很被动。我认为 NGO 之间有竞争是正常的，因为竞争可以提升组织各方面的能力。但是一定要合理竞争，要有底线，不能恶性竞争、相互拆台。有的人甚至靠贬低别人来抬高自己，那就太过分了。说真的，我觉得我们现在 NGO 的外部生存环境还是比较恶劣的，这时候尤其需要 NGO 之间相互理解、相互支持。其实说真的，在中国今天的外部环境下，无论哪个 NGO，只要能够生存下来，都是好样的，说明你有生存下来的优势和能力，能够战胜比较恶劣的外部环境，至少其领导人付出了很大的艰辛。从这种意义上说，能够存在下来的 NGO 及其领导人都是成功者，大家都应当相互理解和包容。

3. 心语协会的发展历程

问：回顾心语的发展，您觉得我们经历了怎样的发展历程？

答：大体上我是把心语的发展分为三个阶段。第一阶段大体上是 1996 年到 2000 年期间，那是一个相对来说比较艰难、迷茫和盲目的发展阶段。那时候，我们找不到可借鉴的其他 NGO 的信息和资料，没有清晰的目标和榜样。那个时候会费少得可怜，整个组织处在生存危机之中，我们随时都面临"断炊"、"断粮"的危险，租房的房租压力也特别大，不断为了房租搬家，换地方。

那时我们在开展活动上也很被动，没有明确的主线，往往跟着项目走。比如公安局搞一个禁毒活动，就来找我们协助开展宣传活动；团市委搞一个志愿服务活动，也来找我们做宣传动员之类的活动。心语往往跟着这些机构跑，拼了命地帮助它们开展各种宣传活动，今天去宣传禁毒，明天去宣传环保，后天去宣传志愿服务等等。我们协助很多单位做了很多活动，但没有给心语留下什么东西。这是我们在起步阶段所出现的一些问题。

在 2000 年前后，我开始接触到北京的一些 NGO。大体从 2000 年 3 月左右，我们开始调整战略方向，逐渐明确了心语工作的三个基本方向——助学、助残和心理支持。

问：您是怎么确定这样三个基本的工作方向的呢？

答：这是有原因的。在心语成立之初，我们有一个筹委会。当时大家就有一致的目标——帮助贫困孩子。助残可能跟我本人的身体状况这种特殊因素有很大关系。在残疾人眼中，我有一定的影响，所以大家都很关注我，一定程度上把我视为他们的榜样。我在 QQ 上建了一个吉林省的残友群，那里面有 130 多个残友。有一段时间因为心语办公室的意外搬迁弄得我筋疲力尽，心里很烦，就在群里发了点牢骚，说"太累了，不想干了"什么的。结果当天就接到省残联负责人的电话，他问我："海波怎么了，最近工作不顺心吗？"还详细询问我碰到了哪些困难什么的。我觉得很奇怪。他就跟我说："你要注意影响啊！你是公众人物，说话的时候你要小心。"后来我才知道，大概是残友在 QQ 群里注意到我的发言，他们很担心我，就把我当时的状态反映给残联了。我非常感谢他们，他们让我意识到我的存在价值，其中包含着对我的信任和关心。有些朋友就直接告诉我："海波，你知道吗？你现在活着就是我们的精神支点。所以你必须要健康，你的健康不是你个人的问题。"这让我感动，也让我重新审视自己。

因此，助学、助残和心理支持逐渐成为我们的工作重点。从 2001 年到 2005 年这个阶段，可以说是心语的裂变期。这五年对我们来讲，是一个新的发展。因为我们明确了自己的方向，也知道了自己的目标。下一阶段我们的中心任务则应当是努力实现组织的自我完善，进一步加强能力建设。虽然大家看起来，我们心语管理各方面都有自己的一些套路和方法，但我认为，还有很多的地方做得不够好。比如，现在每个项目下来以后，我能很快地知道该怎么做，但我的员工还不能做到马上进入状态，我还需要培训他们。我觉得真正成功的时候是：我只负责申请项目就可以了，他们每个人都知道自己该做什么。到了现在这个阶段，我不应该每个细节都事无巨细地做。比如现在哪怕只是做一个表格，我可能也要亲自动手去修改。我觉得这是不可以的。到一定程度，我觉得我作为这个组织中的一个筹资人和形象代言人就可以了。我的员工应该有能力承载剩下的部分，应该能够把握项目的细节。以这个标准来讲，我觉得无论是在员工，还是在志愿者的培训体系上，我都需要加强很多的方面。比如说，我们希望能够进一步加强组织的自律性，我正在研究服务领域的量化标准，希望能够建立起组织内部规范化的量化标准。大家可能会觉得，数据化管理有点太苛求了。我觉得我看到的不是今天，我看到的是数据化管理的未来。从未来的角度来讲，我认为一个 NGO 应该具备这种实力。比如说，我们将来突然承担一个项目，人家要求我们按月份完成目标的话，如果我们没有一个前期的练兵，我们是做不到这一点的。我觉得，这不是小题大做，而是势在必行的事情。而且越早做，成功的几率就越大。

因此，我觉得我们心语有三个发展阶段，目前已进入到第三个阶段。第一个阶段是迷茫期；第二个是裂变期，是重新认识组织定位的时期；第三个阶段是我们正在开始的这个自我完善阶段。下一步，如果有第四阶段的话，我觉得应当是我们能够给别的组织提供支持、帮助的新的发展阶段。我们针对的是那些跟我们一样生活在中小城市里、面对大量社会问题但又基本没有经费来源的公益组织。我们希望介绍一些方法给他们，让他们找得到自己生存的方向。这是我们的一个理想。

总之，心语的最终目标，是希望成为一个扎根于中国国情的 NGO，既独立自主，又能广泛与政府和其他各类组织开展合作；既能提供各种非营利的公益服务，也能提供有偿的社会服务。

比如说心理服务这一块，既对残疾人有帮助，也对贫困人群有帮助，尤其对单亲孩子很有帮助。对一些有经济能力的人来说，他们能够支付一点，提供经费；对于没有经济能力的人来说，我们提供的是无偿的服务。但是我们可以用有限的有偿服务来实现更多无偿的产出。对于助残的项目，我们现在已经在开展这方面的工作了，我们注册了一个很小的公司，在做工艺制品。

问：公司是什么时候注册的？

答：去年 6 月份注册的。我现在做的就是：对于那些没有文化、能力弱的残疾人，我们就教他手工编织；文化能力强的残疾人，我们就教他电子商务。比如说，一个残疾人，坐在家里有一台电脑，就可以开一个网店在网上进行推销，进货可以打电话订购，送货可以使用快递，他不用出门就可以完成商业活动。对于残疾人，我们就希望能够尽其所能，让他们在自立过程中寻求自信。也就是说，我们不希望，当他饿的时候，我们给他一碗饭就完事了。我们希望教给他一种方法，让他自己去挣、去耕种。这样，他吃这碗饭的时候，就会觉得比我给的更香，更有价值感。所以这也是我目前要做的事情。我们的使命中最重要的一点就是：希望在这里服务的人能够珍惜自己的生命价值，也就是说能够体会到在生命中，"拥有爱是幸福，给予爱是快乐"。

访谈印象

海波是我接触到的一位很具有感染力的公众人物，也是一位生命力、意志力与领导力极强的残障人士。因为先天残疾，她的行动依靠轮椅。但她总是那么乐观、智趣、谈笑风生、乐于助人，她因此组建了心语协会这个规模不小的志愿者组织。在长春，她是家喻户晓的公众人物，心语协会提供的服务及其志愿者遍及这个城市的各个角落。

我曾多次与海波交谈。除了几次专访外，在出席会议的间隙我们也常畅谈不已。她总有那么多的话题，我总有那么多的好奇。每一次，我总被她所深深感染。我在内心中仰望这一个人生的奇迹，她背负着这样糟糕的生命际遇，竟是如此坦然，如此达观，如此光辉照人！

我不能不在内心中为她叹服，对她充满敬意！

像海波一样的残障公益人，还有福建的李光泽，北京的曹雁，石家庄的宋玉红，任丘的文革等等。每每想到他们，我都心生敬畏。他们背负着常人所没有的生命之重负，却释放出远远超越自身的巨大公益能量，浸润着我们的社会。面对他们，有时我感到惭愧不已。作为健全人，我们理应为公益做得更多，才能对得起他们的付出，才能对得起生命给我们的健全。

十四　托马斯　谈爱之关怀

访谈托马斯先生

访谈题记

托马斯先生，"爱之关怀"创始人。因感染艾滋病几上绝路，经抗病毒治疗获得重生。租房成立"爱之家"，收留无家可归的吸毒感染者。后在多家国际组织的资助下发起成立著名的防艾 NGO——"爱之关怀"。出版自传《我要活下去》，呼吁社会消除对艾滋病人的歧视。

爱之关怀，包括"中国爱之关怀网站"和"HIV 咨询热线"，始于 2002 年的广州，主要通过网站和咨询热线，为艾滋病感染者和病人提供交流互动平台，宣传艾滋病相关知识，提供咨询服务并推动自愿检测。是一个由感染者和非感染者共同发起和参与的草根 NGO。其宗旨为：通过与政府和非政府组织的交流与合作，开发和推广最佳实践经验，支持社区组织的建立和成长，促进宽容、平等、无歧视的社会环境，推动公民社会的发展。爱之关怀的项目覆盖了广东、广西、云南、湖北等省份，得到许多国际组织的支持，2006 年获联合国

"红丝带奖"。

　　对托马斯先生的口述史访谈是中国性艾协会的罗枚老师帮忙联系的。她听说我在做口述史研究，向我介绍了托马斯先生。访谈进行得意外地顺利，托马斯先生不仅乐意接受访谈，且谈得很深入。对访谈笔录，他也认真审阅并提供了修改建议。在此，谨向他深表谢忱！

1. 那座庙

　　问：您是从什么时候开始为感染者人群服务的？

　　答：2001年。

　　问：2001年开始，一直到现在，建立了这么大一个体系？

　　答：对，八年的时间。2001年最开始的时候基本就是我一个人，那时我只是作为一个志愿者在医院里探访病人，然后开了一个BBS，并在这个BBS上介绍艾滋病是可以治疗的。2002年我无家可归待在接待站里，2003、2004年我基本上不再上BBS了。因为服务器的问题这个BBS现在已经不存在了。那时大家对艾滋病还很不了解。我在2000年9月被确诊时，根本就不知道艾滋病可以治疗。后来听说有鸡尾酒疗法①，要10万块一年，吃上一辈子，基本上也就放弃了。生病后一段时间工作又没了，那个时候我真是很绝望。后来一个偶然的机会，是在2000年11月30日那天，我父亲在电视里看到了北京佑安医院已开展艾滋病的治疗，那时候我根本不知道有治疗艾滋病的医院，幸亏我没有在这天之前自杀。当时我父亲就说："去试一下吧。"我想去，但是想法跟他不同。我想医院是在几千公里之外，去那里治疗对家里没有影响。我就到佑安医院去了，当时我到医院就是想去等死的。没有抱更多希望。在那个年代人们对艾滋病还不了解，对艾滋病患者还存在许多偏见，往往谈艾色变，但佑安医院的氛围却非常不错，在那儿我没受到任何冷遇，相反却得到了很多关怀。北京的一个志愿者，是北医大的一个学生，他主动跑过来跟我聊天，我想看书，他

①　鸡尾酒疗法，原指"高效抗逆转录病毒治疗"（HAART），由美籍华裔科学家何大一于1996年提出，是通过三种或三种以上的抗病毒药物联合使用来治疗艾滋病。该疗法的应用可以减少单一用药产生的抗药性，最大限度地抑制病毒的复制，使被破坏的机体免疫功能部分甚至全部恢复，从而延缓病程进展，延长患者生命，提高生命质量。该疗法把蛋白酶抑制剂与多种抗病毒的药物混合使用，从而使艾滋病得到有效的控制。

就到图书馆借来给我看，每个礼拜都来给我换（书）。还有北京汽车厂的一个志愿者骑着自行车，每个月都要来给住院的病人剪头发。那里的护士也都很好，看我没人陪护，夜里值班的护士不去护士站看电视，而是到我房间里跟我聊天，等我睡着了才走开。我当时病得很重，全身的皮肤都是烂的，人很瘦很瘦，医院就尽量减免、降低我的治疗费用。我能活过来还真要感谢徐仁智医生。当时我的免疫诊疗 CD4① 是在 19，基本上等于零了，对治疗我已丧失了信心。抗病毒药在北京买要 7000 多块钱一个月，自己觉得吃了也没用，就不愿吃抗病毒药了。住院十几天后徐大夫发现我不行了，跟我谈了几次话，后来是他写信给我父亲，告诉我父亲救我唯一的办法就是抗病毒药。我父亲就把钱汇到医院来了。从 2001 年元旦那天起我开始吃药，在他们的帮助下，我算是活过来了。而且慢慢地整个人的心态也调整过来了。我本来是做商业的，一直都在国外，是因为这个病才回来的，回到广州养病的。在北京佑安医院我得到了很好的治疗，我就希望把我确诊后、治疗后的感受和大家分享。2001 年开始我就在网上（开了BBS）发帖说艾滋病是可以治的，鼓励艾滋病患者接受治疗，当时就有很多人跟帖。后来我写了一本书，有很多关于这个论坛的东西在这本书里面。

问：书叫什么名字？

答：叫《我要活下去》，现在很多大学里有这本书。那本书的前 70% 是我写的，后面 30% 是一个志愿者给我写的，他不知怎么就把我的手机号码写上去了。有人看这本书看得很细，看到这个号码就给我发短信。所以可能就从那个时候开始，我就和他们有了联系，每周都有两三天到医院去，在广州八院，我就开始去病房探访一个一个的病人。

问：去探访？

答：对，跟病人谈话，跟他们的家人谈话，通过我的亲身经历。我觉得他们很需要这种帮助。对艾滋病人起很大作用的是做 VCT②。有很多人都在担心，有恐艾症。中国人去检测前先想到查出来怎么办。我正好可给他一个答案，一个查出来可以怎样去接受治疗的答案。当时国内抗病毒治疗的信息太少了，我就通过国外的网站了解到很多这一类的信息。后来他

---

① CD4 细胞是人体免疫系统中的一种重要免疫细胞，CD4 主要表达于辅助 T（Th）细胞，是 HIV 的受体，由于艾滋病病毒攻击对象是 CD4 细胞，所以其检测结果对艾滋病治疗效果的判断和对患者免疫功能的判断有重要作用。

② 即 VCT 门诊，艾滋病自愿咨询检测（HIV Voluntary Counseling & Testing，VCT），是指人们在经过咨询后能够使他们对于艾滋病检测做出明智的选择的过程。这一决定必须完全是求询者自己的选择，并且这一过程是完全保密的。

们就经常来问我，有打电话来问的，还有很多人干脆就跑到广州来找我，找我带他们去检测。有北京的，有上海的，有四川的，有东北的。总之，那个网站差不多一年左右帮助了上千人。

问：当时那个网站叫什么？

答：叫做 A 论坛（A 是艾滋的英文词头），A 论坛现在在网上找不到了，在我那本书里面是有的。那个 BBS 当时是很火的，每天成百上千人。我觉得那个 BBS 简直就变成了一座庙，我们的工作就是从那座庙开始的。为什么呢？因为那时很多人恐艾，都当自己是感染者，压力很大。在 BBS 上这些恐艾的人写的都是对不起父母之类的话。他们讲了很多，我也写了很多。我以自己的切身经历劝慰他们，真的要是患了艾滋病怕是怕不掉的，要勇敢面对。或许患了艾滋病反倒是一种机遇，是带你走向未知的一种机遇。人生本来就是一个赴死的过程，就是走向死亡的一个过程。当你知道你的时间是有限的，你会知道你失去了什么，你错过了什么，你该把握什么。所以有了 HIV 不一定是坏事，是一个觉悟的过程。这样交流之后很多人就敢去检测了。在这之前有的人恐艾了一年，两年，短的也有三五个月，但检测发现自己是正常的，恐惧一下子全没了。之后很多人约我到广州八院门口见面，我就带他们去检测。非常幸运，检测的结果绝大部分都是阴性的，许多人都是虚惊一场。可以想见，带着对 HIV 的恐惧，其生活将是多么的灰暗。检测使他们如释重负。检测完他们就找我，想捐点钱。对他们来说这是一种还愿的过程。所以我就说，那个 BBS 其实是一座庙。

2. 爱之家

问：怎么想到做一个 NGO 呢？

答：他们捐钱以后问我有什么打算？我就说广州八院有一些很穷的病人，可以给他们一些帮助。当时广州八院有个情况，有一些感染者，主要是吸毒的，无家可归，占着医院的床位就不肯离开，要住院病人的床位被他们占了。他们是警察在街上捡回来的，又没有地方去。后来我们就做他们的工作。我在佑安医院亲身体验过，我就把他们当朋友，我用这些捐来的钱在附近租了一间房子，起了个名字叫"爱之家"，把这十几个人全部从医院接到那里去。我给他们谈的条件是：从香烟到吃饭，钱全部我都包了，但是唯一的要求是不许吸毒。其实我当时太过乐观，对于戒毒的难度我不了解，我硬闯着去做这个事情。而且 8 月底我又提出，凡是从"爱之家"去看病的，一分钱不要付。前后一年多的时间，"爱之家"接收了大概20个人，后来有8个还是9个跑掉了，忍受不了（毒瘾）就跑掉了。剩下十几个，当时的结局挺圆满的，留下来的人后来就帮助做义工，最后他们的家人接他们回了。在这一段时间里他们真的没有吸毒，但是回去之后，三个月到六个月全都复吸了，因为他们回家的环境不同了，他们经常和我还有一点联系。

问："爱之家"后来是遇到什么困难没有再做了呢？

答：做"爱之家"时，发现吸毒人群的社会成本是非常大的。以前我从来不关注这个人群，后来做"爱之家"和他们接触了，给他们提供一些帮助，做些讲解等等。接触后我发现不得了，这帮人平均每天犯一宗案子，不是偷就是抢，要不哪有那么多钱去吸毒啊——平均每天最少一宗。他们自己也是很不好的结局，绝大多数都流落街头。这些人因为没有人给他们好的引导，他们就在社会上犯事，难怪社会治安那么差。我当时以为自己干了件很大的好事，我接走了12个人，广州市刑事案件每天至少少了12件。广州八院蔡主任他们非常感谢我帮助他们解决了床位占用的大问题，于是他们就开始呼吁卫生局、疾控中心等部门给予我们一些关注和帮助。我当时想，开始我一人做就行了，适当的时候让政府接手就算了。但做的过程中开始碰到了很多麻烦，原以为近郊区比较隐蔽一些，但郊区村里住的都是固定的人，突然间来了一帮新的，马上就会被发现，一发现就传开了，村民就来包围我们。

问：村民包围你们？

答：村民包围，把水电都断了，我们要开着摩托车去拉水进来。

问：你在那儿待了多长时间，每天都这样吗？

答：大概总共是3个月，被围了3次，搬了3次。第一次差不多20多个村民围攻我，十几个吸毒的感染者都在房间里，他们嚷嚷要拿刀子跟他们干。我说："千万不能乱来，要干就麻烦了。"我打电话给警察报警，警察不理，以没有警力为由不理我们，我们只得搬。

问：警察知道你收留了这样一些人吗？

答：知道，开始就是因为我们进来以后，警察来查户口查出来的。警察来时还有联防队队员，联防队员是本村的人，是他们传出去的。我不能对警察说谎，我们从哪里来，干什么的，我都跟警察说了，我觉得警察是可信的，结果一下给我捅出去了。然后接着又搬，搬到一个小学里，可能是搬得不够远，很快又被人发现了。后来我们发现最危险的地方是最安全的——那种流动人口比较多的住宅区，谁也不认识谁，来几个人是不奇怪的。我们就又租了一套房子，在那里一直住了很长时间。

问：那最后不做了？

答：后来没有办法做了。

问：因为没钱了？

答：不是。钱倒是刚刚够开销，缺一点我自己垫也没问题，最大的问题是没有外界的支持。吸毒人员的心理疏导和思想教育很重要，要改变他们的行为就得洗脑，我一个人做不了，我自己做得很累。我曾经要求政府给我们一个场地，配备一些人员，其他方面再支持一下，政府不肯。

问：你是去哪个部门？

答：当时红会、卫生局、疾控中心都到"爱之家"来过，每年8月它们都会来我们这帮助检查身体。它们也帮助我们推动过场地和人员的事情，甚至还把我们带到过一个麻风村，那个麻风村以前有一半的地方没人用，要把那个场地给我们。后来政府因为我们没有注册，担心以后出了事没人担责任，这件事情就没有继续做下去了。

问：它们没有考虑推动你去登记注册？

答：没有，当时我们登记注册没人愿意做我们的业务主管单位。假如我们犯了错误我们的主管单位是要承担责任的，谁愿意做这样的业务主管单位呢？我们又是完全非政府的，如果我是从政府退休的，或者说跟政府有什么关系的，那又不同了。到后来我觉得有点失望，觉得自己的力量很难能做多久，最后的半年我就一个人都不接收了，剩下的这最后12个人，通过跟他们家人的沟通，逐步地都给接走了。

3. 爱之关怀

到2002年底，我觉着已经差不多了。我当时的身体也已经好一点了，我还要生存，还有每月7000多块钱的医药费我得去挣。正当我考虑回去工作时，UNDP①通过玛丽斯特普②把我送到斯里兰卡接受一个礼拜的培

① 即联合国开发计划——United Nations Development Programme 的缩写，1965 年根据联合国大会成立。

② 即玛丽斯特普国际组织（MSI），是一个总部位于英国，致力于向基层群众提供优质的性与生殖健康宣传教育与服务的公益组织。玛丽斯特普国际组织中国代表处（MSIC）是一个公共卫生领域的非营利组织，正式成立于 2000 年。

中国 NGO 口述史　第一辑 —— 202

训。这一个礼拜的培训之后，我的理解产生了变化，以前完全是个人的一种愿望，去做这个事情，觉得有这个需求，反正我也干不了别的事，我就先干干这个，别人帮过我，我也帮帮别人。这个培训以后，我在理念上有了新的认识，就成立了一个新的组织，叫"爱之关怀"，UNDP给了我两万五千美元，作为三年的启动经费，从2003年初开始，这是我们第一笔经费。

问：我想问一下，UNDP是什么项目，是关于NGO的？

答：就是对于NGO、对感染者的一个支持项目。当时它们支持中国的只有一个项目就是红树林①项目。后来刘立清去跟他们争取，他说托马斯跟红树林是一南一北，中国这么大，一个是否太少，它们就又资助了一个。

当时红树林比我们的状况要好，它2002年成立时，是过百万的资金来成立的。当时它在北京，北京比较容易获得资源。我们2003年用这20万开始做三年的项目，那时还有一两个志愿者帮我在广州开始做。2004年时福特基金会开始介入，2005年国际艾滋病联盟开始介入，2006年克林顿基金会开始支持我们的项目，一直发展到现在。

问：你对NGO怎么看？

答：NGO代表一些脆弱的人群，为他们提供服务，或者给政府一些延伸，做一种更细致的、政府没法做的工作。我们做任何事情都是非常细的，而且是从非常基层的东西做起。

问：我觉得你们就像毛细血管，一定要进入到肌体的各个部分去。

答：对，没错，这个太形象了。这就是我刚才想说的。

问：最初您接触的NGO也不多吧？

答：一开始就是万延海。

问：但是你们已经开始用NGO这个词了？

答：没有，我们当时用CBO这个词，Community – Based Organization，是借用的，对外介绍我在斯里兰卡接受过亚太地区感染者网络培训，希望做成一个感染者的组织，就是CBO。

我们成为NGO是2006年11月，我们的项目逐步扩大，扩大到了广西等地。当时福特支持广东做项目，美国艾滋病基金会支持香港做项目。经过几年的运作之后我们发现，我们不希望感染者在我们组织中得到工作

---

① 红树林是中国第一个艾滋病自助团体，成立于2002年4月。

只是因为他得了艾滋病，那是一种养懒人的办法，而且没办法提高我们整体的水平。我们的管理委员会在广州开了两天会就专门讨论这个问题，为什么我们招不到合适的人员？为什么人员的素质没办法稳定地提高？有些素质高的感染者一旦有了一份比较好的工作，他基本不愿意再到我们这工作了。而我们以前招的都是无业的人，素质不高，创新不够。我们研究后发现，我们太局限于感染者社区，我们给我们自己贴了一个标签，"爱之关怀"的员工都是感染者。这样我们的员工是没有竞争精神的。可能因为是感染者，所以他们干活没有积极性。那次会议后，2006 年 11 月起我们就打开门来招人，只要有人知道这个组织里有感染者，愿意跟感染者坐在一个办公室里工作，那他的意识觉悟就是相当好的，我们就可以考虑。这对我们感染者的员工也是一个激励，首先他觉得我跟非感染者在一块工作，对自己就有一种自我认同，这是很重要的。其次他感觉到不是因为他是感染者就可以在这工作。当我们改变之后，状况一下就发生了变化，我们现在大概有 160 个全职员工，其中 40% 是非感染者，60% 是感染者。那以后我们觉得我们算是非政府组织了。

问：2006 年明确了你们是 NGO？

答：对。在 2006 年之前，我们认为自己就是一个感染者的草根组织。当时福特之所以给我们支持，可能也把我们看作是一个有待成长的机构。

问：您在申请项目、接受资助时，有没有一些自己的考量？

答：我们基本上不会做不愿意做的事，不会为钱去做我们不愿意做的事。其实我们几个骨干都是有商业背景的，我们的副理事是一个包工头，建筑承包商。我跟他们说："你们一开始做这个事就要知道，第一这不是赚钱的，（当时工资是很低的，）干多久就看能不能走下去，第二我们要有理想主义的色彩，没有点理想主义色彩这件事是做不好的。"我们在跟资助方谈时，也是始终坚持我们的立场，我会介绍我们的专长以及我们做事的原则，我们不希望我们变成那种站在路边等活干的机构。

问：现在很多 NGO 就变成这样，吃了上顿没下顿，资助方要求他们干什么他们就干什么，就为了拿这笔钱，改变了自己的理念。

答：还有一种说法是让你刷墙，你就刷墙，让你铺地板你就铺地板，让你倒垃圾你就倒垃圾，你没有自己的特色和专长，但通常我们就干我们主要的，别的我们都不干。我们跟资助方商谈时经常会说某某方面是我们的特长，我们在这方面有经验。如果说我想干它们提出的项目，就需要了解项目是否适合我们的员工去做。我们会向它们提出在哪一方面能不能支

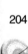

持我们，如果不能支持，你再提出一个新的想法我们再考虑能不能接受。2006 年，丹麦要给我们钱做一个积极生活的摄影展，一个省可以拿一万美元，相机也由他们提供，内容就是给感染者拍照，拍他们的生活照，愿意怎么拍就怎么拍，然后去展览。我们曾服务过一万多个感染者，这一万多个人的真实姓名、家庭住址、电话号码，什么都有。接这个项目做起来应该很简单。但当时我们想，如果让感染者去拍他们的生活，他们会想很多。还有我们觉得要体现感染者的生活，不一定要通过这种方法去做。最后我们没接这个项目。我们更多的是注重于接一个项目就扎扎实实做好，确实可以做出真正好的项目，那才开始去做。

问：有些草根组织面临很多问题，吃了上顿没下顿，非常的难。我估计你们这个项目衔接上可能不存在这个问题？

答：暂时没有，我们是从最初的几万块开始做到现在，去年我们做了一个审计，从 2007 年 7 月到 2008 年 12 月，一年半时间我们的总收入是1200 万，差不多一年就是近 800 万。我们的资金逐年都在增加，没有减少的，成了相对比较稳定的 NGO。

现在基本上都是人家来找我们，我们强调一定要靠我们的工作质量来说话，做得好就会得到认可。我要求我们每个员工做工作都要扎扎实实的，我们第一代的员工基本是志愿者，第二代拿很少的补贴，第三代员工就签合同了，五险一金全部都有了。我们就有要求，要干就干得扎扎实实。还有我们的定位很清楚，我们不希望做我们能力所不及的，或者我们认为不合理的事情。

4. 登记注册

问：登记注册的情况怎样？

答：其实我们就只在广西注册了一个商业公司。原来我们是玛丽斯特普托管的，有一些也放在罗玫罗老师那里，他们都有资金托管的费用，5% 到 10%，甚至 20%。有一次我们开理事会，开会的地点在广州英国领事馆，那个地方很不错。当时英国驻广州的总领事是我们的理事会成员，他就项目管理提出了两个问题：第一，一年差不多 100 万左右的资金，怎么没看到利息收入？第二，把项目经费托管在别人那里，一年光管理费就去掉了十万。他认为这样的项目管理有问题，希望我们想办法解决。理事会认真研究了他提出的问题，建议我们去申请注册。于是我们就在 2006

年初在南宁申请了工商登记，注册名称叫"广西南宁红绸带健康信息咨询服务有限公司"。

我们不敢叫红丝带，改叫"红绸带"，还起了一个很长的名字。注册以后马上就涉及税务问题，我们想了一个办法，要求 UNDP、福特、还有 UNAIDS 等几个主要的资助方写介绍信，内容是我们组织给患者关怀、支持，是从事公益事业的非营利组织；之后我们还找到广西疾控中心陈杰、广西第四人民医院以及无国界医疗组织的人，他们都给我们写了介绍信。我就拿着这堆介绍信到市里去找税务机关。当时的主管人员是南宁市的，他认真地听取了我的汇报，并仔细地看了这些介绍信。三天后，这位主管答应了我们的免税要求，他说："只要我坐在这个位置上，我就不收你们的税。"所以直到现在，我们的组织一分钱的税都没有缴，包括营业税、企业所得税等。当然，个人所得税我是全部缴纳的。

5. 商业化管理

问：我特别感兴趣你的商业背景。你以前是经商的，有没有想过可以去做一些商业性的尝试？

答：商业性的尝试，我觉得这是我们很困惑的一个问题。在发展过程中，筹款是每一个 NGO 最关心的事情。我们过去都是从国外筹款的，国内基本只有全球基金给一点钱，其他基本上都是国外的钱。关于商业尝试，我们也想做成那种社会企业，但是我们觉得，这要耗很多时间进去。我们也没有办法保证一定能赚钱，这两年我们都在讨论这个问题，到底怎么去做？但到目前为止，还没有真的去做让组织自身有造血功能的事。

问：我觉得你的背景很重要，我接触的 NGO 里这种背景的很少，我们也非常关注社会企业这样一种实践模式。因为非营利本身并不是不经营，最重要的是对社会要有所贡献。我觉得你在企业化运营和管理上有优势。你们在管理上是否发挥了这种优势？

答：我们这个组织的运作一直是比较商业化的。我们的管理比较苛刻，比如，我们的员工是礼拜一到礼拜五都工作的。所以我们跟资助方有很大的不同，很多资助方花在人员工资等上面的行政成本不超过 30%，70% 要用在项目上。但是我们的工作反过来，我们 70% 以上的经费都用在与感染者相关的各种活动上。在艾滋病防治领域，NGO 说到底就是做人的工作，办 party，搞外展，搞培训，开会等等，这就需要支持员工每一天的工作，把他们每一天的工作安排满。如果员工不满负荷，我要考虑把这个人裁掉，如果某个地方需要人手，我们一定会派人去做，而且要对员工做有质量的培训。这些大部分我们是当作生意来做的，虽然我们不盈利，但是我们会赢得一个名声，我们的工作是要有效果的。比如说，我们做餐馆，菜鲜美、做得好吃，王老师来吃了，他就会把他的朋友带来，这就是资助方。我们希望我们的菜有特色，我们这几年通常不太关注产出，更关注影响。举个例子，克林顿基金会与我们签了非常简单的协议，第一增加抗病毒治疗的元素；第二提高依从性，支持治疗的效果提高；第三减少脱食率，吃药的时候不要脱食；第四给感染者关怀。我们怎么向克林顿基金会展示我们的效果呢？比如给感染者关怀这个条件，我们就列出受到关怀的感染者人数的增加值。全国做艾滋病领域的 NGO 都会增加受到关怀的感染者人数，那怎么说明是增加的呢？我们就要求有些有效的指标，每个点，每个月增加的人数。我们经过四年的比较，得出结果是平均每个月、每个点做抗病毒治疗的人数上涨了 100% 以上，成果是很显著的。这是怎么做到的呢？一开始我们给社区做外展项目，理论上应该开很多会去动员大家来治疗，但我们没做这个事情。我们就把我们的点，治疗的门诊规范好，等于通过服务来吸引人。第一安排了候诊室，感染者不用在走廊里晃荡；第二完善了所有的预约系统，就是说，在我预约的时间，医生一定在那儿等我；第三有问题时社区工作人员也会帮你解答；第四在细节上也比较人性化，比如针对早上抽血的人，我们会给他准备一些小点心，这花不了多少钱，比开培训班少得多了。有了这些服务后，他们就在周围把我们传开了，告诉别人去我们那儿治疗非常好。我甚至跟员工说，用五星级的标准去提供服务。也就是说，我们一个感染者到一个治疗点后，如果他觉得一切都是井井有条的，都是很完善的，精神面貌是好的，他就会觉得是被尊重的，他会感到他的生命、他的治疗是很重要的。自然地他的依从性就好，别的病人也会主动来。就像你们出差去一个机构，如果这个机构说："你来我这儿永远都坐头等舱，住五星级酒店。"你会觉得受到很大的重视。病人也是这样的，所以我们就是做好服务，没有开培训班。爱之关怀最大的跟其他 NGO 的不同，就是用商业的模式在做事情。

问：换个视角来看的话，实际上你是在认真做好一种产品。

答：对。

问：而且要努力提高产品的附加价值和后续服务，提高消费者的满意度。

答：对，没错。

问：买单其实是另外一种方式，哪些机构来给你买单？

答：我们有病人的接待站，也有儿童院，我们现在有三个儿童院，第四个在广州的马上要开了。儿童院是针对那些父母死了，而自己又是阳性的小孩，我们收养了30多个人，这些孩子都知道一直到他们长大我们都养他们。我跟我的员工一直讲，你不要认为这些人穷，你要伺候他，要服务他，因为有人帮他买了单。我说："你要给他们提供服务，让他们感觉到他来到这是得到尊重的，他有尊严。然后他才会愿意持续过来，这样经过一段时间后，我们要改变的是病人的心理，而不是物质状况。"

我们的目标主要是感染者社区，通常是需求多、干的人少。我们不是歧视感染者，只是感染者未必有长远的认识，有时站在自己的立场上看到他今天缺个杯子，缺个房子，缺辆车子。会有很多项目通过物质的东西给他们关怀，来改变他们的幸福指数，提高他们的幸福感。但是我们看出我们应该帮他的不是这些，我们反过来有点唯心主义，认为需要改变的是他的心理。我们的救助基金从来不会给任何人一分钱去买任何物质上的东西。我们的35个点，每个点都会发生病人治到一半没钱就出院的事，我们的工作人员就拿钱去跟医生谈，了解这个病人得的是什么病，治好他需要多少钱。我们付钱继续治疗的条件是：第一，欠费我们不付，第二，医院不能从中赚取不合理的利润，怎么让医院做到呢？就用最直接的方法，就是老祖宗说的人之初性本善，引发他们的善心。

我还有一个提法，感染者还有另一个阳性的年龄，被确诊那年就是零岁，我是9年前确诊的，我今年就9岁。每一个小孩确诊阳性之后，对他是歧视的态度还是关怀的态度，这对他后来的意识形成是很重要的。我曾经在新疆工作过，跟一些维族的病人聊天，我问他们："你们为什么不相信抗病毒药，是不是因为汉人给的你们就不吃？"他否定了。我问为什么，他说："首先我查出来是阳性，本来这个病应该受到歧视的，结果我去到CDC（疾控中心），他们对我态度很好，没有歧视，我就觉得很高兴。我再去做CD4检测，居然也不用钱，我也很高兴。我接受抗病毒治疗，又是免费的，现在哪有免费的事情啊，我就觉得有点不可思议了。结果我去接受抗病毒治疗，他还给我50块钱的营养费，那我说我就得怀疑这个药是干什么的。"他们讲的这段话我经常会复制再讲。有一些事情有一个过程，我们要调动病人的自主权，提高他们的认知。中国的抗病毒治疗要长期去发展的话，我们的目标不是每一个病人陪他一辈子；而是陪他两三年，扶他上马自己走。所以我们不能做一些不可持续性的事情，特别是误导的事情，帮人要帮对地方，所以我们的员工每年的工作都非常忙，也不容易做，但是我们硬往这个方面做。

访谈印象

托马斯是一位感染者。我第一眼见到他，就被他身上的那种灵性所吸引。他说的那个庙，那个阳性年龄，让我直觉到他经历了涅槃的重生。那次在昆明爱之关怀办公室的访谈，直击我的灵魂。让我久久为之感动，为他的重生而震撼。

"每个人都在赴死的路上。"托马斯如是说。同样的话我在许多宗教书里也见过。说这话的托马斯有真情实感。他经历过一次临死。他因此更懂得活的意义。他的爱之家，以及后来的爱之关怀，都是为了活着。为了启迪那些被预告了死期的感染者们活着的意义，帮助他们活得有意义，帮助他们和他们的家人活出尊严，活出幸福，活出人生的富有。我每每见到托马斯，都会有一种敬意，一种惭愧，一种仿佛向天的神圣。他的每一句话，每一个行动，都让我体会到真正的公益其实就是一种宗教，一种面对赴死的坦然和超越。

那次访谈后，我一直想和他再聊。我知道那以后他已经走了更远。不仅想听他谈爱之关怀的进展，更想与他分享在灵性世界中的感悟。

十五　杨茂彬　谈戴托普

访谈杨茂彬先生和戴托普

访谈题记

　　杨茂彬先生，云南戴托普创始人，主任，知名戒毒专家。

　　戴托普，全称为"云南戴托普药物依赖治疗康复中心"，成立于
1998 年。因传承美国 DAYTOP 国际公司药物依赖治疗社区模式而得
名。"戴托普"是由英文单词 DAY 与 TOP 组合而成的 DAYTOP 一词
的中文音译，意为"每天都最好"。DAYTOP 又是由英文句子 Drug
Abuse Yield To Our Persuasion（中文意为：让药物滥用让位于我们的
劝说）中所有单词的首字母组成的缩略词。美国 DAYTOP 国际公司
是一家将治疗社区模式成功应用于药物依赖治疗的戒毒机构，拥有 20
余个治疗中心，每天为 4000 余人提供居住或院外治疗服务，也为欧
洲、南美及亚洲各国提供技术援助。1998 年，杨茂彬等人在学习借
鉴美国 DAYTOP 国际公司治疗社区模式的基础上，发起成立云南戴托
普药物依赖治疗康复中心。这是一家集药物滥用治疗、康复及科研于
一体的非营利组织，是中国首家采用治疗社区模式，从社会学、心理

学、行为学、临床医学、预防医学等多学科结合的角度对药物滥用者进行治疗及善后服务的专业机构，其核心工作是对药物滥用者进行以行为矫正和心理治疗为重点的综合康复。

杨茂彬先生获悉我们要以他和戴托普为对象做口述史研究，欣然应允。百忙中的他连续安排了多个整块的时间接受我们的访谈。谈话进行得坦诚且深入。访谈笔录完成后，杨认真审阅并提出了修改建议。在此谨向他表达我们的深切谢忱！

1. 开始戒毒工作

问：先请你谈谈个人经历，以及你参与创建戴托普的过程如何？

答：好的，我慢慢讲吧。一开始我们并没有想要做一个 NGO。我们只是根据社会的问题和需要在努力做事。1988 年底，吸毒问题在云南开始严重起来。当时国内的第一个戒毒机构就建立在昆明市郊，叫"药物依赖治疗康复研究中心"（简称"昆明药依中心"）这样一个机构。从那时起我开始从事这项工作，之前我对毒品几乎一无所知。

问：那个中心属于哪个部门管？卫生部门？

答：当时是属于昆明市卫生局管。属于卫生机构。在中国精神病院都属于卫生机构，药物依赖问题归精神病科治疗，因此成立了那么一个中心。以前也只是偶尔听人讲到吸毒的问题，并不知道到底什么是吸毒。到了那里，我才第一次接触到吸毒者。

一开始见到吸毒者，我觉得他们看上去还很不错。有的穿戴很讲究，甚至戴着珠宝首饰，看起来很富有。他们住的地方也不像病房，那个中心也不像一个医院。我一开始去的时候，所有的吸毒者都在房间里，每人都在睡觉，没人起床。按照医院的惯例，病人睡觉时一般不能让他起床，发现病人被子掉了我们会帮他们盖起来。因为你不知道他们是些什么状况。等到我们吃过中午饭，一两点钟过后再去看，你才能看到，陆续有人起床。吸毒者就是这样啊，他们是白天不起床，晚上不睡觉。因为他白天都在睡觉，到了晚上他就买毒品吸毒。所以一开始接触之后，觉得这些人给我留下了怪怪的印象。等到我晚上值夜班的时候再来看，就发现这些人简直太有活力了。他们一到晚上就表现得非常活跃。他们互相之间的关系让我觉得很奇特，男男女女随随便便就睡到一起，聊起天来全是谈毒品。他们还拼命地讲大话，说谎话，讲的那些故事都非常好听。你要是听口述艺术的话，倒是可以去听他们讲话，他们都是很会讲很会说的。一开始，这个人群给我留下的印象就是这样。

我1989年去了那个中心第一次接触了吸毒者。本来我以为，新中国成立后毒品问题早就解决了。一直到上世纪90年代初，我们国家还不承认境内有毒品。国外也这么看中国。

到了1991年，我们写了几篇谈戒毒的论文在国际刊物上发表。发表以后，就被美国的戒毒机构戴托普看到了。美国人这才知道中国有毒品问题。美国戴托普的代表主动和中国卫生部联系要来中国，卫生部医政司说愿意帮忙。于是美国代表1991年来到了昆明，当时就提出要通过卫生部和中国合作，帮助我们培训戒毒工作人员。1992年，国家正式立项，给了2800多万的资金筹备云南省药物依赖防治研究所。要成立的这个机构对于昆明来说，就是要把已有的精神病院药依中心从昆明市一锅端，端到省里去。一开始成立了一个筹备处，我们在精神病院干活的人被一下子全部调到了省里，成了筹备处的工作人员。美国那边派人来看了我们的环境以后就提出来要给我们做培训。要求到1994年正式开始培训。对此，云南省开了一次省政府办公会，决定正式成立云南省药物依赖防治研究所（简称"药依所"）。时间大概是1993年。

那时我做戒毒工作已经有一段时间了，从1989年开始。到1991年的时候其实我已经完全失望了，已没兴趣再继续这个工作了。

问：那是为什么？

答：因为对吸毒者不了解啊。当时做这个工作就觉得他们反复地复吸，（让你）一点成就感都没有。当时在治疗过程中，几千人当中没有一个人戒掉的，没有人能够成功地从毒品当中走出来。而且，这些人都表现出强烈地想要吸毒的愿望，这种愿望在和他们想要戒毒的愿望斗争的时候，总是能够获胜。所以做了那么多年以后，我就觉得这个工作是白做的，这根本不是人做的工作，是无法成功的。当时我们把吸毒者找来，问他说你到底是想戒毒呢还是吸毒呢？如果是想戒毒，为什么到了医院里面，那么多人帮你们戒，你们又不戒了，你们又偷吸毒品。我就不知道你们为什么要花这个钱到医院里来？我们的挫折感是很重的，治疗那么多人没有一个人成功，你可以想一想这个工作有什么价值。

吸毒者也跟我们谈，说我们来戒毒的人里面有很多并不是想来戒毒的。他们把戒毒的动机主要分成这样四个：第一是周转经济，第二是缓解压力，第三是恢复身体，第四是躲避公安。这样的人就根本不是来戒毒的。因为他经济要垮了，受不了了，吃不下去了，没钱了，他就跑到戒毒所里戒毒。因为戒毒所花的钱不多，那个时候他吸一个月的毒品大概需要三千块，但是到戒毒所一个月只要一千多，他就觉得非常合算，所以他来第一就是周转经济。第二是缓解压力，他的家庭已经没有办法承受了，整天吸毒已经让家里感到很痛苦了。他为了躲避父母，缓解一下家庭的压力，他就跑到这里来，"好好，我去戒毒我去戒毒"，他这样做就满足了两方面的需求。一方面吸毒者的压力太大了，需要缓解，另一方面他们这么做，觉得自己也算为父母做了一件事情，能在心理上得到点安慰。第三是恢复身体。很多吸毒者把身体吸垮了，觉得应该到医院打打针啊，恢复一下，等身体好一点再来吸毒。第四是躲避公安，公安一来抓，他们就躲，躲到哪儿去呢，就躲到戒毒所里面来。他的动机就是这样，你说怎么做工作?! 所以当时我就觉得这样的工作做不下去，就准备放弃和走人。

问：去哪儿啊？

答：那时候也无所谓了，无非是换一个工作，去当精神科的大夫或是一个内科大夫什么的。当时就开始往这方面考虑了，而且已经着手在问了。

2. 赴美学习培训

就在那时候，美国戴托普的主席访问我们单位。他来了以后跟我们讲，说愿意给我们提供机会到美国去培训。当时一听可以到美国去，心思就变了。心想，要等等这个机会啊。那时候还是在 90 年代初，要去美国可是很奢侈的事情，那种机会简直就像天上掉下一个馅饼一样。既然有这样的机会，那我就再等一下，这一等就等到了 1994 年。从 1991 年底到 1994 年，又干了大约三年的时间，到了 1994 年 11 月 5 日，这个机会终于来了。

问：你到美国那边去做什么工作啊？

答：就还是搞这个，还是做这方面的医生。到 1994 年，终于等到这个机会了，美国戴托普来联系我去美国培训。面试的时候他们问我："你想去美国学什么? 你觉得你去美国能学到什么东西?"我当时很想去美国，也知道他们主要做戒毒方面的培训，所以就说："我做了这么多年的工作没有成就感，不知道毒品到底怎么戒。特别希望到美国去学习一下有什么办法戒毒。"其实当时在我的想象中，这些问题是无法解决的，就是你美国也没有办法。我对吸毒者已经下了定论，一旦吸毒就终身戒不了，毒品是不可能被戒掉的。所以当时我真实的想法是想改变自己的生活状况，跑到美国去再也不回来了。但是面试时可不能这样说啊！我就说了我的一些情况。我说，我没有毅力，没有办法坚持，我不想做这个工作了，我快要放弃了，我希望改变这种状况。当时我就这么说的。不知道为什么，他们就同意了。后来，我嘴上说的全都实现了，心里想的东西反而没有实现，那是后话了。

随后我就去了美国。到了美国很快发现，事情完全不是我所想象的那样。我过去所有的经验都建立在一个错误的判断上——吸毒者是很坏的。但是我一到美国，就感到很吃惊：美国的吸毒者们素质都那么高！我们一去，他们就开始帮忙，帮我们做很多事情。他们所有人穿的衣服都非常朴素，有什么困难大家都帮助你。这是吸毒者吗？我心想：这比我们还好啊！当时我不理解。那个时候你知道吗？人们对美国是很崇拜的，一说就是美国和中国不一样。难道连吸毒的人也不一样？在美国待了差不多九个月后，我就越来越觉得吸毒的人没有太大的问题。因为我在戴托普里参加了所有的活动，做探测小组，有问题大家全部帮你。专家来探测你，来跟你谈，你所有的问题，包括心理、友谊、工作等等这样那样的问题，他都能帮你谈得清清楚楚。我开始感受到，原来这样才能真正地帮到吸毒者。我们以前帮吸毒者只是给他一些药，让他不要吸毒了就完了。其实这里还有很多的问题呢！最根本的一点就是我们对吸毒者不了解。实际上这些吸毒者的心理、所处的环境都有很多的问题，包括从小受教育程度低，父母离异，过早进入社会，靠违法手段生存等等。当他们想要回到正路上时，会发现自己既没有技能，也没有受很好的教育，找工作很困难，处处碰壁。再加上这些人对社会的期望值本来就低，社会主流文化对他们的影响很小，从小受亚文化的影响可能比受主流社会的影响还大。这些人人生的理念中存在着大量的问题，不是说我们从一个方面帮助了他们就解决了所有的问题。我们不仅仅要解决他吸毒或者不吸毒的问题，同时要解决他的人生观和价值观的问题。这些问题我们过去从来没想过。到美国去了以后，我才突然意识到，如果我把学到的这些东西带到中国来帮助这些吸毒者，是不是他们也会改变啊？当时我真有了这样的想法。

问：那么从你在美国的体验看，中国和美国人吸毒的原因是不是都差不多？

答：吸毒的原因可能都差不多。也就是说，绝大部分吸毒者都是为了让他们的生活简单一点，这里面也有好奇的因素起作用。好奇是人类的天性，是没有办法泯灭的。只是这些人的好奇使得他们走进了毒品的世界。但是，这些人在还没有好奇之前，实际上就已经有严重的问题了，这些问题才是他们染上毒品的更深刻的原因。比方说，有些人一生下来父母亲就离异了，有些人家庭关系一直非常不好等等。有些人为了追求时髦也去吸毒了，等等。就吸毒的动机来看，可以说在全世界都是差不多的，我觉得。

当我在美国学习到第八个月的时候，开始产生内心的矛盾：不知道应该留还是应该走。我刚才说了，一开始我来的时候内心里是打算要留下来的，要留在美国，不想回中国了。但是我学到的这些东西，对我来说确实太有吸引力了！我做戒毒做了四年，这四年带给我的都是挫折感、失败感和大量的问号、惊叹号，以及对人性的不理解和对我自己人生价值的冲击。学到了一些新的东西以后，我看到了一种新的希望，这对我来讲诱惑是非常大的！我当时特别想回来尝试一番，继续做戒毒这件事情。

但是，我一开始去美国的目的毕竟是为了留在美国呀！很快，终于到了学习结束的时候，美国戴托普的大夫们把我们送到机场。分手以后，所有人都开始登机了，我跟大家说："拜拜，我溜了！"得知我这个决定时，所有人都惊呆了！他们不相信，问："你要溜了，你要跑了？"我说："对，我要跑了。"大家不知道我这一留要留到什么时候，就与我挥泪告别，大家相互说了一些珍重的话。最后，我们在登机口依依惜别，其他人都上了飞机。

他们都走了，就剩我一个人了。他们走之后的第一天晚上，我就睡在飞机场，在候机厅的地毯上睡了一个晚上。第二天出来，我到唐人街去找工作。最后在新泽西的一个农场找到一份工作。在那里打工，工作了大概两个礼拜。

农场的工作就是割菜。我一边割菜，一边开始思考我对人生的定位。我去的那个农场里，凡是割菜的人全是非法的移民，有广东的，有福建的，有越南的，有马来西亚的，但都是华人。现在回想起来真的很有意思。每天晚上睡觉的时候就开始听他们讲在美国怎么混，讲各种各样的经历。我听着一开始还觉得很新奇，后来就迷茫了，不知道自己的路该怎么走。我也跟他们聊天，他们对中国很好奇，都想知道中国现在是什么状态。我就跟他讲中国的一些事情，他们很感兴趣，好像一下子认识了中国一样。我觉得我越跟他们讲，心里就越困惑。一方面我把中国描述得很沧桑、很苍白；另一方面又在想：自己为什么来这干割菜这样的事儿呢。这样干了两个星期，想了两个星期。有一天，我突然跟老板说："我不干了。"老板和我关系很好，他一听就急了，忙问："为什么？"我说："我也没想好，我也不知道。反正，也许我还是得回去。"他就劝我："哎呀，你不要想，都是这么过来的，都不容易啊。到了美国的人很多都不回去了，你这样回去算什么？"

但我还是坚持要辞。我不知道为什么老板就这么好，他说："那你就走吧。"他还给我算了工钱。

辞了那份工作的第二天，我发现不对，因为没有任何收入来源了。我就又去找了一个工作。第二份工作是在一个中国的快餐馆里卖东西。老板见我没地方住，就让我跟他搬到一起住了。他有一栋房子。整个房子里到处是空房间。他住了一间，我就住在他的对面。但那个老板从来不跟我讲话。我也不知道为什么，一句话都不跟我讲。干了一个礼拜后，他才把我请去了，来跟我谈。他说："我知道你想和我谈话，想和我聊天，但是我不想和你聊。"他是台湾人，他说："大陆来的人很多只会吹牛不会做事。所以这一个礼拜我不想跟你聊，聊也没意思，但现在我觉得是跟你谈话的时候了。"他就告诉我，他来美国的时候什么都没有。在美国干了20多年了，现在什么都有了，有房子，有车子，有自己的事业，但是没有家庭，没有结婚，也不去想太多的事情。但只有一点很困惑："我真的不知道我活着为什么？"他说的那种人生的困惑，是失去人生价值的内心的困惑。他说："我真不知道活着为了什么。我每天睁开眼睛就想干活，闭上眼睛就想睡觉，我已经没有什么人生价值，没有什么追求啦！"我不知道当时是怎么听完他说的这番话的，只感觉到我内心中受到了极大的震撼！我觉得有一种痛不欲生的不可抗拒的感觉！我如果留在美国，20年以后，做得再好，不也和他一样吗？什么都有，但却不知道为什么活着，那又有什么价值呢？

我想了整整一晚上。越想越觉得痛苦不堪。第二天我就辞了工作，告别了这个老板，买上机票马上回国来了。

3. 回国后的困惑

这样，我在美国一共待了将近10个月。1995年10月，我又回到了中国。

　　刚回到中国，我马上就不适应了。那种不适感困扰我有半年时间，一直没有办法摆脱。我回来没告诉任何人，所有的人、包括我的家人，都以为我还在美国。经过在美国的一段时间，一下子回到中国，感觉太不适应了！觉得街道又脏又乱，人也没有礼貌。当时主要是环境反差太大，内心也充满了矛盾。现在我看周围的环境觉得什么都挺漂亮的。

　　刚从美国回来的那种反差和遗憾，使得我有一个多月的时间哪里也没去，只是一个人待在家里，什么都不干。过了一段时间，我开始一点一点地接受现实。但是在那时候，我的很多想法其实已经发生了很大的改变。美国戴托普面试我的时候问我："你希望解决什么问题呢？"当时说真的，我心里没什么问题，我觉得我不需要改变，我的想法就是跑掉，我觉得我根本无法改变现实，也不想在美国改变我自己。现在再回过头一想：美国戴托普确实给了我很多的改变。这其中，最大的改变是对人生态度的一种根本改变。正是在美国戴托普，我知道了在丑恶的现象背后还隐藏有美好的东西。我开始理解：实际上我们所谓的以人为本也好、人本主义也好，归根结底植根在一个基础上，就是从人性的角度来讲，无论一个人过去做过多少邪恶的事情，当这个人真的有一天表现出人性善良一面的时候，这个生命是何等的可贵！

　　那时我们一起去美国的有好几个人，我是最后回来的。那些比我先回来的人，都是我们一个单位的。领导找他们谈话，他们就详细介绍了美国戴托普在戒毒方面的许多做法，包括什么碰撞会呀，对质会呀什么的，所里的领导听了以后一点也没兴趣。他们说那些在中国根本搞不成，完全是外国人的东西，怎么能适合中国呢？那不是跟"文化大革命"一样了吗？那样搞的话整个社会不乱了才怪。我后来也去所里找领导谈，也谈了我的想法和建议。他们很欢迎我回来了，但就是接受不了我的这些新观念。谈完以后我又非常失望了。在那个年代想要做事，没有领导支持是没办法做的。

　　问：那位领导是你们所长？

　　答：他是副所长，由他负责。所长是一个老教授，已经没有精力来做这个事情了。成立药依所后，本来应该大兴土木，应该盖房子、要编制，但基本上什么也没做，除了征了一块地以外其他什么东西都摆着。我们那个时候，工资也没有核下来，一个月也就是象征性地先借三百块钱来用。

　　回国以后的一段时间，一直闲着没事儿干。正好碰上中国甲Ａ很火，有几个朋友就拉我去搞球迷协会。反正闲着也没事可做，于是我就和他们一起去干。结果发现，这是一件非常开心的事情。

问：你还搞过球迷协会？

答：当时昆明市第一个球迷协会就是我们搞起来的。当时我是球迷协会的秘书长。去了三个月不到就搞起来了呀。我们搞得红红火火的呢！我们起草章程，讨论协会的组织和活动计划，去民政局申请登记注册，所有的手续都办了下来。你知道我对民政这一块比较熟，就是当时折腾球迷协会给了我这样的经历。我们还在全市范围内征集球迷协会的会歌、昆明脸谱，还召开了协会的成立大会，请了很多记者来呢。

4. 九个月的实验

但就在那个时候，药依所调来了一位新所长。中国有句俗话："新官上任三把火。"这位新领导一来，特别想做事。他找我谈话，问："听说你去过美国也很有想法，能不能把在美国学习到的东西在我们这里做起来？"我第一次见到他。被他这么一问，心中的热情一下子就点燃起来了。我告诉他，我想按照美国戴托普的模式试一试，我就是为了这个回来的。他立即表示很支持我。问我需要什么条件？我告诉他：给我几间房子，有几个工作人员就行。

当时药依所还在筹建，租了一些房子，有一层楼是空的。领导就问："这层楼都给你，你看能不能做？"我这才发现他是动真的了。其实当他问我的时候，我心里还是想应付一下，并不相信他会真要我做。另外那时球迷协会刚办起来，我还真有点舍不得。但看到他这么认真，我就不能不认真起来了。

我花了一个星期时间，一方面开始做各种准备，另一方面把球迷协会的工作暂时放一放。一周以后，我做好了所有的准备工作。领导来看了以后问："现在你打算怎么办？"我告诉他可以招人了。需要在媒体上做一个广告。他马上布置这个工作，花了三千块钱，在报纸上打了一天的广告。当时我们起的名字叫"康复之家"。

很快，康复之家的第一个病人来了。

我们大家一下子兴奋起来了。我们6个工作人员守着这一个病人，整整做了20天。在这期间，我按照美国戴托普的做法，做了很多培训。在这个过程中，开始找到一些新的感觉。

慢慢地，我们的第二个病人、第三个病人、第四个病人，就陆续来了。

这个项目历时九个月。在这九个月当中，我们把在美国学到的东西全部应用到项目中间来。我们的工作人员和吸毒人员一起吃，一起睡，生活在一起，玩在一起，做他们想做的事情，不分你我。这是美国的做法，想不到放到中国来做也非常成功！这九个月中，我们一共有90个病人接受治疗，成功戒毒的超过一半还多，效果非常明显。这第一批戒毒成功的人里面，就有后来成为我们副所长的王晓光。

这个项目的成功让我们意识到，戒毒是可能的。我们找到了成就感，体会到这项工作非常有价值、有意义。这种感觉完全不像我在去美国之前的四年中经历过的那样。当时我们有很多错误的认识。比如，我们尽量不让多名吸毒者在一起生活，认为一个病房有4个吸毒者就不好管理了，5个吸毒者就会形成一个亚文化社会，会形成自己的规则、价值、语言、手段、方式方法；这些人80%以上是靠非法手段生存，价值观念都是以毒品为中心；等等。做戴托普的九个月实验，我们却发现，其实人越多越好管理，戒毒成功的概率也就越高。

问：和你一起去美国的另外几个人参加没有？

答：有两个人参加了。

问：你们是从第一个病人就开始按照这种方法去做的？

答：是的，从第一个病人开始，这九个月都是这样做的。

问：当时大家愿意这么做吗？

答：一开始多数人不愿意这么做。甚至还有人告我。

问：为什么告你？

答：他们说我独裁，说我把他们当病人来看待，而且告我的人就是去过美国的人。结果领导找我谈话。问："你这是什么意思啊，不要把工作人员和吸毒人员混为一谈嘛。"其实，我从来也没有这样想，如果你认为我把工作人员和吸毒者混为一谈，也就是我把自己和吸毒者混为一谈。如果是这样的话，我真的不知道该怎么样去做。我就告诉他："在美国社区中就是这么做的，我们学习的就是这一套方法，最重要的是要看看能有多少人从毒品中走出来。"

后来，药依所的正式工作人员都退出来不做了。剩下就是没有去过美国的人跟着我一起做。其实真的挺遗憾的，凡是去过美国的都没有坚持下来。那时候，我开始产生成立一个独立NGO的想法。

杨茂彬 谈戴托普

问：现在回顾起来，他们是因为对这种模式不认同，还是嫌工作太苦？

答：我想第一是嫌工作太苦；第二是和在药依所的其他同事相比心里不平衡，因为其他部门不用那么辛苦，聊聊天啊，大家高高兴兴地吃吃饭就过去了。所以他们就不愿意干，但总得有个理由。最好的理由就是告我跟他们没有办法合作，太独裁了，他们是医生又不是吸毒者。

到了最后一个月的时候，领导来找我谈话："我们的房租要到期了，还要不要做？"我问："您的意思是要不要做？"他说："按现在的这个情况，你的工作人员意见这么大，我建议你还是不要继续做了。"我沉默了一下，无奈地说："那就听您的。"

那时候我们在社区里租了20多间房，全部是为吸毒人员准备的，并且那些人全都是完全戒掉的。我们九个月的努力取得的成绩真的很令人骄傲！

我把大家召集到大厅里。告诉他们，因为领导之间有不同意见，他们不想让我们继续再做下去了。我非常感谢大家，希望大家记住我们的努力，今后不再吸毒。我由衷地向大家表示感谢，并希望每个人都能珍惜生命，记住我们的努力。我还没说完，整个大厅里响起了一片哭声。当时我心里感觉真的非常对不起大家！

很快，人们收拾好行李，纷纷散去了。我依依送别了每一个人。那时我就在心里下定了决心："一定要重新开始！一定要独立地做起来。"

问：当时是1997年？

答：应该是那一年的秋天。当那么多人因为你而走到一起，但同样因为你而得不到拯救的时候，你的人生挫折感会达到极点。到底应当何去何从？我陷入了迷茫期。只好称病回家休息。

回到家，那些一起搞球迷协会的朋友们又来找我。但是再转过头来做协会，那时候我感觉已经没有当初的热情了。他们每天都打电话来找我，我父母一个劲儿地向他们解释，我则一直躲着不见。

就这样过了两个多月的时间。突然有一天开会的时候领导告诉我，戒断康复部要分成两个部，一个叫戒断部，一个叫康复部。我本来是戒断康复部的主任，但这次让我来做康复部的主任。我一听说就笑起来说："不管怎么样，共产党员嘛，能上能下，下我也无所谓的。但是不管怎么样，你得让我知道，到底犯什么错误你要把我降下来？"领导连忙解释说："没有哇，我们只是为了你能够更好地工作。"

我知道那时候说什么也没有用，我还得继续往前走。

5. 创设戴托普

到了 1998 年，美国戴托普在泰国召开一个关于戒毒的亚洲治疗水平大会，邀请中国组团出席。他们已经知道我们做了九个月的实验，期间还来参观过我们的治疗社区，非常感兴趣，还给了一些钱。这是我后来知道的，但是这些钱我们一分都没见到，全被领导挪用花掉了。那时候他们突然邀请我们参加泰国的国际会议，点名要我去。我们一共去了六个人，包括厅长、所长以及副所长，还有个老教授，再加上我和另外一位美国戴托普派来的专家。

泰国的会议有亚洲 17 个国家和地区的代表出席。会上明确下一届亚洲治疗水平大会要在昆明召开，时间是 1999 年 4 月。我们厅长代表中国接下了会旗。回来以后我们并没有开始真正筹备。到了 1998 年夏天，美国戴托普派人来到昆明，看到药依所 40 多个工作人员却只有 7 个病人，一下子就火了。他们提供了项目资助却看不见任何成果，所以非常恼火。当时药依所的老所长就解释说："杨茂彬在昆明做了九个月的实验，刚刚结束，效果很好，我们一定会继续做下去。"美国人也知道我们的实验，就答应了。他们说："希望在 1999 年昆明大会上，能够继续看到你们治疗社区的成果，应当有更多的人在接受治疗。"

没办法，他们只好又来找我。

我一再推辞，他们还是希望我来挑头。我就提出了三个条件：第一，人由我选，你们派来的人我不要；第二，决策自定，不要干预我们的内部事务；第三，自主咨询，要开设一个独立的咨询窗口。

他们研究了一下。到了第三天，领导找我说："同意你的三个条件，但我们也有三个条件。第一，所里不投一分钱；第二，如果 1999 年 4 月治疗机构里人数少于 40 人，扣除你下半年的全部工资；第三，招聘的人的工资全部由你自己来付。"

我当时一听这样的条件，太苛刻啦！我说我不干了。我不愿接受这么苛刻的条件。

问：那时候你是不是也担心不成功该怎么办？

答：是啊。我是给国家做事，政府不投一分钱，没有钱怎么做？我哪里有钱来开一个戒毒所？我们又不是搞商业运作的，可以自己生钱出来。

我觉得他们是在故意刁难我。我就说我不做了！然后就回来了。

当时，我一直和治疗效果好的那些戒毒者保持联系，他们非常感激我。他们听说药依所想要找我继续办这个治疗社区的消息后，很快相互联系，在私底下开会商量，还邀我一起吃饭。在饭桌上，我告诉了他们我的想法，我心里想做，但他们不肯出钱。他们就告诉我：他们帮我来筹钱。其中就有一个姓穆的人，是我们首期戒毒非常成功的一个，他家里经济条件很好。他对我说："杨主任，别担心，这个钱我来出，算是借给你的，但亏掉的话一分钱都不用你还。我跟定你了，因为你救了我的命。"后来很多吸毒者也来找我，都要出钱给我。他们说，戒毒就是救人一命，他们自己亲身经历过，所以一定拔刀相助。他们的那种精神、那种义气深深感染了我。我就想：冲着这种精神、这份义气，我也要继续做下去！

我就去找到所里的领导，告诉他我想做。领导还是那句话："你做吧，但是没有钱。"所里安排了一个工作人员，说跟着我做。药依所的其他人听说了这件事，也有好多人来找我说要跟着一起做。但后来听说所里不出钱，还提了苛刻的条件。许多人都打了退堂鼓。剩下两三个志同道合的人，大家决心一起干。

这样，我们在没有任何经费支持的情况下开始了创业之路。朋友们真的是倾囊相助，大家三千、两千、一千的凑，我出了一万，那个姓穆的朋友又借给了我们一部分，加起来大概总共有十一万，就这样，我们开始了自己的创业之路。

这次，我们没有用康复之家的名字，而是给自己起了个新的名字，就叫"戴托普"。为什么要起新的名字？说真的当时我们还没有 NGO 的理念，就是想和药依所分开，不要和他们有什么关系。

问：起戴托普这个名字只是为了从名义上和政府分开？

答：是的。因为政府不给一分钱，还提出了苛刻的条件。如果真做成了，我凭什么要给国家？

我们就是在这样的条件下开始了创业。我们租了一个旧厂房的三层。当时我们真的很可怜，如果一下子让我们去付整个房租的话我们都付不起，我们还要买床、买设备，还要有一些维持费用，还要在外面开设一个咨询窗口。怎么办呢？我就想按月来付房租。一开始那个厂长怎么也不答应。我们就一而再、再而三地拼命和他商量，求他给我们宽限一些。最终，他答应我们按月支付房租。半年以后，我们换成了一个季度一付；一年以后又换成了半年一付。说真的，还真要感谢这位通情达理的厂长。

我们是在 1998 年 9 月 28 日开业的。就在那个地方开始收治病人。没想到一开张就来了很多病人。我们一下子就进入了全负荷的临战状态，拼命地工作，没有白天黑夜，没有节假日、星期天什么的。就这样拼命努力工作。很快，我们的状况好起来了。

问：那时候你们还没有登记注册吧？

答：没有。

问：那你们怎么开展活动？

答：我们当时就是靠领导的一句话承诺，就这样做起来了。什么执照都没有。说真的，当时什么也没考虑，根本没考虑注册的问题。其实别人随时都可以来查你，说你是非法机构把你取消了。不过反正我们是药依所的一个单位，我们先做起来，等查到以后再说。因为 1999 年要开亚洲治疗水平大会，我们也是为了这个会议做的一个项目。在做的过程当中我们发现，真的很有成效，越来越多的人从毒品中走了出来。

1999 年 4 月，在昆明召开亚洲治疗水平大会的时候，我们戴托普已经收治了 40 多个戒毒病人了。这是当初我们承诺的目标。

那是一个规模宏大的国际会议。除了美国戴托普等许多国际一流的戒毒组织的专家学者外，亚洲 17 个国家和地区的代表都参加了会议，总共大概有 500 多与会代表。会议期间代表们来我们这里参观，药依所的领导也过来了，还拍了许多照片。代表们非常感慨，对我们的工作给予了非常高的评价。美国戴托普的代表对我们的工作很感慨，也很担心。他说："杨茂彬一个人在支撑整个社区，没有人支持他，这样他会被耗尽的。"1998 年 9 月 28 日是我们开业的日子，那一天是我们永久的纪念日。很多年以后我才知道，那一天也正好是美国戴托普主席的生日，实在是太巧了！

杨茂彬　谈戴托普

6. 登记为非国有医疗机构

昆明会议以后，我们做的这件事很快在世界上有了知名度，美国、英国等很多国家的专家都慕名而来。我们开始想这个机构该怎么走下去？到底是药依所的还是我们自己的？我们在药依所拿工资，他们很容易把这个机构收回去。我就把医政处的处长找来。我们关系不错，他是一位很有见解、有创新意识和观念的政府官员。他来到我们的办公室，看到墙上贴了许多领导来视察的照片说："这么多领导来视察，表示他们很支持你。但是到现在你们还不明不白，连执照都没有。这对我们的工作简直是往脸上抹黑啊。你赶紧到我这里来申请吧！"

这位处长给我了一份表格让我填好了交给他。没过几天，他叫我去卫生厅，我们拿到了医政处批准的"医疗机构执业许可证"。

后来有一天，我请他一起喝茶。提到我们机构属性的问题，他说："你这个机构说是国家的，国家没给一分钱；说是私人的也不对，因为你是国家机构的工作人员。那么到底算是什么性质的机构呢？"他在一张纸上写下了一行字：非国有医疗机构。当时我并不明白这到底是什么性质的机构。

问：许可证上注明的是什么机构呢？

答：是医疗机构。

问：规定产权没有？

答：没有，只规定了我们医疗机构的性质和法定代表人。戴托普就是在这样的条件下注册成立了。然后我们到银行立了户。

但是拿到了这个执照，我反而犯愁了。我生怕别人再以这个执照为把柄，说杨茂彬在外面搞独立。所以我一直没有敢声张。后来慢慢有了收入，开始一点一点地还钱。

问：你们当时是以组织的名义借的吗？

答：是大家集资，那时还没有什么组织。大家信任我就把钱借给我了。

问：是借给你还是借给你们的机构？

答：他们把钱借给我，是信任我。所以等我们稍微有了收入，我第一件事就是要还大家借给我们的钱。但一个机构一旦有了收益，有了利润，问题也就多起来了。当时我们的一个副主任提出来：我们挣的钱应该拿出来大家分。我不同意，我说我们可以让大家的生活待遇好一点，工资可以多发一点，但是这个钱不能分。我说我们还面临很多需要解决的问题，只有一层楼，只有一个小的咨询室，那么多的问题都等着要去解决，我们并非已经很富有了，我们还要发展下去。

但他是副主任，他知道我们办了执照。所以他就去告我。

问：他是怎么告的？

答：他去药依所告。他说杨茂彬把这个机构搞独立了，已经拿到执照了！搞得人心惶惶，领导也找我谈。后来我想干脆一不做二不休，大大方方地把这个执照挂出来有什么不可以？我又没有违法。本来我是担心怕事，既然有人告我，我又没有做什么见不得人的事情，不妨大大方方更好。这叫坏事变好事。从那以后，我们就把这个执照挂了出来。

7. NGO 戴托普

戒毒和禁毒是紧紧连在一起的，所以我们挂牌不久就开始和公安接触。在接触的过程中，我们协助他们做了不少工作，帮助他们做宣传、教育等，也建立了很好的私人关系。公安逐渐认同了我们的工作。

2003 年"非典"以后，卫生部的高强部长和王陇德副部长，药监局的局长等国家相关部门的领导都来我们这里参观和指导工作，许多国家的首脑和政要，包括两届英国国务大臣、两届美国驻华大使等，也都来我们这里参观访问。给我们以莫大的鼓舞和激励。

2004 年北京召开艾滋病防治大会，克林顿到清华大学演讲，需要找一个云南的艾滋病感染者，他们找到我。戴托普推荐了两个人去和克林顿见面。大家对戴托普越来越认同。高强部长 2004 年来的时候我向他汇报戴托普的工作，汇报完以后他问我："你回答我一个问题，戴托普是一个什么机构？"我很简单地告诉他：戴托普是一个非政府机构，目前生存很困难，希望政府能够支持，最好是把我们招安了。高强部长说："你们要维持非政府组织的性质不变，只有作为非政府组织才能真正为国家做事情，你这个机构就是一个非政府组织。"

他的这句话算是给我们定调了。我们就是一个非政府组织。我们从无到有、从不合法到合法、从濒临死亡到逐步发展壮大，成为一个得到国家和国际社会认可的非政府组织。

问： 你们在民政部门登记注册了么？

答： 还没有。但是我们最近已经和民政部门联系好了。省民政厅态度很积极，他们表示早就知道戴托普的工作和影响，希望我们尽快到民政部门登记注册。他们已经和卫生厅谈好，请卫生厅来做我们的业务主管单位。我们这两天写了报告，准备马上送到卫生厅去。如果卫生厅批准做业务主管单位，我们就能正式登记注册为民办非企业单位法人。我相信这个工作不会拖得很久的。

戴托普这么多年以来，我们在对外合作方面主要做了几件大事：一是我们参加了亚洲治疗社区联合会，成为它的团体会员；二是我们参加了世界治疗社区联合会，成为世界治疗社区联合会的成员，这个组织的成员包

225

括七十多个国家；三是我们和国家禁毒委建立了很好的联系，国家禁毒委的强制戒毒和劳教戒毒是非常监狱化的方式，没有治疗。他们当时要引进一种人性化的治疗方式，我们配合他们，将治疗社区的模式引进到北京的向日葵社区。向日葵社区是一个强制戒毒所，我们的合作做得很成功。另外，我们通过世界卫生组织的资助，在湖南长沙的一个劳教所建立了治疗社区，是由劳教系统做的，得到了国家司法部的认可。

问：你们给禁毒委提供的主要是技术上的支持吗？

答：是。还包括培训及技术方面的咨询。另外，我们在武汉还和他们共同建立了引入人性化治疗的两个试点，一个是小洪山，一个是孝感，都取得了意想不到的成功。这也证明了人性化治疗模式的可复制性和可传播性。

后来，美国国务院麻醉药品执法局的主任汤姆·布朗和美国戴托普高级培训部的官员通过美国驻华使馆和国家禁毒委取得联系，在北京举行了一次会谈。会谈达成了一个共识：由美国国务院资助，在中国的强制戒毒所和劳教戒毒所中开展培训，帮助中国的戒毒机构引进人性化治疗模式。双方政府同意第二年在北京签署协议。这个协议的签署，意味着戴托普协助政府推进了人性化治疗模式在全国范围内的推广，而且这是在中美两国政府合作的基础上得以实现的。这表明，我们云南戴托普的活动领域不仅走出了云南，也走出了国界，成为促进中美合作的民间桥梁。

此外，我们的另一个重要的活动是帮助戒毒者开展重返社区活动。所谓重返社区，就是通过各种有效的方式帮助戒掉毒品的人重返社会，回归到正常的社会生活中去。戒毒者要重返社区，必须要经过一定的环节和社会接触，然后再和社会接轨，才能够成功地回到社会。说到底，帮助戒毒者回到社会，是我们戒毒工作的立足点和归宿。我们的所有工作都立足在能够把这些人转变成为对社会有用的人这样一个基点上，这一点也是我们所有工作的最终目的，即帮助他们转变成对国家、对社会、对家庭有用的人，并为他们自身带来更好的生活。我们围绕"重返社区"，尽可能地开展了一些工作，比如：我们成立了一个太阳能维修安装中心，成立了一个洗车场，现在又成立了一家戴托普经贸有限公司，来帮助吸毒人员就业，重返社区。

问：洗车场是以你们的名义注册的吗？

答：对，以我们机构的名义，叫戴托普阳光洗车场。我们直接成立的一个企业，为他们解决就业问题。

除了以上这些，我们作为非营利组织，在开展相关的教育培训方面，在参与艾滋病防治方面，在禁止药物滥用方面等许多方面，都开展了大量的工作。我们的工作既表现为国家的、表现为民间的，也表现为企业的、非企业的，既包括国内的，也包括国际的，这大概就是 NGO 的特色吧。我们也为推动国际合作，包括国际 NGO 进入中国、中国政府利用国际资金等，搭建了一个有用的平台、桥梁或纽带。

8. 创新与本土化探索

问：你们在引进美国戴托普社区治疗模式的同时，如何进行吸收、转化并创新？

答：这方面我们一直在做积极的探索。我想主要有三个方面：

首先，美国的戴托普不对吸毒者进行脱毒治疗。吸毒者到戴托普之前，要到医院去脱掉生理的毒瘾，他们在戴托普只是进行康复，但是我们没有这样的条件。在美国，吸毒者犯法被抓后要送到法院去判，如果是七年以下的刑就可以到戴托普去接受治疗，由法院判进入戴托普的吸毒者比例大概占到80%。在戴托普治疗可能三年或两年半就可以出来，但如果法院判到监狱去就必须坐满七年才能出来；而且监狱没有项目，没有治疗。所以很多犯毒品问题的罪犯就选择到戴托普，但这些人在戴托普中如果违反了很多规定，戴托普可以请求法院把他重新送回监狱，法院就会马上派警官来把他重新送回去执刑。他们的项目做得非常严厉，因为这些人没有退路，退就退回监狱，只有适应这种治疗模式才能够在戴托普中待下来。所以戴托普使很多人一下就面临一个像休克似的治疗。

问：那里面的人能不能适应这样的治疗？

答：必须适应，且休克过来以后就慢慢地开始发生转变，逐步适应了整个治疗社区的模式，慢慢就会发生改变。但是也会出现一些情况，有些人为了适应这样的环境，他并不真的参与，他表面上、动作上做得很到位，但是他的情感不参与，就像我们所说的行尸走肉。我们就在这方面调整，我们需要对他们进行非常人性化的治疗，进来以后我们要给他们一定的支持，这是我们做的第一个调整。

问：你们现在把美国医院做的事情也含到你们这个治疗过程当中了？

答：对，还有，我们让治疗的病人也就是还在脱毒的病人参与到治疗社区活动当中。虽然是病人，但是到戴托普必须工作。比如打扫卫生，要把自己的卫生打扫好，然后有很多人来关心你，这样使整个脱毒过程发生很多改变，这是我们和他们不同的。他们能够体会到家庭对他们的关怀，使他们的脱毒率大幅度地提高。

问：这是你们在最初开展时就设计好的还是在做的过程当中发展的？

答：我们一开始就设计好了，因为我们中国找不到已经脱毒的病人来做康复，吸毒者自己还没有意识到什么叫戒毒，一般的吸毒者认为我只要不吸毒了就是戒毒了，实际上不是这样的。

问：所以这个模式是你在原有的基础上进行的创造？

答：对，这样能使他们到这以后有一个适应的过程，慢慢地适应中国的模式带来的冲击，使他们能在这个过程中慢慢地接触治疗，受到人性化的关怀，接触到人与人之间他们过去所遗忘的东西，使他们能够更好地适应治疗社区的模式，这是我们的第一个创新。

第二，是在收费方面我们有一个很大的创新。我们在前期是收费的。但在美国，吸毒人员去戴托普戒毒都是政府出钱，没有钱美国戴托普会向政府申请资金，用来支付治疗费。美国戴托普做过一个研究，把一个吸毒人员放在监狱，另一个放进治疗社区中，发现放在监狱或者是其他管制机构的这个人，美国政府要为他负担的费用大概一天是 300 美元；但是送到戴托普去以后一天只需要 100 美元。所以美国政府按照这种非常实证的研究和比较后发现，把吸毒者送到治疗机构里比送到监狱里更合算，这是从经济上算的。

美国还做过另一个比较性的研究，比较吸毒的犯罪人员从监狱出来和从戴托普出来以后复吸的比例和为国家纳税的比例。从监狱出来的人在三年之内复吸率几乎是 100%，第一个月就超过 40%，第二个月超过 70%，三年之内就全部完蛋了。另外，研究发现这些人为国家纳税的比例极少。再随机地从戴托普中抽取康复出来的人做研究，发现他们改变非常之大。一是体现在纳税比例比监狱出来的人高出好几十倍，从戴托普出来的人相当一部分都会成为社会的公民，会找工作，会给国家缴纳税收；二是复吸率很低，完成戴托普治疗的人三年后复吸率不到 30%，70% 以上的人完全戒断了；三是重新犯罪率低，监狱里的人出去犯罪又进去，行为模式几乎没有改变，甚至变本加厉。但从戴托普出来的人重新犯罪率低得多，因为他们的行为模式完全改变了。

这样，美国通过深入研究后认为，治疗项目比监狱更有效，戴托普把刑期在七年之内的吸毒犯罪者都接收到治疗社区里，政府通过购买服务为这些人支付在治疗社区里的全部费用。这就是美国戴托普存在的主要方式。

在中国，我们戴托普是没有政府部门帮助买单的，我们要适应中国的发展就必须对他们进行收费，我们前期的收费很贵，后期的收费会越来越便宜。第一个月我们收三千块，第二个月收一千块，第三个月收六百块，第四个月收四百五十块，第五个月收三百五十块，第六个月收两百五十块，坚持到一年以后我们就全部免费了。我们的费用是由高向低，然后逐渐递减。这样做的目的，一是能够鼓励他们坚持，二是能够降低他们的家庭支出。这是和美国完全不同的。

第三个创新，是在后期的就业支持方面。美国的重返社区不提供就业，在重返社区参加一些社会活动以后就出去自己找工作。但在中国我们发现一个很大的问题，吸毒者复吸很大程度上是因为他出去以后找不到工作，这些人没有钱会重新回到过去的生活方式中去，所以要帮助他们获得一些社会支持。我们开办了一些企业，首先让他们逐渐了解这个社会，其次让他们能更多地了解谋生、赚钱的手段，同时，我们把戴托普变成他们的后盾，让他们产生归宿感，不论到了任何地方，遇到任何困难，都有我们在鼓励他们、支持他们、理解他们，必要的时候也能随时接纳他们。很多人通过这个平台获得了重返社区、实现就业的机会。还有一些个别的做法，比如我们做了很多国际项目。在美国戴托普不用做国际项目，除了为发展中国家做培训以外它基本上不做其他的国际项目。我们是不同的，我们让整个戴托普都是以一个开放的姿态来参与社会各个领域的项目，比如教育宣传、艾滋病预防、艾滋病治疗、预防复吸、人生价值教育等，把这些项目也作为他们重返社会的一种手段、一种途径。这是我们和它不一样的地方，而且这样做下来的效果还是不错的。

9. 全人治疗新模式的探索

问：在治疗理念上，你们和美国戴托普是相同的，是吧？

答：在理念上我们是相同的。我们都把吸毒者看成是一个社会功能完全紊乱的表现。在中国我们一般不这样看。中国人一般认为吸毒最大的问题在吸毒者。但实际上不是，因为毒品仅仅是一种表现，在他们吸毒以前这些人已经出现了很多很多问题，这些问题不解决，他的毒品问题就没有办法解决。我们的治疗是针对一个全人的治疗。

举个例子吧。我们有一个病人，从小父母就离异了。她和母亲生活在一起。她人长得很漂亮，很讲面子，但她觉得父母的离异对她的打击很大，不愿让别人耻笑她。她一直认为自己是在一个没有爱的家庭中长大的。她很早就辍学了。母亲退休后顶替母亲的岗位去上班。单位知道她母亲离婚这件事。为了在单位上给母亲争面子，她非常积极地工作。别人一直把她当成好孩子看。有一天有个男人要和她交朋友，她觉得这个人不错，但他长得很丑，很有钱而且还吸毒。她对自己说：我绝对不会吸毒的。但她内心很孤独，一直苦撑着自己。她每天回家都觉得很累，因为白天都要笑，每个人都知道她是一个好孩子、好姑娘，为了这个面子，她要强颜欢笑。只有回到家里，独自一人的时候她感到很孤独、很难受。

男友虽然吸毒但很体贴她。那时她对毒品并不了解。当时毒品已开始流行。她发现他吸毒很厉害，就劝他不要吸。男友无数次表现出一定要戒掉，一定要戒掉，但就是戒不掉。她也没有和他分开，因为她很孤独。男友对她的关心正是她所渴望的，让她有了安全感。但她不愿意跟男友结婚，因为男友长得丑，她长得很漂亮。

有一次，她病得很严重。男友来看她，说："我给你点药，吃一吃就好了。"她知道男友要给她毒品，她坚决不吃。但是那一次，她病得越来越重。男友劝她说："看你这么难受，你就当药吃嘛。吃一点，身体就好了，好了就不用再吃了。"她回答："是药三分毒。"男友说："你看我天天吃也没见我死掉。"她动了心，想试一试。她是一个连烟都不抽的人。男友把海洛因放在烟里，抽了一口递给她。她吃了几口烟就吐了。吐了以后倒在床上就睡了，动也不敢动，一动就吐。就这样她一睡就是两天。当她醒来时，病真的就好了。她告诉我："那个毒品吃进去吐掉后，一躺下来一动不动的时候我马上感觉自己如此的放松。我多少年来苦苦追求的就是那种感受！那种快乐、平静、幸福的感觉，不用见人就能开心地笑的那种感受，就是我要追求的啊！谁都不能给我，只有毒品给了我。当我吃了那一次，我就知道，以后我再也离不开它了。"

这个案例给我留下的印象很深刻。通过这个案例我们能知道，一个人吸毒，是他（她）生活紊乱的最终表现。不能说吸毒就是吸毒，这其中有很深层的原因在里面。所以当你跟吸毒者谈话的时候你就发现，每一个吸毒者都是一个有着特殊社会悲剧的故事。染上毒品对于他们来说固然有其一定的偶然性，但同时也有某种不以人的意志为转移的必然性。

进一步来分析一下，毒品如何使一个人原来生活中的问题变得更加加重？因为过去她要求自己去做一个好孩子，所以表现一直很好。吸毒以后，她开始觉得再也离不开毒品了，就慢慢地在毒品中越陷越深，工作也没法维持，最终只有辞职，生活也就彻底偏离轨道了。在这种情况下，仅仅是帮她把毒品戒掉是远远不够的，那样她只会更空虚、更无聊。真要帮她戒毒的话，就要帮她重新找到生活的快乐，她的价值、她的喜好、她的偏爱。所以我们跟许多吸毒者讲，戒毒是痛苦的开始，远远不是结束。

　　比方说，作为一个普通人，我不吸毒，我有朋友，有家庭，有工作，有爱情，有亲情，有娱乐，有锻炼，什么都有。这样的生活不能说完美吧，但至少是很完全的。总的来说常人有的东西我都有，喜怒哀乐都在我的生活当中，也许老婆会抱怨我嫌我的工资拿得太低，也许孩子上学的学费会交不上，也许类似的烦恼都会有。但是我们的生活不会滑到另一个轨道上去。

　　然而对于吸毒者来说，他（她）则完全滑出了常人的轨道。当吸毒者吸到一定程度时，他（她）就没有了亲情，没有了友谊。我们见到一个吸毒戒了很多次的人，把家里面的东西都偷着拿出去卖了。他的母亲跟我说："杨主任，你们一定帮他戒掉啊！如果戒不掉就把他打死算了。"我问："为什么啊？"她说："哎呀，你不知道！我已经被他折腾得心力交瘁了。有一次我带他到一个水库旁，真想一脚把他踹进去淹死算了。但想了想，又觉得不敢做这个事情，我害怕万一淹不死怎么办？"

　　吸毒者的亲情经过那么多年的折磨已经没有了。友谊也没有了。一个人刚吸毒的时候，会有朋友来帮你。他们往往很有热情，拿出关公的那种义气来守你几天几夜要帮你戒掉。他（她）守几天是可以啊，但是能守你一辈子吗？一个人吸毒时间越长，他（她）的社会角色就丢失得越多；社会角色丢失得越多，这个人就越边缘化、越封闭。当他（她）戒掉毒以后，痛苦不是结束，而是开始了。因为一旦戒掉毒以后，他（她）最需要亲情和友情，但他（她）的亲人呢？朋友呢？都已被他（她）在吸毒的过程中伤透了，断送了！每个吸毒的人都遭遇了同样伤害和断送亲情、友情的过程，每个戒毒的人也都遭遇了渴望亲情而不得、渴望友情而不得的痛苦。这种痛苦如果得不到缓解或解脱，已经实现戒毒的人又会重新吸毒，他（她）越痛苦，就越希望吸毒，越吸毒这种边缘化就越厉害。这就是吸毒的恶性循环。

　　因此，我们帮一个人戒毒不仅仅是帮他（她）戒掉毒品，更重要的是要帮他（她）打破那种恶性循环，真正把他（她）从边缘拉回到主流社会中来。这就是我们戴托普和其他机构做得不一样的理念。因为有这样的理念，我们对每一个进入戴托普的人都说，你不要扮演病人的角色。

问：你们对吸毒者这样说？

答：是呀，我们说："你不要在这里扮演病人的角色。因为我们这里是一个家庭。你病了就是我们的家庭成员病了，就像我家里的孩子或者母亲病了。你一定要健康起来。因为我们这个家需要你。我们打扫卫生需要你，我们做饭需要你，我们分享需要你，我们管理需要你，我们贡献需要你，我们大家共同努力需要你！"

这就是我们戴托普治疗社区的理念，一个大家庭的理念、一个集体的理念。在这样的过程当中，我们在帮吸毒者把毒品拿掉的同时给他们什么呢？我们给他们关爱、给他们慰藉、给他们帮助、给他们热情、给他们创造，来击败他们的孤独、自卑、封闭、无知。

如果他（她）拒绝呢？比如说："我不要，我不要，我是一个坏人。"那时候，我就会给他（她）分享戴托普社区成员的亲身经历。

我给他们讲自己的真实故事。我说："OK，你是坏人，我也是一个坏人，你做的坏事有我做得多吗？你知道吗？有一次我母亲病了，我去守她。那时候我发瘾了，我就买了毒品来。看见妈妈那么痛苦，我就想，如果她吸一点毒身体就会好了。于是，我把毒品丢到输液瓶里，通过针管打到血管里。结果母亲一下就暴病了！经抢救才抢救过来。——这就是一个吸毒者干的坏事，这是我干的。这样的事情你干过吗？但是我今天改变了，你为什么不可以改变？"

很多吸毒者一开始说："我不愿意，我不愿意！你不要跟我讲这些道理！说什么我爱你，我一听这些就起鸡皮疙瘩！"他们觉得这个世界上没有任何人会爱他（她），连他（她）的父母都不爱他（她），凭什么你爱他（她）？这些人已经非常封闭了，他们的整个思想已经完全变了。

但是我们能够向吸毒者证明"我真的爱你"。为什么呢？因为"我爱我自己，所以我也会爱你"。"如果我连自己都不爱，我凭什么爱你？""你现在就是因为连自己都不爱，所以你不相信别人会爱你。""但是你要知道，要爱自己首先要去爱别人。"

跟他们有时候不要讲什么大道理，而要讲生活当中的点点滴滴。在戴托普，我们相信我们能帮助自己。那么怎么帮助自己呢？我们有时候会问吸毒者："你想自己帮助自己吗？你尝试过吗？""你无数次地自己跟自己讲'我要戒毒了！'你甚至把自己的手指头用刀剁掉发毒誓，把自己关起来、锁起来，不想再复吸，最后还是没有做到戒毒。为什么你做不到？因为你是一个人。戒毒是一个人做不到的。但是今天你能够做得到，因为我们大家一起做。"

我们说一根线很容易断，三根线我们拧成一根捻，千百根捻拧成一根绳，千百根绳拧成一股缆，那时候谁能碾得断、谁能扯得断？就像一根筷子很容易折断，但是一把筷子你能折断吗？那是折不断的，我们个人的意志很脆弱，但是我把个人的意志加入到一种洪流当中变成一股缆，谁能扯得断呢？这就是我们获救的希望，这就是我们救命的缆，所以不要说你关心的只是你自己。在关心别人的同时，每一个个人也能够获得自救。

很多人知道这个道理以后，他们的生活就发生了很大的改变。在这个过程中，我们逐渐建立起相互制约、共同伦理的自救体系。这个体系不允许藏污纳垢。我们不允许在这里吸毒、搞性关系、偷盗。当发生这种事情的时候，所有的人都会站起来，从道义上谴责和制止。

问：一般这种话是由谁来说？

答：他们自己都会说，工作人员也会讲，我们的讲座也会谈。在这个过程中，他们的人生态度和伦理意识逐渐会发生改变，他们的理念也就不同于从前，他们的行为也会跟着发生改变。这是一个在集体行为中逐渐改变的过程，而且是一个向着好的方向、向着健康积极的人生态度的方向转变的过程。我们努力推动、细心观察和积极引导这种改变，然后以新的观念、新的价值、新的伦理去帮助他们置换过去，从过去的孤独封闭变成跟别人分享自己的感受，去做一些对别人有意义的事情，同时也获得别人的关心和爱。大家就愿意参加一些集体活动。在这个过程中，亲身感受没有毒品的生活，从中发现生活的美好、充实，找回亲情和友情。

这种治疗就是一种全人治疗。如果他们担心离开戴托普以后怎么办？我们就会安排他们去学电脑、学管理、学理发等等，掌握一技之长，让他们觉得将来出去有生活的信心。在这个过程中，也会形成朋友圈子，感到孤独了会有人来安慰。这种感情上的支持是无价之宝。

逐渐地，越来越多的支持系统建立起来了。有了支持系统，慢慢地，他们的生活就开始好起来，就没有必要再回到毒品中了。

问：在你们的活动中有很多本土特色，是不是已经超越了戴托普的模式？

答：我们的理念和模式来自戴托普，我们也在实践中积极探索、不断创新。我们的吸毒者所面临的问题比美国的要多得多，我们的 HIV 感染者很多，就业的困难和压力很大，家庭的支持系统很差，等等。这些都使我们越来越植根于本土，结合中国的国情要做出很多积极的探索和改变。现在我们和公安有很好的合作，因为我们在许多方面都需要得到政府的支持，他们也需要我们。我们要靠对整个社会的亲和力，靠我们的专业能力去影响社会，也影响政府对我们的看法。在与公安的合作上也是这样。我们善于从公和私两个方面，努力改善与公安的关系。比方说，一些公安干警的子女或者亲戚朋友吸毒了，不会把他们送到强制戒毒所或者劳教所去，会送他们到戴托普这里来。来一个就治好一个。

访谈印象

茂彬和我属于同龄人。我们共同经历过那个时代。有激情，有迷茫，有机会，有挫折，有执著，有坚持，有收获，有辉煌。做他的口述史，我觉得像在读我自己。虽不在同城，不在同域，不在同路，却有深深的同遇，同感，同心。

茂彬不是完人。读完这个口述史，你会发现，这个有着那么多光环、看上去如此辉煌的名人，居然也胆怯过，逃避过，特别是在美国那一次，他居然脱团！我特别要感谢他对于我们访谈小组如此地支持和配合，他真的很懂得我们在干什么。他放下那个平日里穿着西服、打着领带、礼貌优雅、令人敬畏的杨茂彬主任，那个被誉为世界著名戒毒专家的杨茂彬医生，用最朴素的语言和一个个故事，向我们展现一个真实的杨茂彬。从他的言谈举止中，我们找回了那一段属于他，也属于戴托普、属于过去那个时代的真实历史。这，就是口述史。

十六　王晓光　谈戴托普

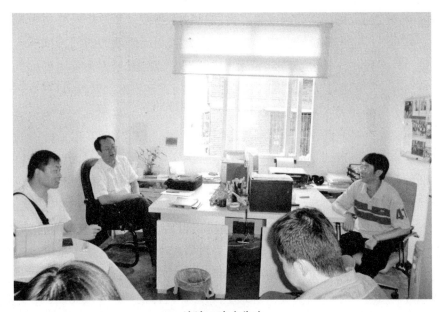

访谈王晓光先生

访谈题记

　　王晓光先生，1970年生于云南个旧。戴托普副主任。2011年11月4月因癌症在昆明病逝。

　　作为戴托普的第一个学员，第一批成功戒毒的患者，后来又成为戴托普的员工、副主任。晓光先生几乎成为戴托普的标本性人物。他对戴托普有着亲情般的感受和深刻的认识。听闻我们要做口述史的访谈，他很高兴，谈得坦率且深入。晓光的访谈结束后，访谈笔录的初稿曾发给他，但未及收到回复，他就不幸去世了。我们努力保持了访谈笔录的原貌，以表达对他的哀悼与感谢。

1. 个人经历及参与戴托普的过程

问：您能不能先介绍一下您的个人经历？

答：好的。我自己接触戴托普是在 1996 年。我在 1992 年前后吸过毒，断断续续地吸了差不多四年。四年里我自己通过各种方式戒毒，但是效果都不好。后来在报纸上看到戴托普的介绍，就想办法与杨主任①联系，当时戴托普还只有很小的规模。联系上了之后，我在 1997 年 2 月份快过年的时候来到戴托普，开始戒毒。因为当时我还在一个政府机构里上班，平时要工作，过年的时候放假，所以一开始我利用假期的时间来戴托普。我第一次在戴托普里住了四个多月，住到端午节的时候因为要回去上班，我就离开了。但是就是这么短短的几个月时间，让我感到戴托普用的这套方法是管用的，可以帮助很多无助的人。

问：那个时候戴托普才刚刚起步？

答：对，没错。我是戴托普的第一个学员，也是第一个回到戴托普工作的工作人员。我一直都是第一个。从我去了以后戴托普才慢慢开始发展的。我离开的时候到戴托普里来戒毒的有 20 多个人，那个时候这有这么多人已经是非常理想的了。我回到原单位以后，因为之前有过吸毒的问题，单位就把我从机关里面调到了一个离昆明十多公里的点（派出机构）去了。而在那个点上呢，整天就是喝酒打麻将，没什么事。我就想，如果留在政府机关的话，因为我曾经吸过毒，有这样的历史今后也很难有发展。我考虑了一阵，最后就从原单位辞职出来，准备到戴托普里来工作。我去辞职的时候人事局的人告诉我，像我们这样的好单位，你是第一个辞职的。

问：为什么一定要辞职呢？

答：促使我决定辞职的有两个因素。一是我心里面确实想做帮人戒毒这件事情，觉得帮助别人能够体现人生的价值；第二就是我刚才说的，我觉得在原来的单位里待着没什么发展。

问：你在原单位也有职务吧？

答：有的。我是学财务的，以前我是财务科长。因为吸过毒，后来这

---

① 即杨茂彬，云南戴托普药物依赖治疗康复中心创始人、主任，本书第十五章主人公。

个职务也被撤销了，然后又给我换了一个部门。我个人也没有什么家庭背景，又有吸毒的历史，因此进步就很困难。与其这样，还不如自己出来算了。最早的时候，我毕业不久就当了财务科长，当时拿一百多块钱的工资，觉得钱很少。于是我一边工作，一边又出来开了一个餐馆。开餐馆赚了些钱以后接触的人多了，慢慢就接触到了毒品，是这么一个情况。

后来我是怎么到戴托普去的呢？这里还有一段插曲。第一次我在戴托普里待了四个月，就在戒毒的时候认识了一个朋友，是个广东人，家里是做生意的，生意做得很大，很有钱。那时候我们就商量，从戴托普出去之后，我们也一起开一个像这样的戒毒所来帮助别人。然后我的那个朋友就回去说服他的父亲，我从戴托普出来也没有先回单位，而是跟他一起去了广东，我们一起去跟他父亲谈。谈了以后，他的父亲就觉得：他儿子以前在广东的任何一家戒毒所都待不了多长时间，长则半个月、短则一个星期，就跑出来了。居然现在可以在戴托普待上好几个月，首先这一点就让他觉得很不容易。然后他看他儿子回去以后的那个状态，也的确有很大的转变。所以我们俩和他父亲谈得不错，他父亲也愿意出钱来做这件事了。但是当时他父亲觉得我们的力量不够，然后他又反过来想说服杨主任，希望杨主任到他们广东去开一个戒毒所。在这个过程当中我从昆明跑广东往返了好几趟。最后基本上敲定了这件事情。

但是后来在广东没有搞下去。因为那时候广东经济刚刚腾飞，我们的理念不太容易被他们那边的人接受。我常听到病人①跟我们讲，抱怨我们现在给他的不是世界最先进最好的服务。他们没想到，其实我们给他的才是世界上最好的东西。他就只想到，只要能花钱，就能获得毒品。其实那时候不只是病人，整个行业的理念都跟不上，所有的戒毒所基本上都是一种营利的甚至是暴利的经营模式，戒毒的人来了往往就出个几千块钱在里面待上几天算了，喝点美沙酮②，住得也像宾馆一样，保安也经常帮他们传递毒品，根本没有心理康复的概念。那个时候整个社会包括戒毒行业，都是只想着赚钱。所以我们在广东起步的时候，不容易得到认可，因为广东很多吸毒的人比较有钱，对花多少钱也不在乎，甚至广东当地的一些工作人员也不理解我们。然后还有一个原因，就是关系不好协调。我们去广

---

① 吸毒也被认为是一种反复发作的慢性大脑疾病，所以这里称吸毒者为"病人"，下文中凡称"病人"的如无特殊说明均指吸毒者。

② 即盐酸美沙酮，具有镇痛作用，并可产生呼吸抑制、缩瞳、镇静等作用。20世纪60年代初期发现此药具有治疗海洛因等阿片类依赖的脱毒和替代维持治疗的药效作用。

东那边开戒毒所首先是和中山区的一个医院合作，只有这样才能拿到执照。其次，戒毒所选址在一个小岛上，而这个场所又是另一家单位提供的。至于资金，又是刚说的那个老板来出的，我们自己则是作为技术支持参与进去，这四方面关系很复杂。后来又碰上药依所①要求杨主任必须回到昆明去，所以我们就把广东的那个点关了。

1997年底的时候，戴托普这边搞得有点乱，停了一段时间。但是后来药依所得到了一个消息，说1999年有一个亚洲治疗社区大会要在昆明开。当时戴托普已经停了，如果治疗大会召开的时候还没有恢复的话，就没有治疗社区可以给外界看了。在这样的背景下，药依所也想请杨主任把戴托普重新办起来。

差不多是在1998年世界杯结束之后吧，杨主任开始招人，那时我就过来了。然后他又号召工作人员，愿意干的就出钱，这个出两万，那个出一万，少的出五千，总共大概凑了十多万块钱，租了两层楼，就让戴托普重新开业了。一开始做的时候，我们发展很快，不断有病人过来。当时药依所还给了一个政策，让我们可以开美沙酮门诊，但是药依所不给任何的资金支持。应该说，当时这种门诊在全国可能只有我们这里有。这个门诊开起来以后也比较赚钱，发展得很快。

过了一年多，药依所看我们发展很快，就说我们是非法集资，成立的时候筹的那笔钱是不合法的，全部要清退。那个时候我们已经积攒了不少钱了，有了一定基础，就把原来筹的钱都退还了，所以我们没有要国家一分钱。后来还有了一定的积累，我们就自己经营。

从隶属关系上说，戴托普的资产里并没有政府投的钱，一开始是靠美沙酮门诊发展起来的。在这个过程中，我们办理了重新注册。当时是作为戒毒医疗机构注册的。虽然是注册了，但是跟药依所的关系还不能断，因为国家对美沙酮这种麻醉药的管理非常严格，要申请美沙酮门诊的执照很困难，所以表面上我们仍然作为药依所的康复部存在。要使用美沙酮的话，必须有这层关系，我们也都是从所里面进美沙酮的。这样情况一直持续到现在，所以到现在这种隶属的观念也还比较模糊。他们所里的人自己也搞不清，到底我们是不是属于药依所的呢？因为到现在杨主任也还是药依所的副所长。我们总共有六十几个员工，其中属于药依所的正式职工有十来个人，剩下的人全部是通过社会公开招聘过来的。

---

① 指云南省药物依赖防治研究所，有关介绍可参看杨茂彬的口述。

我们与药依所的关系一直比较微妙。有时候我们自称是NGO，有时候遇到一些情况说我们是政府机构会好一些，我们就说我们是药依所的。总之，我们尽量两头都占一点，还是挺有意思的。但戴托普从定位上看主要还是作为非营利组织、非政府组织发展起来的。

因此，我从一开始就一直参与戴托普的发展。最早只有很少的人值班，工作人员也很少，后来慢慢发展，慢慢地做到治疗社区，这么多年我跟着戴托普就这么慢慢地走过来。到现在整体上我觉得还是挺好的。后来我自己也结了婚，生了个小孩，家庭方面也比较顺利。到现在，我心里想的就是怎样让戴托普发展得更好、更顺利。

2. 戴托普的发展与运作

问：请具体谈谈戴托普的发展和运作方面的情况如何？就从你们最开始做的美沙酮门诊开始吧。这个门诊当时能盈利吗？

答：是这样的，不同的美沙酮门诊是不一样的。我们当时是用美沙酮递减的方法达到治疗的效果。比如说在戴托普，一开始给吸毒者服用高剂量的美沙酮，然后每天递减，直到最后递减到不用喝，这就完成了一个疗程。

但别的门诊是让吸毒者自己来买，这种情况非常难以保证他服用剂量的递减。不过很多人没有时间或是因为其他原因不能来住院，那这样的人还是需要美沙酮门诊的。有的时候吸毒者找不到毒品的时候，也有可能去喝美沙酮。美沙酮的市场价格，当时是一毫升三块钱，其实际成本只有几毛钱，因而这个价格有很大的利润空间，很能赚钱的。但我们做社区的靠这些收入的话实际上不赚钱，因为我们要求吸毒者住在戴托普。但外面的门诊是直接卖美沙酮的，因为那时候除了这些门诊，吸毒者无法在别的机构得到美沙酮。甚至即使有风险吸毒者也愿意买。有的时候公安完不成抓吸毒者的指标，有可能会在美沙酮门诊外面等着，有的吸毒者喝完药从门诊一出去就被抓了。

后来国家开始推广美沙酮维持治疗。一个人每天只要花十块钱基本上就可以随便喝，云南有每天喝一百毫升的，甚至还有更高的。一百毫升的美沙酮在没推广美沙酮维持治疗的时候要三百块钱，但现在只要花十块钱就可以喝了。所以这样一来，大家都去申请美沙酮治疗去了，不愿意去以前的那些门诊买来喝了。以前的那些门诊慢慢地都萎缩了，但是还有一些

王晓光 谈戴托普

239

门诊继续开。因为一部分门诊关了以后，有需求的人慢慢集中了，那继续开的门诊又可以维持了。而这些有需求的人中有一部分是外地人，他难以在当地取得免费美沙酮维持治疗的资格；第二种人就是平时很隐蔽的一部分人，这部分人因为工作等原因，不愿意暴露身份申请美沙酮维持；另外也还有一种是正在吸毒的人，有时找不到毒品，偶尔想找点美沙酮喝一喝。我们也取得了美沙酮维持门诊的资格，但收入方面肯定就比不上以前了。

问：这样说来你们还要和公安搞好关系了？

答：（笑）对，肯定啊。做这个行业受公安的影响很大，必须要跟他们搞好关系。比如说他虽然不来你这儿抓戒毒的人，但如果把警车停在你门口的话，你就很难办，因为病人就不敢来了。我们和公安打交道也有很多年了，慢慢地就形成了一些关系，现在我们跟公安的关系比较好。

我们从 2000 年开始做项目，当时是和无国界医生组织①（简称"MSF"）合作，做了半年的同伴教育项目。MSF 后来从昆明撤出时，还给了我们很多东西，从那之后我们就一直坚持做同伴教育项目。后来中英项目②也支持我们做同伴教育。一开始我们做的时候是做强制戒毒所学员的教育，后来做的时间长了我们就改为为其他机构培训骨干，改做技术支持。中英项目的技术支持就是我们做的。我们去云南各地培训当地做同伴教育的骨干，我们走了后，他们那些骨干再来做。在做项目的过程中我们发现，在云南吸毒人群中艾滋病感染者非常多，于是又把项目扩展到为感染者服务这一领域。我们就这么一步一步地发展起来。后来因为到我们这里来的外国人太多了，安全部门对我们进行了很长时间的监控，直到最后看没什么问题才取消了。（笑）

问：你们刚刚组建的时候，有没有吸纳一些外面的资金？

答：开始的时候没想到会发展得那么快。我们迅速地积累了一些资金。随后我们的病人也开始多起来，一层楼住不下，就又住一层，现在住了一栋楼。做了项目之后，主要就把资金投入过来补贴在这些住院的人

---

① 无国界医生（法文名称：Medicins Sans Frontieres，缩写是 MSF；英文名称：Doctors Without Borders）是一家著名的 NGO。无国界医生组织每年有 2000 多位志愿人员在约 60 个国家中服务，是全球最大的独立医疗救援组织。同时还是 1999 年诺贝尔和平奖的得主。

② 中英项目，全称为中英艾滋病策略支持项目（China AIDS Roadmap Tactical Support Project，CHARTS Project）是由英国国际发展部、澳大利亚国际发展署和挪威政府联合资助的项目，其总体目标是促进艾滋病控制千年发展目标在中国的实现，提升中国有效和协调应对艾滋病的战略能力。

上。前两年的时候我们已经开始收治免费的病人，我们对他们的要求只是希望他至少要住四个月，他们的食宿、治疗费用全部都免费的。

问：那这四个月的费用怎么办？

答：如果按照正常的缴纳的话，第一个月交3000，第二个月交1000，后面两个月都交500，一共就需要5000块钱。这些病人需要缴的费用，我们一次性就都免了。有两种情况的病人我们可能会免费，通常他们都需要提出申请，我们来看是不是符合我们的要求。这两种情况一种既是吸毒者同时又是艾滋病感染者，我们查实了会给他免费；另一种情况就是吸毒者家庭确实比较困难。因为在云南有的人吸毒时间比较长，确实是吃得家徒四壁了，很多人每天就靠做违法的事去找钱。你要他一下子拿出一笔钱来戒毒他根本拿不出来。我们收到申请并核实无误以后，就给病人把钱免掉。

我希望以后最好能够获得国家的支持。像美国遇到类似的情况，都是通过政府补贴来实现免费康复治疗的。国外的政府出一点钱去买一些真正高品质的服务，从成本—效益上分析，这些钱花得是非常值的。这是我们设想的理想状态，如果能实现政府全额补贴，我们会尽可能地把需要服务的病人都接收进来。但目前还达不到，我们也只能实现非常小规模的免费。如果免费的病人太多，机构也受不了，所以我们的经费很大一部分要靠项目。另外我们也适当地收一些费用。比如说，我们现在有四十来个病人，只有十个是免费的，其他都是收费的。

问：你们没有向政府提出一些资金方面的申请吗？

答：首先我们不太清楚具体应该通过什么渠道去申请。如果是通过卫生厅的话，说实话，卫生厅在政府中的地位也不是很高，这渠道并不太顺畅。高强部长来的时候，我们也提了一些困难，当时是云南省副省长陪着他一起来的，省长就代表省里答应给我们一些钱。后来云南省防艾办一次性给过我们30万元，作为鼓励我们减免艾滋病感染者康复服务费用的补助。所以现在在吸毒人群这个社区里，只要病人是艾滋病感染者的话，我们就免费接收。我不知道今后的发展趋势是怎样的，但我个人认为最好的办法就是改变国家资助的形式，形成一种长期、稳定的资助机制。比如说，我们可能不需要国家一下子给我们20万，我们希望国家能够每年给上5万。一次给得多看着好，在一段时间内也能够起到缓解我们资金紧张的作用，但毕竟是一次性的，我们云南有一句话叫"死水不耐瓢舀"，再大的水你一瓢一瓢地舀也会舀完的，而这种资助就是"死水"的。我们最期待的还是一种长期的支持机制。

问：看来资金问题还是你们现在面临的较大的问题？

答：我觉得在中国，除了极个别大的基金会和一些跨国NGO，一般小的公益组织都存在资金问题。有的还很严重，甚至威胁到组织的生存。目前我们的捐赠体制也不健全，我们也不敢向社会公开宣传来接受社会捐赠，怕一不注意就违反法律了。所以我们基本上没有接受过社会捐赠，仅接受过 MSF 捐赠给我们的一些办公用品。他们当时正好要从昆明撤走，那些电脑、打印机什么的，如果不捐的话也是要卖掉的。

3. 戴托普与政府的关系

问：你们开展工作这么多年，和卫生系统的关系怎样？联系多么？

答：有联系。我和卫生厅平时都有联系，通过药依所也有联系。说实话，现在我们做出名了，我们这里就变成了云南省的一个定点接待站，是卫生厅指定的。云南省要对外介绍禁毒防艾这方面的组织，都会请别人来我们这儿看看。

问：那卫生厅希望你们以哪种身份来接待呢？

答：当我们做大的时候，他们肯定希望我们变成卫生系统内的机构。因为这是往脸上贴金的事情，大家都愿意做。以前还在摸索的时候，都不愿意找我们，对吧？这是正常的。我们每一年的接待是比较频繁的，很多时候中英项目、联合国艾滋病规划署来人，就直接到我们这里来看看。要是来访的级别更高的话，有时候会让我们去疾控中心介绍我们的组织和工作。但疾控中心一般来访者不太愿意去，因为看不到多少第一线的工作内容。来宾都喜欢到那些能够看到一些具体的活动的地方去。卫生厅，包括云南省里一开始根本不知道这些情况。现在他们肯定是希望把我们收编成政府机构，但现在卫生厅也做不到了。高强部长来的时候，聊起戴托普发展的时候说，"我的想法是，你们还是不要转到政府那边，转到政府那边就搞得跟政府一样了，你们现在有你们自己的特点，这样才好。"他的意思是叫我们保持自己的特点，不能被体制吸纳。比如说在体制内你很难自己想做什么就做什么，像现在我们要接待来访，自己马上可以做。如果成了卫生系统的一个医疗机构可能就不是这样的了，很多事情就需要请示了。或许上头看你不顺眼，先把你医疗门诊撤掉，换一个别的事情让你去做，这都是很正常的。那样受到的干预可能就会非常的多。

问：那么现在你们受到的干预多不多？

答：不多。因为第一，我们尽量做自己的事情，做大了，做得有影响了，别人想干预就不那么容易；第二，我们也很注意，做事尽量不与别人有冲突。偶尔会有一些干预，也说不上是干预。比如说，药依所要开职工大会，需要我们这些人去参加，我们当中有的人可以参选职工代表，另外我们当中有些党员组织关系还在药依所。别的干预不多。最主要的原因是：在经济方面我们是独立的，跟药依所没关系，它卡也卡不了什么，是吧？你说他们想拉我们进去，我们自己也不太愿意。大不了以后，我们申请独立，完全地转到外面去。

4. 戴托普在经营方面的探索

问：听说你们还开展了一些生产自救项目，能不能介绍一下？

答：好的。我们有好几个生产项目。现在我们在工商局还注册了戴托普有限公司，但目前这公司也没有太多具体的工作，只是注册了而已。一旦有合适的机会的话，我们可以马上开展项目，不用到时候再去注册再去办。我们现在的生产项目包括一个洗车场，一个太阳能安装维修中心，之前还有一个汽车维修厂，但是维修厂做不起来，倒掉了。

问：为什么倒掉了呢？

答：我觉得，首先，经营修理厂本身就不是我们戴托普的强项。我们开这些厂的初衷是吸收戒毒康复人员为他们提供就业机会，把这些生产项目作为他们和社会接轨的一个渠道。而这一部分人呢，相对来说知识水平较低，也不是很能吃苦，但修车的技术含量还是挺高的。我个人觉得让他们来做高技术含量的事情目前看来还是不太适合。像洗车场就技术含量比较低，不管谁过来，只要愿意干就可以干得好。搞修理厂的时候我们到外面去请了个师傅，他们（戒毒康复人员）都不太愿意去学。而且这种修理厂，我们假设它运转得很好，赚很多钱，以后也可能会有一些问题出现。

问：以后会有什么问题？

答：当然，这肯定跟制度有关系。不过这只是我个人的想法。我个人比较倾向于做一些劳动密集型的、低技术含量的生产自助项目。因为这种项目符合戴托普的实际情况：资金投入不大，即使有什么不合适的话，要停也比较方便。像修理厂这种企业的话，需要一定的投资。我认为戴托普还是应该注重做自己强项。我们做修理厂也不一定有竞争力。再说，修理

王晓光 谈戴托普

243

厂一旦做大了，这部分钱怎么去管理？怎么分钱？怎么独立？还要解决很多制度设计方面的问题。

修理厂停了以后，我们又开了个洗车场。这就比较符合我们的实际情况了。因为对于我们来说，做这些项目的目的是改变戒毒康复人员的心态。在我们看来这是最重要的，所以尽量要做那些只要去做就能做好的项目。虽然赚的钱可能不多，只够维持，但这已经够了。只要他们做事，我们每个月贴一点钱都没问题，只要贴的不是很多就行。目前他们还能把房租全部挣回来，剩下的伙食费我们要补贴一点。在洗车场我们还从社会上招了一些工人，他们干的活多一些，这样整个收入也就上去了。太阳能安装维修中心和洗车场也比较类似，核心的工作是组装，不是生产，同样也是很快就可以上手啊。我个人看来，在目前的条件下这种路子比较合适。现在不少组织也在开展生产自救项目，在我看来，没有一个做得好的。很多宣传中都掺了假，像煤厂啊、茶馆啊什么的，其实都经营不下去。包括我们戴托普，不见得戒毒康复做得好，做生意就一定做得好。不做生意不知道，有时候你开不下去别人就会开下去。我们那个修理厂投入比较大，启动资金就好几十万，亏也很难亏得起。我们后来不干了，但接手的那人现在生意做得非常好。

对于戴托普来说，重要的是让戒毒康复人群从治疗结束到走向社会之间有一个缓冲，磨炼他们的态度，锻炼他们重新和家庭、社会接触的能力。因为长期的吸毒者，心理上受的伤害比较大，同时也脱离家庭、脱离社会。我遇到过这样的例子，有一位病人康复以后回去，发现他母亲已重新组织了家庭。病人的母亲不愿意自己现任的丈夫看见这个自己的孩子，就对她的孩子说："你别回来了，留在戴托普吧。"还有的家长只要一见原来吸毒的孩子回来，就说我的心脏病要发作了，很怕看见他们。他们觉得你们（那些曾经的吸毒者）一辈子都待在戴托普的话那是最好的。一个康复比较好的病人遇到这种情况的话，他很容易受到打击。

有个吸毒者对我说："我为什么要戒毒？"他说："我吸毒的时候，你们每个人都告诉我，只要你戒了毒，今后的生活就会非常的好。所有的人都这么说，政府也这么说，媒体也这么说。但你们说归说，当我真的戒了毒回到社会上的时候，才发现根本就不是那么回事。家是经常回不去，上厕所只要超过几分钟，家里人就要来敲门，他们会问我，你到底在里面干什么？我身上又没钱，我想找朋友又不知去找谁。我吸毒的时候，时不时搞些犯罪的事来钱，我可以抽十块钱一包的烟，还可以经常下饭馆。好，我现在不去找他们了，家里一天给我一块两块钱装在这个兜里面，我哪里还有钱去吃饭馆？就是吃一碗面，有时候钱还不够。这就是我戒了毒的感觉，这让我的生活变得更加糟糕。"

他说的这种糟糕不光是物质上的，在精神上他也有同样的感觉。他说这些话实际上是非常有道理的，因为戒毒的时候一个人是与社会隔绝的，戒了毒以后再回到社会的时候，社会的支持、家庭的支持都需要重新去建立。我们做洗车场这样的生产项目，主要的目的就是帮助这部分人重返社会。有人从我们这里出去之后去洗车场工作，并且在那里找到了另一半，后来两个人就结婚了。这样，他们就逐渐跟社会有了接触。另外他在洗车场工作的时候，一星期回去一天或是半天吃吃饭，时间长了家里人也对他慢慢地重新了解了，他与家庭的联系也就逐渐地开始恢复了。当然，一开始他更多的时间还是在戴托普社区里面，在这里没有歧视、没有压力，他能够很平静，到最后他的心理基本上恢复了，毫无疑问，那样他回归社会的成功率就要高得多。（笑）

访谈印象

晓光是我们访谈戴托普的第二位领导人。我带着调研组去云南，在戴托普的办公室见到满脸阳光的晓光。直觉告诉我：他是口述史的理想访谈者。我们临时决定对他进行访谈。约了时间，就主题做了划分，我们谈得轻松而深入。同一个组织访谈两位领导人，这破了我们的惯例。

想不到的是，这个破例成了我们间的永别！去年11月的一天夜里，我的手机里突然来了一个短信，告诉我晓光病逝并将举行遗体告别式。我惊愕之余，拨打那个电话，没人接。我再拨晓光的电话，果然已停机。从朋友那里获悉晓光因癌症晚期日前去世，他的妻子和朋友正在料理后事。我手脚忙乱中，回了一个短信表达哀悼。一夜木然。他走得匆匆，只有41岁的年轻生命。这本书，还没来得及付梓。我带着一心的歉然，认真审读他留下的这个口述访谈笔录稿，小心删改，让留给世人的这一段珍贵文字能够更多地保留他本真的语调和呼吸。

真的不敢说的太多。晓光的走，给我一个巨大的警醒。再忙，也要尽快完成这一个书稿，尽快出版。不要留下太多的遗憾！

十七　丘仲辉　谈爱德

访谈丘仲辉先生

访谈题记

丘仲辉先生，1955 年生于江苏昆山，大学毕业后留校任教。1992 年进入爱德基金会。2003 年起担任爱德基金会秘书长，现任爱德基金会副董事长兼秘书长，爱德印刷有限公司董事长，江苏省政协常委。

爱德基金会，简称爱德，英文 Amity Foundation，成立于 1985 年 4 月，是由中国基督徒发起、社会各界人士共同参与的民间公益团体，旨在促进贫困地区的教育、社会福利、医疗卫生、社区发展与环境保护、灾害管理等各项社会公益事业，是国内成立较早、活动领域较广、资金规模较大、宗教背景较强、运作管理较规范且得到体制和制度支持较大的民间公益团体。到目前为止，爱德项目区域覆盖了全国 31 个省、市、自治区，逾千万人受益。先后获得"全国助残先进集体"、"全国民族团结进步模范单位"、"中国消除贫困奖"、"中华慈善奖"、"全国民族团结进步模范集体"等荣誉称号，2011 年获评 5A 级全国性社会组织。

丘仲辉先生的口述史访谈是在位于南京市中心的爱德小院中进行的。我带着访谈组住在附近的宾馆数日，插空安排的几次访谈进行得很顺利。仲辉先生尽管很忙，但非常重视我们的访谈，除了他本人，还特别安排了几位同事参与访谈。访谈笔录完成后，仲辉先生认真审阅和修改了初稿，提出了许多重要的建议。在此，我们谨向仲辉先生及配合访谈的其他几位爱德同仁深表谢忱！

1. 个人经历及加入爱德的过程

丘仲辉 谈爱德

问：请先谈谈您的家庭背景及进入爱德的过程？

答：好的。我是客家人。记得小时候，父亲在上海工作，母亲带着我们兄弟姊妹五人在昆山生活。当时的经济条件并不宽裕，在昆山，我们只是一个普通的平民家庭。

因为父亲只有每月放假的日子才能回昆山，所以平时都是母亲一人带着我们几个孩子，生活很辛苦，很艰难。即使如此，我的父母还是坚持供我们读书。当时家里条件不是很好，每逢开学我父亲就从单位借钱缴纳我们兄弟姊妹的学费和书本费，然后每个月再分期还钱。等一个学期借款还完了，新的学期又开始了。就这样靠不断借钱还钱，我们兄弟姊妹五人都完成了学业并考上了大学。

我母亲没有文化，但她本人却继承了客家人的优秀传统：勤劳、勤奋、好学、助人。同样，她也这样严格要求我们。我们家五个孩子学业都很优秀。大学毕业后，我们兄弟四人都在大学任教。现在，我的三个哥哥全是教授。我呢？除了担任爱德的本职工作外，现在我也是南京大学的兼职教授。

问：您原来做什么工作？后来又怎么来到爱德的呢？

答：我原来在高校教英语，同时做些翻译，内容主要包括宗教及世界历史丛书等。一个很偶然的机会，我从南京大学的一位老师那里得到了一个关于爱德基金会的小册子，这种中英文的小册子在当时还是很少的。我悉心研读过后，感觉很不同。怎么说呢？它的用语和表达流畅自然，充满人文关怀，这和当时社会上的一些文章语言风格很不一样。看了之后，我感觉新鲜且好奇。

我当时在学校任教。自我感觉也蛮好的。和青年学生在一起分享知识、畅谈人生很有意思，但是我总觉得自己对社会的贡献不够。那段时间很多人都离开学校，大部分人选择了下海经商，有人劝我也加入这个大潮，但是我太太觉得我这个性格不适合经商。就在那段时间，昆山市政府也向我抛出了橄榄枝，邀我去政府工作，提出了很不错的条件。我犹豫了一段，最终还是没有去。那本偶然得到的小册子中所记述的充满人文关怀的工作对我很有吸引力。冥冥之中我感觉到内心中的一种向往。那是我第一次知道世界上还有这样的组织，一群人志愿为了社会、为了公益而乐此不疲地努力工作着。

问： 当时是爱德基金会请你还是你自己去找的他们？

答： 在下决心要离开高校去追寻自己内心理想之后，我开始一方面减少手上的工作，另一方面主动去联系爱德。记得那是1992年夏天的事，当时我在学院里已经是教研室副主任了。有一天我按照那本小册子的地址找到爱德，我还清楚地记得那会儿爱德基金会办公室的格局，办公室外面好像有些书架。我进门就直接告诉工作人员："我想找韩文藻先生。"韩先生当时任爱德基金会的秘书长，是著名的宗教界人士、中国基督教协会会长，担任全国政协常委和江苏省政协副主席。当时爱德的工作人员就问我："找韩先生干什么？有预约么？"找他是需要预约的。当时韩先生很忙，我就如实地说我没约好，只是想来试试运气。碰巧韩先生在，但还在会见外宾。接待我的人就让我稍等一下。然后去和韩先生打过招呼后告诉我，让我再等15分钟。果然，15分钟后，韩先生出来见我。老先生的模样我至今记忆犹新：稀疏的白发，温文尔雅的气质，让人一见就觉得亲切。我们就到里面谈，坐下来聊了会儿。这是第一面，很简单。我当时告诉他，我说我看了这个小册子，对爱德的工作挺感兴趣的。我还给他带了一本许国璋主编的学术性杂志，内有我发表的一篇很长的文章。

过了大概半个月，爱德就给我打电话，说我要愿意去的话，就过去。我说马上就可以过去，因此，那年暑假，我就开始在爱德工作了。

问： 当时你没提待遇的问题？

答： 没有，我问都没问。因为我想得很清楚，回昆山是比较安逸的，但在爱德工作可能意义更大，也还了我要对社会做些什么的愿望。事实上绝大多数爱德基金会的老员工都是从事教育工作的，有的是当了一两年教授后来爱德的，而我是教了 11 年书才过来。

现在想想，这个选择是非常值得的。每天都有干不完的事，尽管我非常累，但还是干得很有劲。

这份工作和我原来的工作性质差别很大，因而一开始有一个适应过程。我可以告诉你一个数据，在学校工作的 11 年里，我总共出差一次，而且只是从南京到上海，大概待了一两晚。但是到了这里，每个月至少出差两次以上，周期还特别久，加起来有近半个月都在外面。这个工作强度跟原先是截然不同的。尤其是头半年刚开始出差的日子，我晕车且发低烧，特别难受。那段时间反复地出差，反复地发低烧，让我非常不舒服。但精神上我很清楚，既然我决定要做这份工作，我就要努力适应它，而且我将来可能会一直都做这份工作。所以尽管难过，我还是忍受并适应了出差。现在出差对我们项目人员来说已经是家常便饭了，2010 年整个春节假期我都在外面出差。

2. 在爱德的工作与成长

问：来到爱德初期，您是怎样适应基金会的工作的？

答：我刚来的时候做整理资料的工作。当时资料非常多，主要是有关各个国际慈善机构、NGO 或教会的介绍。我需要把这些资料仔细地过一遍，去掉重复的，将没有重复的归类分好。因为负责这个工作，后来我对各个机构都比较了解，为我接下来的工作打下了比较好的基础。

那年 12 月份，我就到了农村发展部，当时农村发展的项目已经从最初比较多的苏北、安徽、浙江，拓展到山东等全国很多地方了。

起初，我们做的都是一些单向的项目，后来我把它们总结为"短平快"的项目——一些做完之后即可看到效益的项目。例如我们在苏北打井的项目，没打井的时候，老百姓没水喝，打完井之后，家家户户都高兴地喝上水了。有一次我们陪着外宾去看这个打井的项目。当地一位老人家得知我们要去，特地把场地打扫得干干净净，我们的驾驶员看见他一边扫一边哭，就问他怎么了，老人家激动地说："我高兴啊，我们终于喝上自来水了！"那种场景让我们非常感动，也让我们在精神上获得了巨大的成就感和满足感。

然而，我们很快也意识到：贫困的原因从来不是单一的，诸如这类短平快的项目不能长期解决农村发展问题，不能从根本上改变贫困的状况。

因此，应该从不同方面入手，坚持综合发展和可持续发展道路。譬如刚才讲的打井的项目，虽然解决了喝水的问题，但整个村子的经济发展还是不行。也许你会说打了井，可以节省劳动力，让老百姓可以有更多劳动力用于扩大再生产，但如果没有水灌溉，还是种不了水稻，所以还要搞电灌站。除此以外，一个农村的发展还涉及诸如学校、卫生等等别的问题。

贫困不是一种单一的挑战，是由综合原因造成的，因而我们在解决贫困问题时，一定要考虑综合发展——我们就是这样提出综合发展概念的，英文叫 integrated development。我们从 1993 年就开始着力研究开展综合发展。当时韩先生也极力在推动这件事，希望所有部门都调动起来做综合发展项目。为了把项目做得更好，每五年一次的庆典上我们都会设置研讨会的环节，并邀请很多海外合作伙伴参加。利用这个机会，我们希望这些国际合作伙伴为我们的项目多做一些科学的评估，多提一些先进的、具有创新性的建议，我们再结合中国国情运用到实际的项目操作中。当然，董事会也会根据这些意见和建议做下一步的发展规划。

问：这个综合发展项目是从 1993 年开始的吗？

答：1993 年，我们开始讨论并分批去西部考察。我记得很清楚：1994 年春，为了选择项目点，我们从黔东南、黔西南到黔西都进行了考察，基本上跑遍了贵州全境。本来还要去黔北，但当时跟我同去的另一个人因为跑太多、太辛苦而病倒了。1994 年下半年，我们最终将项目点确定在贵州普定。普定是贵州最贫困的地方之一，当地没有一个像样的发电站，基本上就连发电所都没有。确定项目那天雷雨交加，我们的车就停在路边，一边是稻田，一边的前方是政府大楼，看上去很破旧，而县城里稍微好点的水泥房子就是学校。

普定县的领导很有意思，他们说："非常感谢你们，从我们角度来讲，我们很希望你们给予比较多的支持，但是我想我们还没有一起真正做事，所以我建议我们开始从小的做起，这样一步一步做。"

问：这是当地提出来的？

答：对，他说："我们以后通过合作增加互信，为了让你们也了解我们，我们一定把项目做好。"

问：那很不错。

答：所以从普定回来之后，我们内部就展开了讨论，而且是所有人一起参加。我就说："县政府大楼的破败对比校舍的完好，再加之主动提出从小做起，以及一步步互相了解，再加深合作的建议，我觉得这个县的相关领导的工作作风至少是踏实、务实的。"后来，我们第一个综合发展项目就定在了普定，并且一直坚持在做。随后，我们在普定又进一步开发了综合发展类的项目，从最初的扶贫济困到环境保护再到农民自助组织的建立，项目内容在不断地丰富。有了普定的经验后，我们又陆续在全国不同省县启动农村综合发展项目，反响很好。我本人目前还是普定县政府特聘的发展顾问。

问：您是从什么时候开始担任爱德基金会秘书长的？

答：我是2003年突然被提名担任基金会秘书长的。2001年上半年，韩先生在访问美国的时候，由于过度劳累，突发大面积心梗，非常严重。2003年8月5日，董事会一致选举我为第二任秘书长，当时我觉得很突然，思想上的准备真的很不足。

丁老①是全国政协副主席，是中国基督教领袖级人物。韩先生当时是江苏省政协副主席，全国政协常委。他们不论是经验，还是威望，都是我所不能及的，所以我一上任，就面临很大压力。原来我负责项目执行，现在要处理整个机构全方位的工作，包括要与政府、与国际方面打交道等等。前五年对于我来讲是一个非常大的挑战，在这五年当中，我只是埋头干事。

3. 爱德文化

问：能不能请您介绍一下爱德的机构特点呢？

答：首先，我想说感谢，感谢爱德这么多年给了我这样一个践行爱的机会。来到爱德，是我不悔的选择。在这里，我的心特别宁静，能完全地沉下来做事业——一份爱的事业。这份事业让我能如此近距离地去发掘项目区百姓的需求，更让我有机会去实实在在地为他们做一些事。这是我人生最珍贵的财富。

除此之外，爱德还有很多地方吸引我，特别是它的三大特点：

第一，是组织的包容性。正是这可贵的特点保持了我们机构旺盛的生命力。尽管爱德是由基督教领袖发起，但它是一个社会各界共同参与的民间团体，在组成人员方面，它有很大的包容性。这使得基金会在我们这样一个没有长期基督教传统的国家，在基督教信众相对于社会整体是处于少

---

① 丁光训，全国政协原副主席，爱德基金会发起人之一。

数的情况下，还能够保证机构人才来源的广泛性。可以设想，如果只招基督徒的话，那它的人才将会受到很大的限制。所以到爱德来工作，并不要求你一定得是基督徒，只要你有爱心，你就可以做这份工作。从基督教的精神来讲，上帝是爱。基督徒跟非基督徒的结合点在什么地方？就在"爱"这儿，或者可以叫做"博爱"，从我们组织的成分来看，体现的大概就是这个"博"字吧。它没有限制某一群体参与到我们这个事业当中来的可能，这样就保证了我们这份事业能够得到大多数人的支持，无论他们是否是基督徒。我觉得这是一个非常重要的特点。

第二个特点是信仰多元化。不管你是什么信仰，我们大家都会共同地结合在一起，在一起工作，在一起奋斗，我觉得这也是非常重要的一点。我们的机构文化当中有相当一部分是基督教文化，但我们在说话、办事、处理问题的时候都会尽可能考虑周全。所以我觉得爱德的特殊意义在于——当然爱德有很多意义——不同信仰的人，为了爱的目标，可以很好地走到一起来。这是爱德第二个特点。

第三个特点是平等。我们都是上帝的创造物，我们都应该生而平等。我们工作的目标人群是不分等级、不分种族、不分信仰的，不管你有什么宗教信仰、有无宗教信仰，只要你贫困、需要帮助，都是我们帮助的对象，都是我们工作的动力——这是一个平等的理念。

我把以上三点总结成我们爱德基金会最重要的三个特点。这三个特点都体现了基督教所提倡的"博爱"中的"博"字。不同信仰的人一起参与、一起工作，而我们服务的人群也是不同的。我们是与不同的群体联系、沟通，所以我们要尊重其他人的需要，这样才能得到相互的理解。所以爱德的爱，不是一种狭隘的爱，它是一种博爱。正因为这样，使得我们的组织文化特别包容。也正因为这样，保证了我们整个机构文化的开放。

问：关于爱德的文化，能不能请您给我们再系统地介绍一下？

答：我想最重要的还是爱，博爱。我们追求真善美，强调真善美。这是这些年来社会上谈得比较少，甚至于羞于谈的。你谈真善美，人家会觉得很奇怪。现在是一个物质社会了，讲的都是物质的东西。前些年，有人问我是做什么的，我说我们是基金会，我们去扶贫。他们不相信，还问我："你们是真还是假啊？"我们经常碰到这样的人，这些年来这样的情况实在太多了。

我们建会的时候，韩先生就提出三心：博爱心、责任心、事业心。2004 年 9 月，我根据机构的发展，提出"三力"，即沟通力（Communication）、合作力（Cooperation）和创新力（Creativity）。当时，我们为到底用 Cooperation 和 Coordination 还争论了一番。我后来坚持要用 Cooperation，不能用 Coordination。因为后者是我来协调你们，前者是大家一起来合作。我们追求的不只是机构内部的合作，还包括跟其他机构的合作，所以应该是通过沟通，产生一种平等的合作，然后大家共同做一些创新的东西。

这些文化的发展，也是针对我们机构的具体情况产生的。在以前很长一段时间里，一直都是这样的情况：在机构里面，大家基本上分工明确，一个人负责一摊子，比如你负责管特教，你负责社会福利，你负责卫生。相互之间很少通气，大家都是自己直接处理，而且机构内部相互串门不多，关系比较生疏。甚至有的时候会出现机构内不同部门的人去同一个省，但竟然相互之间都不知道的情况。最近我们有一个项目，会内三个不同部门的合作伙伴都同时去了同一个地方，可我们的项目人员直到回来后才知道这件事。这种文化太清淡了，就像清水一杯。外国人来，觉得我们相互之间不通气。后来我们自己就评价说我们的部门太过独立，应该把各部门更多的资源相互整合。我认为你给员工足够的空间，让他有更多的自主权，也就意味着他的成绩更大，这是同步的。员工们往往是有责任心去努力的，包括我也是，但相互之间如果缺乏沟通，时间一长，就不利了。我认为这样长期下去，会对机构产生威胁，也不利于形成资源整合。这就是我强调沟通、合作的原因了。

另外，我觉得机构应该要走现代化的途径，按国际标准来管理，而且我们应该给员工更多讲话的机会。社会发展中强调参与式的发展方式，我就强调这个方式，我们自己内部的管理方式也应该转变。这当然跟我的身份、我的工作是有关的。我和丁老、韩老不一样，他们是领袖，年龄差距又这么大，他们有足够的威望去推动这份事业。所以在新情况下，我特别提出了这"三力"。

此外，从讲法上来看，原来讲"六个 C"，后来我坚持要讲"三心三力"，为什么呢？因为我们现在也需要在国内开展筹款、宣传的活动，但是一般国内老百姓不清楚这六个 C 指什么，所以我们就用"三心三力"，这种符合中国文化习惯的词大家都能明白。

回到真善美上来。我们有一个很好的做法，每个月都有一次全体大会，当然随着员工越来越多，就越来越难坚持，但我们还是坚持在做。在这个会上，大家会相互分享在项目地的经历和收获，比如当地的老百姓是什么样的，他们都有哪些困难，他们得到我们的帮助之后有什么变化等

丘仲辉 谈爱德

253

等。这种分享对大家思想上、精神上的陶冶是很有好处的。所以说，下乡是充电，也叫灵魂的升华。我经常跟南京大学的人或是社会上其他人交流，他们感觉我学外语，肯定应该多拿一点钱，或者条件更好一点。但当你经常出差，看到老百姓的生存状况之后，就会有不同的感受了，就会感恩。通过这样的过程，我们还形成了一种自律自省的习惯，这种氛围也保证了我们的诚信。在这一点上面，感恩是非常重要的，当你看到这些穷人的生存状况后，你只会思考如何把这些捐款人的钱用好。每个人心灵深处都有良知，当他看到、想到这么多人需要帮助，并且这些人只需要有一点帮助，就能有那么大的进步，我相信他是会有所思考的。

4. 爱德项目

问：您说您一直对农村发展比较关注。能不能请您从这方面展开，给我们谈谈爱德基金会项目开展方面的一些情况？首先，为什么基金会要选择农村发展这方面来做呢？

答：我们有一个非常清醒的认识：不解决中国农村的发展问题肯定是不行的，而在农村问题中最重要的第一是人口，第二是面积。在基金会十五周年纪念册上，我就曾经写下这样一段话：中国最大的工程是什么？那就是农村的扶贫与发展工作。

政府本身就是自上而下的一个体系，它的关注点是从城市到农村，从中心到边远，所以做项目时，往往对边远地区鲜有考虑。而地方上为了方便领导审查，也通常会就近选择项目点。故而，作为民间组织，如果说我们都不去关注最贫困的地方，那还有谁会去关注呢？我可以坦率地讲，就这一点而言，别说中国政府，外国政府也一样。有一次我们跟国外合作，他们的官员就说："希望你们选点的时候要注意，到时候我们的大使下不去怎么办？"

我们在陕西有一个饮水项目，电影《老井》说的就是那地方的事。项目点很远，记得当时陪着外国大使和他们开发署的署长一起过去。当外方项目官员了解到项目点如此偏远，他们就很紧张，生怕他们的大使有什么差池。这种情况，你说如果我们民间机构不愿意去的话，谁还愿意去？谁又来关心这些人？

在我们真正去了，看到这些人的生存状况之后，是很受刺激的。有一次，我在云南的一个村里，远远就听到呻吟声，后来我们进去之后，就看见有老两口躺在木板房里面，光线很暗，黑黑的，没有任何医疗救治，两个人在那里哼哼。随后，当地政府官员说："这家人前后这两年已经死了四个，就剩下这两个人。"至于有什么病，他们也不清楚。我当时看到这情形，非常难过，立马就掏了钱。后来我对当地政府的工作人员说："你们无论如何也要救他们，安排他们到医院。"一般情况下我是不会掏钱的，因为曾经受过教训，但这两个人是病人，不一样。

我掏钱有一个什么教训呢？做社会发展不是单纯地施舍、救济或慈善，因为这样做没有前途，这不是真正的现代公益理念。

有一次，我来到山东沂蒙山区的一个小山村，要到农户家里去做项目访问。当我从村东头进入其中一户人家的时候，发现大人不在，屋内桌子边上放着一个竹篮子，有一个小孩睡在里面，这个小孩长不大，是先天畸形。我看到之后，很难过，当即就掏了一百块钱，放在竹篮边上。但当我第二次再从村西头进村时，才走了一半，我就发现路中间放着那个篮子和小孩。很明显，他父母全然不顾那小孩的冷暖和安危，只希望再要钱。所以我觉得：当然他是贫困的，是应该帮助他，但是如果只是给他们一种单纯救济，就只能增加他们的依赖性，甚至你是在培养他们的懒惰，而不是增加他们的自立能力以及自尊、自爱的精神。这种精神需要通过项目，通过他们本身参与到项目的过程中慢慢建立。如果他们只是接受救济，这种精神是不可能建立起来的，也就不可能实现人的发展，如果没有人的发展，我们去搞慈善是没有前途的。这样的扶贫方式，你我永远也做不完。

刚才说的是一个非常深刻的例子，它敦促我们更多地去思考如何去做我们的社会发展工作，怎么样让输血变为造血，使它自己能够可持续地发展。我经常会和人讲"授人以渔"这个典故。不过，后来又把这个故事发展了一下，我们不能光给鱼，我们要教人家钓鱼，但这也不够，还要想办法教人去养鱼或者是教人家去卖鱼。通过钓鱼、卖鱼，再开渔场养鱼，不断提高他们可持续发展的能力，这是我们在社会发展领域开展项目的一个重要原则或方向。

在我们的一些培训项目中，一开始有些妇女对陌生人是不敢抬头看的，更不要说面对外国人了。但经过几次培训后，你就会发现，她们见到外国人时，一脸灿烂，非常高兴，甚至能自由地一起交谈和热情地拥抱，各方面能力都有改观。我们一直讲的以人为本，就是以人的发展为核心。

为了方便地方政府的理解和接受，在讲到农村发展理念的时候，我们套用了政府"一个中心，两个基本点"的提法，我们提出：要坚持以人的发展为中心，这是一个中心。还有两个基本点：一个是满足人们最基本的生活需要，不做锦上添花的项目；还有一个就是注重环境保护，至少不能做破坏生态的事，要可持续发展而不能急功近利。

我们的农民不缺能力和吃苦精神，只是需要一点机会。所以我们不断宣传我们是生来平等的，贫困是机会不均造成的。比如农村的小孩，因为没有学校或者学校很远，他可能很早就失学了；再比如电脑，农村小孩根本见不到，而城市小孩早就摸到了，所以我们强调要给农民以平等的机会，通过一些项目为他们提供教育的机会、卫生医疗的机会以及就业的机会等等。所以，我们在做项目过程中一直倡导"平等、赋权"，倡导"助人自助，助人发展"。

我们的项目最重要的作用是提供平台，有了这个平台我们可以跟当地政府一起商量，怎样让老百姓更多地参与。如果只是自己跑过去，没有具体的项目，怎么跟政府谈？没法谈，你在当地也很难找到合作伙伴。有了项目平台，可以让不同的人来参与，包括地方政府、地方专家和老百姓，我们称之为"三个参与"。这是国外的一个先进理念，我们拿到中国来，根据中国国情，把它做了一些改造。不过这样的参与式模式也被一些学者质疑过，在他们看来，参与式不能跟政府合作，项目应该一竿子到底，一拨人下乡，盖房子，买车，住在那里，直接在农村里做项目。但我们认为，结合中国的国情，一来这样安营扎寨地做项目显然是比较困难的。再者，我们是外来者，不可能在项目区一直不走，当地人才是发展的主体，要使当地可持续地发展，只有将这个赋权的过程落到实处，只有尊重发展主体们的意见和建议，才有可能把项目做好，才有可能实现当地的综合发展。再次，我们认为和政府合作，让政府参与，这是一个很好的互动，我相信如果政府官员也了解这些人的生存状况，也会觉得应该为他们做一点事。

所以，我们提倡更多的是合作，是参与，特别是让老百姓参与。这里的参与不是简单的投工投劳，而是真正参与整个项目的提出、筹划、决策过程。老百姓只有参与了这个过程，他们才会更有责任心，才会知道这个项目究竟是怎么提出来的，对他们为什么有益，而且这个票是要他亲自投的。决定是他自己做的，他才会对它负责。

在项目实施过程中，我们遇到过这样一件事：上世纪九十年代中期，我们刚开始做综合项目的时候，在一处提灌站项目点，有一个水位测量仪坏了。农民就把那个测量仪拿到我们地方办公室，说："这是你们的东西，坏掉了，你们换吧！"这件事后，我们不仅没有埋怨老百姓，反而开始查找自身的问题：这些设备总有坏的时候，这次换了，那下次呢？此外，他们把这个东西看成是我们的，而不是他们自己的，这就非常有问题了，所以我们就更重视参与了。那时我们也做了很多研究，但这件事情对我们触动特别大。从这件事开始，我们重新审视我们的项目理念和开展项目的方法，它提醒我们：没有老百姓的参与，我们不可能成功。所以现在爱德的项目有个特点：所有的项目在地方一般都有办公室，而基本上都是地方上给我们提供，工作人员也一般都来自当地。

我们一直强调我们是慈善捐款的受托者，人家把钱交给我们，就是对我们的信任，希望我们去用好这些钱，因为我们有专业的机构、专业的知识，因此，我们一定要把它做好。

除了"三个参与"，我们还提出了"三个一点"：在项目资源方面，我们投一点；老百姓自己出一点或者投工投劳；政府配套一点。我们投一点，叫做种子钱或催化剂，因为没有我们这第一桶金，其他的钱就不会来。我们不规定三方各自一定要按照什么样的百分比投入，而是根据实际情况，比较贫困的县我们可以多给一点，情况好一点的我们少给一点，比较灵活。需要说明的是：这"三个一点"不是功利性的，而是现代公益理念的又一体现。我们做项目的根本目的是"助人自助，助人发展"，是增加项目受益人的独立性，而不是依赖性，这也是项目可持续性发展的一个重要做法。我们提供种子基金，政府因为有纳税人的钱而提供相应支持，老百姓是发展主体也拿一点，三方都参与，这是作为社会发展项目当中一个需要坚持的原则。

事实证明，让老百姓参与到项目中是特别有效的。有一件事让我印象尤为深刻。有一次，我们在山西开展参与式培训。刚到山西，那个镇中心扶贫办打来电话说："丘老师：这个培训班不能这样搞，又是政府官员，又是专家，还弄了点农民，平时我们开会都打瞌睡，他们的文化程度相差这么多怎么行呢？"我说我们试一下，如果不行再说。然后我们就开始培训，主要是让大家一同参与，官员要拿掉架子参与讨论，农民自己也要开口说村里的情况。果然，参与之后，大家就都不可能打瞌睡了。不仅如此，通过这样气氛活跃的参与式培训，也能够让他们更深刻地理解什么是参与式管理。五天下来，几个参与培训的妇女就跑来，很激动地和我说："你们搞这个培训很好，但是我们最担心的就是小额信贷，钱放下来我们拿不到。"我说怎么会拿不到呢？她们说："政府也说要给我们黑山羊，结

丘仲辉 谈爱德

257

果等我们去拿的时候，羊早给村长拿走了。"有一个妇女让我印象蛮深的，她说："丘老师，我们不怕苦，我们只要有钱，用小额贷款做一点事，肯定赚。不过我们现在怕就怕拿不到钱。"我说："你放心，我们做的项目，不会让你拿不到钱。"当然，她们后来都拿到了贷款，也赚了钱，生活是越来越好。而当时的扶贫办主任成了小额信贷中心的主任，这个项目现在等于变成一个民办非企业机构了，完全能够独立运作。这个项目到现在还在持续做，而我们已经完全不介入了，也不投任何钱。我还很清楚地记得，培训结束之后，这位扶贫办主任就对我说："丘老师，这次培训让我深有感触，我终于知道为什么以前我做的扶贫项目会失败，比如，我引进的种子，发到乡亲们手中，结果种植失败，我还埋怨大家。其实是我方法不对，好心办坏事。一会儿养猪，一会儿种树，都是自己在想当然。"若干年后，我又一次接到他的电话，他说："因为国务院扶贫办要求各级基层推进工作，都在做参与式管理的培训，而我已经是这方面的老师了。"言语之中非常自豪。我想，这就是参与式管理的魅力和效力。

访谈印象

　　仲辉并非爱德的创业者，他是爱德基金会的第二任秘书长，至今仍担任爱德基金会的主要领导工作。选择爱德作为口述史访谈的对象是我久有的心愿。我喜欢爱德，尊敬爱德，更推崇这个有着强烈社会责任感的宗教背景NGO。某种意义上，我认为爱德才是中国NGO的成功代表。

　　爱德有很多充满魅力的地方：成立早，领域广，规模大，有很强的宗教背景和海外背景，没有任何官方色彩但在政策上和体制上得到广泛支持与认同，运作管理规范，价值伦理明朗，组织文化向上，社会效益和影响很大，在追求普遍社会公益的同时大胆探索社会企业实践，等等。我们关于中国NGO研究的第一批个案报告中就有爱德，从那以后，我一直想深入研究爱德。

　　最早与仲辉的相识是1999年他应邀出席我们举办的一个国际会议。他英语很好，年轻、能干而谦和。后来我拜访爱德的时候他帮我引荐丁老和韩老。那时就有了关于口述史研究的想法。后来韩老病重并于2006年仙逝，令我备感遗憾。再次见到仲辉时，我告诉他关于爱德的口述史研究只能由他来做。他谦虚地推脱再三，终于答应我的建议，并做了详细的准备。这个访谈是成功的。我深知他内心中的纠结，也为没能及时访谈韩文藻先生而痛惜。仲辉作为爱德的第二代领导人，熟悉今天爱德的一切。但在口述史的研究上，仲辉无法取代韩先生。这也是口述史研究中最具悲情意义的地方。一个人所带走的，不仅是他的生命，更有那一段只有他才能记得住、讲得出、留得下的历史。

丘仲辉 谈爱德

十八　吴建荣　谈上海青年会

访谈吴建荣先生

访谈题记

　　吴建荣先生，1986 年毕业于上海音乐学院，毕业后在一所高等职业技术培训学校任老师，并兼任团委书记。1991 年进入上海青年会。1993 年赴日留学，学习基督教青年会的管理。现任上海青年会总干事。

　　上海青年会，全称为"上海基督教青年会、上海基督教女青年会"。是基督教青年会、基督教女青年会的上海机构。基督教青年会（YMCA）和基督教女青年会（YWCA）分别于 1844 年和 1855 年诞生于英国，目前在全世界一百多个国家和地区都有基督教青年会和基督教女青年会。上海基督教青年会和基督教女青年会分别成立于 1900 年和 1908 年，坚持"非以役人，乃役于人""尔识真理，真理释尔"的会训，践行"服务社会，造福人群"的宗旨。自 1984 年复会以来，致力于建设成为一个"国际性的、基督教背景的、非营利的"社会服务团体，推动志愿服务运动，以"平等、公益、爱心、和平"为原则，致力于社会服务、教育培训、海外交流以及特殊人群服务等项目，为社区和弱势群体提供多样化的公益服务，推动和谐社会与公民社会的建设。

建荣欣然接受我们的口述史访谈，并对访谈笔录做了认真审阅和修订。在此谨向他表达我们的敬意与谢忱！

1. 我与青年会的缘分

问：您是怎么走进青年会的？

答：我 1991 年正式到上海青年会工作。从神学的角度来说，我到基督教青年会是上帝安排的；从社会的角度来看，这是一个很偶然的机会。我原来一直是搞共青团工作的，做了十多年的团委书记。上世纪 80 年代中期，我所领导的高校团委连续三年被评为上海市优秀团委，1986 年我开始担任上海市政协委员，成为当时上海最年轻的政协委员。在政协，我认识了老一代的青年会会员。现在回过头来看蛮有意思的，我大学本科学的是音乐，是上海音乐学院毕业的，我整个家族中没有一点儿基督教的背景。但是在学习外国音乐史时，讲到宗教音乐、音乐的起源、五线谱的诞生，都跟宗教有密切的关系。在学习的过程中，我对基督教产生了兴趣。巴洛克时期的音乐，亨德尔的作品，我都非常喜欢。亨德尔创作的每一首作品，我都会找资料去查。我毕业的时候选了一首亨德尔的曲子，应该是男中音，我变调以后用男高音去唱，效果不错。现在来看，这里面有很多东西是无法解释的。

在后来的工作调动中，因为机缘巧合我来到了青年会。我第一天刚到就参加了大主教出席的一个高规格宴会。当时，在欢迎词讲完以后，突然请一个牧师祷告谢饭，我感到很吃惊，因为这种文化我从来没有经历过。然后他开始讲，感谢上帝赐予我们这样丰富的饮食，使我们有力量更好地工作。这让我感觉与原来的意识反差很大，我从小学到中学，课本上的内容和家庭的教育都说稻谷是农民伯伯种出来的，从来没有想过那是上帝的创造。在这以后，我越来越发现青年会这个机构有一个特点，就是它非常有使命感，有爱心，有社会责任感。这对我这样一个长在红旗下的年轻人冲击很大。青年会的会训是"非以役人，乃役于人"，就是人生来是为了服侍人而不是受人服侍的，从表面来看，与"为人民服务"基本上是异曲同工的。我觉得这很好。在工作的过程中，青年会老一代会员给了我很深的影响。他们的言传身教，使你从内心感动，让你感到榜样的力量是无穷的。

2. 青年会在中国的历史

问：您能大致介绍一下青年会在中国的发展吗？

答：上海基督教青年会是在 1900 年由西方特别是北美进入中国的。第一任总干事是美国人。在发展过程中，由于中国的基督徒越来越了解基督教青年会的独立性原则，三年后，总干事一职就由中国人自己担任了。

问：在中国，上海基督教青年会是第一个城市青年会么？

答：不是，城市青年会里天津是第一个，上海是第二个。上海青年会成立以后，组建了一个高规格的董事会，成员都是上海比较有名、有影响的社会人士，以基督教信徒为主。因为有这样一个高规格的董事会，青年会的服务相对来说富有前瞻性和创造性。

我们现在可以回过头来看，上海青年会在历史上做的许多工作都是开创性的。比如体育，翻开体育史可以看到，华东第一届运动会就是由上海青年会发起的。篮球和游泳，就是青年会从西方带入中国的。第二个开创性的活动是公益服务或慈善活动。当时中国人很少洗澡，青年会就开澡堂让老百姓来洗澡；老百姓头发留得很长，没有钱理发，青年会就为老百姓免费开理发室。青年会通过一些卫生和健康的倡导，让老百姓认识新生活。当时不是有个新生活教育吗？青年会在里面起了很大的作用。青年会在中国的发展过程与近代化同步，因此从某种意义上来讲，青年会在近代中国的社会进步中扮演了重要角色。在抗战时期，青年会，特别是上海青年会做了大量工作，发挥了积极作用。比如说，抗日救亡歌咏活动是上海青年会的刘那摩先生发起的，一大批有志青年在那悲壮激昂的歌声中走上了抗战前线。当时的妇女战地服务团是由上海女青年会发起的。战地服务团是中国抗战史上一个重要的组成部分，很多妇女通过参与战地服务团受到教育而走上了抗战的道路。当中的很多人 1949 后走上了国家领导人的岗位。有好几位被我们称为大姐的妇女，都成了省部级以上的领导，担任了重要的职务。上海青年会在 1949 年之前那一段的发展是很有前瞻性的，成了世界十大城市基督教青年会之一。

新中国成立后，作为一个外来宗教所建立的青年会，如何在中国社会，特别是意识形态发生很大变化的社会环境中找到自己的定位？这成了一个非常重要的问题。用今天的眼光来看，当时青年会的前辈们非常有智慧，他们适时地进行了一些结构上的调整。采取了一些策略性的措施，把一些分会所关闭了，把一些原来属于青年会及其机构的土地捐给政府。当时在上海，整个青年会都收缩到一幢楼里工作。如果按历史分期的话，那一段叫适应和调整期。为了适应社会的转型，青年会调整了组织策略。这样的调整为它赢得了生存的空间。很多人可能想不明白，为什么青年会把很多东西都捐掉？我认为，如果不捐出这些，可能会导致政府采取过激的行为，就有可能被取缔或解散。当然，青年会之所以没有被取缔，还有一个很重要的历史原因，青年会在旧民主主义革命时期帮助了中国共产党的很多领导人。比如周恩来、邓颖超当时在天津青年会避过难，江泽民在上海青年会避过难。他们利用这个身份躲过了国民党的迫害，江泽民就是从青年会学校转到解放区去的。所以在基督教青年会学校（中学）的历史上，有江泽民这么一位中学英语教师。这是他唯一的一段做教师的经历，我们也引以为荣。所以从上海青年会存在和发展的轨迹来看，它是与社会同步发展的。我最近做培训的时候讲过，青年会就像火车，火车在历史演进中经历了很多阶段，原来是蒸汽火车，后来有了内燃机车，现在又有了动车，有了高铁。青年会也是这样，在历史的演进中我们经历了不同的阶段，但一直在向前发展。对于这种发展演变，不同的人会有不同的态度。有些人不能适应这种发展进步，甚至想阻挡，结果火车会从他们的身上碾过，头也不回地继续往前走；有些人跟不上这种发展进步，依然要抱守旧的东西，但火车也不会停下来。我所倡导的态度是：客观地看待，努力去适应，看好方向，确定车次，买好车票，找好位子，跟随时代的脚步，与火车同步发展，同时运用自己的道德和价值观融入这个机构，去影响身边的人和事。火车照样向前开，你在火车上也有自己的位置，往前走。

吴建荣 谈上海青年会

263

　　对于上海基督教青年会，我有一种认同。在整个中国社会的发展过程中，无论是在旧民主主义革命时期还是在新民主主义革命时期，或者是在"文革"期间，包括在今天，它最大的特点就是与时俱进，适应社会的变化，而不是说社会来适应它。同时，在这当中又要坚持自己的本质，不断地调整战略和方针。

　　从1949年到1966年"文革"前，基督教青年会的整个架构进行了调整，它的服务功能也在萎缩，逐渐由一个多元的社会服务机构转变成一个比较单一的、以会员为主的服务机构，很多社会功能都萎缩了。"文革"期间，一直到1980年，基督教青年会和其他许多社会团体一样，全部停止了活动，房子被政府征用，青年会的工作人员全部下乡或下厂。

3. 改革开放后上海青年会的恢复发展

中共"三中全会"以后，中央拨乱反正，宗教政策开始恢复。1980年1月，中央统战部、团中央和全国妇联联合发文，在11个城市恢复基督教青年会的活动。上海青年会是第一批恢复的城市青年会之一。

上海青年会恢复以后要致力于重建，这时就遇到了问题。老一代经过了将近20年的时间回到青年会，经历了太多的政治运动，胆子变小了，年龄也不饶人，没有能力再去开拓，就只能维持了。

上世纪90年代，我们称为青年会的恢复发展期。90年代初的时候，青年会的整个发展就是在不断寻找与社会同步发展的切入点，探讨如何更好地承担社会责任。当时我们认为，青年会的恢复发展应是一个继承传统、开拓创新的过程，这从神学意义上讲是上帝安排的美意；从社会意义上讲，我们认为青年会要适应社会变化，调整方针，争取与社会同步发展的机会。十多年来，我们就是按照这样的方针走过来的。今天的上海青年会，已成为全中国基督教青年会中最大的一个。这个"大"体现在两个方面，一个是它的服务内容和规模，另一个是它的预算和服务人次。我们去年服务人次达到了一百万，占到了全国十个青年会总服务人次的一半以上。我们的预算也占了全国基督教青年会总和的一半，其他九个青年会之和只相当于我们上海青年会。从一定意义上讲，这是我们主动承担社会责任、参与各种社会服务的结果。

政府对基督教青年会也没有很多硬性指标的要求，但是我们为什么能这样做？我认为有两个原因：一是这个团体的文化、价值观所沉淀下来的，我们这代人留下的一种社会责任，这是一个很重要的原因；第二，是时代和社会发展的需要，在今天的中国社会，即使不用公民社会这个概念，随着社会的发展，"小政府、大社会"概念的提出，社会发展所需要的大量社会服务由谁来承担？这就呼唤着社会组织站出来。基督教青年会作为有百年历史的社会团体，应该挑起这个担子来。因此在上世纪80年代末90年代初，我们就开始关注社会的变化，积极投身到社会发展的实践中。

我们大体走过了这么几个时期：上世纪90年代初，我们注意到，社会发展的实践提供了很多需要社会组织发挥作用的空间和机会，而我们青

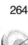

年会一直封闭在那座 123 号楼里，失去了很多服务社会的机会，我们因此提出"走出 123 号"的口号，走出这座楼。但走出去之后到哪里去？我们借鉴发达国家基督教青年会的一些做法，提出要进入社区，我们提出"走出 123 号，进入社区"的口号。我们和民政部倡导的社区建设几乎同步。借这个契机，我们开始探索社区服务的问题，并积极探寻走出有我们特色的路。后来我们又提出"与政府合作，建立社会互动、联动的网络"的口号，开始在浦东罗山市民会馆、人民广场街道、复旦大学校区周围社区等地开展多元的社区服务。一段时期后，我们又思考：作为基督教为背景的服务团体，如何让更多的人接受我们的服务？我们提出："追求团体的理念延伸，而不是团体自身"，这一提法又伴随着青年会走了两三年。后来我们发现：青年会正处于一个尴尬的境地。教会的一部分人认为，基督教青年会是社会的，没有信仰追求；社会认为基督教青年会，有基督教的名字在里面，一定是属于基督教的，是宗教。我开玩笑地说，我们里外不是人，所有人都不把我们当作同类的东西。这时我们提出："让青年会走进社会，让社会走进青年会。"就是让社会能真正了解青年会，了解它的社会服务性质和信仰之间的关系。再往后，我们提出了"建立和谐社区大家庭"的口号。1996 年，我们和浦东区政府合作创建了罗山市民会馆，建立了第一个面向社区乃至全社会的全方位社会服务机构，政府提供场地和一定的创业经费，青年会负责经营管理并直接提供服务。这样一种新型的社区服务架构，打破了传统的社会学对社区的界定。我们在罗山市民会馆的服务，突破了地域的界限，实现了跨地域的开放服务，其他社区的人都可以来参与那里的活动。

随着社区服务的不断深入和发展，我们又发现，基督教青年会这个品牌某种意义上会直接影响团体的发展。因为宗教信仰的区别，很多非基督徒、共产党员、佛教徒会顾虑我们的服务，怕带有基督教因素，担心能否接受？于是我们成立了上海华爱社区服务管理中心，以华爱的名义向社会提供专业的社会服务。于是，华爱社区服务管理中心作为上海青年会的又一个品牌在社会上开始出现了。这个品牌的建立，其实为我们更大范围地为社会提供专业化的社会服务创造了一个很好的平台。今天，以华爱为主体来管理的社区已经达到九个。在这个过程中，我们又继续探索，如何在多元的文化当中，通过多元的服务传递"爱"字。这里面有基督教的理念，但我们更多看到的是在市场经济条件下，很多人把爱和人应有的情感丢弃了，我们通过各种社会服务，激发人们在社区互动中增强对社区的认同感，增进社区参与，增进人与人之间的爱与亲情。刚才提到的罗山会馆实际上就是这样的一个先例，或者是开了这样一个先河，我们通过社区服务，促进社区层面的公众参与和人间友爱。

罗山会馆是在中国建立的第一个社区服务中心，是以市民管理委员会为最高权力机构的管理模式的首次尝试。这里不是政府去管，也不是青年会代表政府去管，而是青年会动员社会资源一起参与社会管理。当时社区服务管理的这种模式中，有政府代表、有青年会代表、有社区老百姓代表、有居委会代表，不同的阶层组成了一个最高的权力机构，一起来商量罗山会馆应该给社会提供什么样的服务？如何来提高服务质量？同时把政府和青年会的角色放到次要的位置上，我认为这个策略很好，公民社会的雏形在其中已经具备了。社区是公共空间，所以我们在1996、1997年的时候，就提出一个概念，叫"打破家庭的小围墙，构筑社区的大围墙"。说到这里又让我想起了一件事：1991年的时候，当时国内知道基督教青年会的人越来越少，我们在提出"走出123号"的同时，提出"让社会认识青年会"，青年会要回归社会，要生存、要发展的问题。多年以后，我们通过参与多种形式的社会服务，让更多的人从我们的服务中又重新认识了青年会，找回了青年会，我们得以在社会服务中逐步实现生存发展的目标，青年会本身也得到了加强。今天，青年会和华爱两个品牌变成了一种品质，变成了一个品牌：优质的社会服务找谁？找青年会。华爱成为青年会对外宣传的一个很好的窗口，这是一个很好的策略。

总的来讲，上海青年会的发展体现了三个特点：第一，青年会始终把传统与现实相结合，这是一个很重要的特点。我们一方面坚持了青年会奉献社会、爱心公益的传统，另一方面努力与社会发展相同步，努力提供当今现实所需要的优质社会服务。第二，青年会始终坚持志愿服务的目标，以自身的志愿服务，带动更多的人共同参与社会服务和社会建设。在社区服务中，我们不是去取代政府，说政府做得不好，我们来帮着做。不是这个概念。我们是要让政府和老百姓知道，社会的发展要靠老百姓的共同参与和努力。在罗山会馆以及后来的很多模式中，我们都在实践社区共同参与的理念，形成了广泛的文化认同。第三，青年会的发展是一个实事求是、不断调整和提升的过程。如果我们只满足于一个老品牌、一个老传统，生命力就不会不断提高。在这个过程中我们也不断谋求用专业化的方法加强管理、提高服务。去年我们正式成立了上海青年会社工部。我们认为现在的工作，需要专业的社工来提升服务质量和服务能力。社工部的建立表明专业化方向已经非常明确。

4. 上海青年会的治理

问：您能介绍一下青年会的内部治理情况吗？

答：组织内部的情况大概是这样：从一个组织来看，我想一些基本的规章制度是保障这个组织的基本因素。我们现在已经建立了会员代表大会选举董事会，董事会任命总干事，总干事来组建干事部的组织制度。我们现在有四千多个会员，我们将其分两种：活动会员和基本会员，其中活动会员有两千人。活动会员只要交八块钱一年的会费，就可以参加所有的活动，但是不具备选举权和被选举权。而基本会员是二十块的会费，上不封顶，有选举权和被选举权。我们在召开会员代表大会之前会告诉会员，我们要选举新的理事会，三人以上推举的，就有效，作为候选人。这完全是一套非常正式的模式，有候选人跟大家见面。在内部的管理上，每个部门有相应的职责。再有就是计划与总结。这些是每个机构都要有的常规的东西。此外一个团体如果没有长期的、中期的目标，对这个团体来说，也是个很大的问题。

从组织治理结构上来讲，因为基督教青年会是一个老牌的社会组织，所以它的组织框架是成熟的。它有董事会的架构，由会员代表大会来选举董事会，然后由董事会来任命总干事，由总干事来组建干事部。董事会是义工，在青年会内不占有资源，也没有任何利益，他们以志愿者的身份参加青年会的活动，而由干事部具体来操作青年会的整个发展。董事会与干事部之间存在很好的互动关系，重大事务由董事会来决定，但在实施过程中，董事会不会对干事部进行干预。现在很多 NGO 中，可能毛病就出在这里，叫"董事不懂事，干事不干事"。董事要懂事，干事要干事，各自的职责要明确，才能有好的治理。

问：董事既不出钱也不筹款？

答：不出钱。筹款我们现在刚刚开始在做。

在会员代表大会上，我们来举行董事会的选举，任命总干事，来确认干事部的整个行政计划和预算。这个过程哪怕现在只是一个摆设、样式，但却是非常规范的。每年董事会要开四次会议，每一次会议干事部都要汇报工作，对董事会报告预算和决算情况。董事会会提出质疑，为什么这个项目用的钱多，那个用的钱少？这些都是非常规范的。

吴建荣·谈上海青年会

我们有 15 位董事，都是资深专家。我们从 1949 年以来基本上一直是这样，都是邀请资深的专家和知名人士、成功人士组成董事会。在 1949 年以前，我们的董事会发挥很大的筹款功能，1949 年以后这个功能就没有了。

作为一个有宗教背景的社会组织，我的感觉是，青年会在整个发展过程中，基于传统和信仰所形成的团体价值观与文化，是团队凝聚力的核心，这是青年会长期以来能够吸引一批批精英为社会奉献，并不断发展进步和稳定有序的一个重要原因。我无意去批评任何其他组织，但是我这几年看了很多中国 NGO 的发展，一些组织昙花一现的原因就是因为自己的目标定位不清楚，组织的价值观出了问题。对于像我们这样的组织来说，如何对待传统是一个重要的问题。其实任何团体，要想持续发展，如果离开了对传统的继承会出很大的问题。

另外，我们有监督较为完善的监督机制。青年会的监督机制主要包括三个方面：第一个方面是专业机构的监督。比如我们每年的财务报告是由专门的审计单位来审计的。按照社团局的规定是换届审计，但是从我担任总干事到现在，我都坚持每年审计。我个人认为，审计的过程能够帮助我发现和调整经济管理过程中的问题。因为我不懂，所以我更要让别人来帮我看。每年审计可能钱要多花一点，但是我认为这样对组织的发展是很必要的。社团局规定换届审计，从我的角度来看并不是一个很好的方法。审计还是应该每年做，因为国家的财务制度也在不断变化，可能有新的制度出来。每年审计的话，可以不断适应这些变化。第二个方面的监督是董事会的监督。我每个季度的财务情况都要向董事会报告，有书面的和口头的，他们可以质疑里面的一些问题。第三个方面的监督是会员和主管部门的监督。我们的财务每年都要向会员作报告，接受会员的监督，也要接受主管部门和团市委的监督。通过这样三个方面的监督，我相信，即使我这个人有点贪心的话，也可以帮我纠正，使我成为一个好人。

作为一个有历史的机构，我们既要对历史负责，更要对未来负责。这也是青年会持续发展的一个重要动力。有时历史会成为一种包袱，使人们看不到发展的方向。当我们能够为未来负责的时候，我们就会更小心地把历史和现在、现在和未来有机结合起来，提出我们的战略目标。我们从1994 年开始定期制定战略规划。这使我们能够看清并不断调整自己努力的方向。我们的战略规划原来是每三年做一次，现在改为五年，主要是为了与政府的五年规划相同步。不然有时候老是对不上。其实三年、五年倒无所谓，关键是要很清楚地看到和把握未来的发展。我们的战略规划不只是干事部在定，董事会也要参与。我们有战略定位对话会议，董事也都参加。我们通过互动达成共识。这种积极的互动是很关键的，甚至比外部的压力和动力来得更重要，这样的好处是整个机构的每个人都明白知道未来的发展方向，对整个机构的发展产生了内部的动力和向心力。

还有很重要的一点就是一定要有现代的管理方法和理念。从青年会管理的实践来看，其实我们和一些现代企业的发展有类似的地方。比如，我们提出 NGO 的管理必须追求效益最大化，要降低管理成本。这个效益并非经济意义上的利益，而是增加服务人次、提高服务质量和服务设施利用率等服务的效益，这方面我们都有具体的指标。政府的很多服务设施是空置的，其实降低乃至失去了服务功能。作为一个服务机构，追求效益最大化是很重要的，只有这样才能使这个团队不落后于整个社会。最近我们在用"生财有道"来培训我们的工作人员。这个"财"不是财富的意思，而是我们要学会经营，学会现代企业管理的一些基本规律和能力。团体要发展，必须与社会同步。要学会企业管理，学会市场经济，要从企业管理和市场经济里学习一些先进的理念，用于青年会的管理运作。如果固守传统，就会落后于时代，终将为不断进步的社会所淘汰。

问：青年会是如何进行评估的呢？

答：有一次统战部来我们办公室找我："吴先生，今年你们评估得先进了吗？"我们办公室回答得很好，他们说："我们做到现在没有一个机构来评估我们，有什么先进评比从来轮不到我们。"1994 年我从日本回来，就推动财务的委托管理，当时在整个上海居然找不到一家财务管理公司来管理我们的财务。财务外管有好处，对财务体系是个监督。找不到托管，我们就每年都搞财务审计。我刚才讲的年度审计就是从那时开始的。我认为这也是自律的一个重要保障。从信仰层面上来看，人总是要犯错的，要跌倒的，要通过一些方法来预防、纠错和弥补。年度审计就能起到这样的作用。

怎么评价社会组织是一个问题。青年会作为社会服务机构，虽然没有接受社会捐赠，但我们通过服务，为社会事业做出了很大的贡献：第一，我们吸纳了大批下岗工人成为员工，他们在青年会不仅有职业、有收入，更重要的是通过社会服务学会了如何去爱别人和承担社会责任。在我们这里，下岗工人占总人数的 70%。这么大的比例，但没有人来评价我们在就业方面的贡献。第二，我们提供的各类社会服务面广、人多，受益人次每年都有上百万。提供这些社会服务，不仅能够满足社会上的大量需求，而且对于协调社会关系、化解社会矛盾能够发挥积极的作用。第三，我们每年投入大量的人力、物力、财力用于社会服务，也动员大量的志愿者参与社会服务。这些都是对社会事业的积极贡献。

5. 上海青年会与政府的合作

问：和政府的关系对 NGO 来说是很重要的一个方面，尤其在中国，NGO 的自主性可能会受到一定的影响。您怎么看待这个问题？

答：NGO 与政府的关系在我国有自己的特色。其实任何国家的 NGO 都可以与政府保持一种比较良好的伙伴关系。2006 年在上海召开了一个以政府与 NGO 合作为主题的国际研讨会，美国的一些知名专家、NGO 领导人和政府官员也参加了会议，那个会上提出了一个重要观点，就是 NGO 和政府之间应当是伙伴关系。用伙伴关系来形容政府与 NGO 的关系，是很好的一个比喻，伙伴，有大手牵小手的意思在里面，你强我弱一点，但我们是伙伴。伙伴的一个重要原则就是互相尊重，这是非常重要的。因此，我们青年会非常重视与政府的合作。我们努力在提供服务的过程中用我们的行动去影响政府。在中国的社会环境下，让政府降低姿态与 NGO 合作是很困难的。即使是一个科员，在与 NGO 对话的时候都是居高临下的。因为他认为，所有的社会福利或公共政策，不是社会发展的必然，而是政府对社会的一种恩赐。我举个简单的例子，我在上海做了很多关于低保方面的调查，到那些领低保金的地方去，就看到即使是一个职位很低的科员，对那些领低保金的人都是一种训斥的口吻，他没有意识到就是因为这些人的存在才有他这个岗位的存在。这跟我们 NGO 的做法完全不同。我们在开展社会服务的时候总是带着感恩之心，因为我们深知，离开我们的服务对象，我们的员工就会下岗，青年会就不会有生命力，也不会在这个社会上发展下去。这种观念在政府中真的很缺乏。现在提出所谓"服务型政府"，但是多数停留在口头上，推行起来真的是路漫漫其修远兮。

我想 NGO 和政府的关系可以从三个层面上来看：第一，要互相尊重。这一点非常重要。从 NGO 来说，我们对政府的任何官员都一视同仁。跟市长怎么讲话，对下面的科员也就怎么讲话，都是一样的。从我自己到我们的员工，都是这样的心态。第二，要与政府合作。这也是很重要的。我曾经说过，青年会走进社区，就是要和政府合作，不是代替政府，也不是

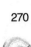

替政府打工，而是发挥各自的优势，共同探索社区层面的社会服务。

问：但给人的感觉青年会在社区里发挥的作用不就是代替政府了么？

答：不应理解为代替政府，而是与政府合作，政府提供平台和资源，我们直接提供服务，只是一种补充而已。定位一定要清楚，没有哪个NGO能够代替政府。可能有些人会认为NGO要代替政府，但从世界范围来看，NGO并非要取代政府，不可能的，没有这样一种趋势。比如在德国，NGO与政府的关系非常密切，政府提供大量资源给NGO，政府官员到NGO去可随时查阅他们的各种资料和财务报表，NGO并没有躲着政府或者不向政府公开。NGO与政府合作有一个重要的基础是相互信任，这一点我认为是很重要的。

第三个层面是：要承认政府是社会进步的重要力量，政府支持和监督也是NGO成长的重要力量。必须看到并承认这一点。对于NGO来说，跟政府合作的前提是：有很多东西NGO做不了，需要政府来做，而且也需要政府的支持，不管在什么时候都应当是这样。

在实践中，我们与政府合作遇到的一个最大的问题是：政府的人事调整特别是主要领导人的变更，会对我们的合作带来很大的影响。罗山会馆就是一个很典型的例子。1996年我们开始与政府合作的时候我就提出要与政府签订合同，当时他们说："不用签，房子都给你们了还要签约？"我说："不是不相信政府，只是需要一个法律形式的合同。"当时政府领导觉得蛮新鲜的，就签了一个《罗山市民会馆协议书》。协议书上有很多规定，其中对我们的要求是：要向市民提供无偿的公益服务，一般的日常工作由我们来做，但是五年大修还是政府负责。这个协议书是我们和罗山会馆所在的浦东区那个街道的负责人签的，他认为很好，就签了五年的合作协议书。但是他四年不到就调走了。新来的领导不认这个账，有协议书也可以不认账。他说不打算和我们继续合作了。你要是真的不打算合作，可以啊，大家坐下来认真谈一谈，说清楚就可以了。但是他没有把问题放在公平的立场上。第二天就把工程队派去了，我们当时正在现场工作。为这个事情，后来我去找他谈，他开始还不理我。后来没办法，我们只好找律师。请律师告诉他，我们准备提起诉讼。他害怕了，说要赔钱。我说："这不是钱的问题，不要拿钱来压我，况且这些钱还是老百姓的钱。"我当时真的是很诚恳，但也很气愤。有人开玩笑说浦东是我的伤心地，那时候我真的很生气。因为从青年会的整个发展来讲，到今天我也还是那句话，如果我在这个楼里，什么都不做，没有任何人来批评我。这个楼是基督教

吴建荣 谈上海青年会

271

青年会的大楼，在这里面做一些服务，比如早上六点钟的老年茶室。我就提供这个服务，没人督促，也不要招那么多员工，因为这个楼每年能给我带来一百多万的收入，我招五六个员工足够了。但就是因为感到社会有强烈的需要，我们有自己的公益使命和传统，能够提供更多的社会服务，才到浦东、浦西去做。而且透过我们的活动，确实看到我们影响了许多人，甚至改变了他们的人生。很多下岗的、失业的人在我们这里做，还有很多家庭贫困的学生透过我们的服务、助学，考上了好的学校等等。真的产生了很多感人的故事。

问题是：在与政府合作的过程中，政府往往采取另外一种态度。所以我们在强调制度建设的同时，也要努力呼吁政府转变观念。

6. 上海青年会与境外 NGO 的合作

问：青年会与境外 NGO 的关系怎样？你们之间有没有合作？

答：从基督教青年会来讲，本身就是一个国际性组织，因此天然就有一些跟国外 NGO 的合作。但在 1996 年以前，我们和境外 NGO 合作并不很多。成立罗山会馆以后，因为是第一个参与政府购买服务的项目，各方面关注度很高，我们也需要外部资源和其他各方面的支持，我们就提出要主动和其他 NGO 开展合作，我们与亚洲基金会有过合作，与新加坡一个社区组织也有过合作。

在这个过程中，我们坚持了几个重要的原则，奠定了今天我们能很好地和境外 NGO 合作的基础。第一个原则就是一定要坚持独立性。我们是中国的 NGO，在跟国外组织合作时也一样，仍然是中国的 NGO。今天很多的 NGO 在跟国外合作的时候，虽然得到很多资金，但偏离了自己的宗旨和优势，迷失了自己。有的原来是做环保的，突然关心起农民工了，主要是按照资助方的要求去做，但这就会偏离自己组织的发展方向。

问：这些组织的目标实际上是跟着项目走的？

答：对，所以这是一个最大的问题。还有一个问题，现在很多国外机构进来，一般是做传播和培训。于是，我们很多机构就也去做培训，一做培训就出问题了。因为很多概念在提法上国内与国外是有区别的，你把国外的东西直接翻译过来，又没有通过实践去想、去验证，怎能不出问题？昨天我在报纸上看到一篇文章在讲 NGO 管理，是上海一个 NGO 的负责人写的。他从来没有管过 NGO，你叫他写 NGO 管理，他哪有那个能力？无非就是把美国的一些书本上的东西翻译照抄过来，这岂不是误人子弟？中国NGO的管理与国外的相比，绝对有自己独特的东西。如果忘记这一条，不能独立地做，那是不行的。

第二条原则是：跟境外NGO合作，我认为应该坚持公开性原则。很多国内的NGO跟境外机构打交道，就怕政府和其他机构知道，躲躲闪闪的，越是怕见阳光，就越容易出问题。我们和境外NGO合作的时候尽量做到信息公开，无论对政府还是对媒体、对其他机构，我们都坚持公开性原则。

第三个原则，其实也最重要的一条原则，就是要有具体的合作项目，而不要去做虚无缥缈的事。如果没有实际的东西，你就很难了解对方的宗旨和目标，而彼此的宗旨和目标都不了解，合作也就很难进行下去，所以必须做一些有价值的具体的项目。透过这些具体的项目的合作，比如我们的"手牵手"项目，相互之间就能增进了解和互信，从而使合作持续下去。

"手牵手"项目的主旨在于让香港的年轻人和大陆的年轻人相互交流，在交流中增进相互理解和学习，达到共同提高的目的。我们是在香港回归以后开始做这个项目的，当时项目的名称叫"香港年轻人看大陆、看上海"，是香港基督教青年会与我们合作开展的。我当时就和他们的总干事讲："表面上看是一种单向的交流活动，但我觉得应当是双方受益的，大陆青年会从香港青年身上学到不少东西，香港青年也会从大陆青年身上学到不少东西。"后来事实证明真是这样。香港的青年来了以后，看到上海的年轻人勤奋读书、发奋上进，他们触动很大。他们原来以为大陆比香港落后很多，到了上海发现，上海的年轻人开口说外语的比比皆是；谈起国际政治，包括美国的民主和政府系统，头头是道，香港有的孩子连什么叫"一国两制"都不了解。上海的年轻人讲起天文地理、历史文化也毫不含糊，包括航天飞机、宇宙飞船，甚至包括电脑游戏，上海的孩子玩得都很精。通过这样的交流活动，加深了香港和大陆年轻人之间的交流和理解，达到了相互促进的双赢目标。类似的这些项目，我们都强调要有我们自己明确的计划和目标，要强调在合作互动中实现双赢。刚才说到的培训也是这样，一定要有我们自己明确的目标和定位，要实现双赢。

7. 上海青年会的老人院

问：今天我们去罗山会馆考察，看到你们办了一个很有特色的老人

吴建荣 谈上海青年会

273

院。能否详细介绍一下？

答： 我们的老人院很有意思，我自己引以为傲的就是这个老人院。因为在中国，尊老爱幼是传统。但究竟什么叫尊老？除了在生活上照顾老人以外，精神层面上，应该如何去做？当时我们在讨论做老人院的时候，提了很多概念。在发达国家中，旅游往往是老人的选择。年轻的背包族一般不是组团大家一起去，都是自己走，而组团的大都是老人。第二个，国外的那些老人都是干干净净的，不像我们国内的很多老人，说老了就老了，也不再打扮了，有点显得邋里邋遢，老态龙钟。所以我们当时在做这个老人院的时候，就强调在精神层面上对我们老人的照顾和引导。也就是告诉我们的老人，对美的追求是不受年龄限制的，老年人同样可以追求精神上、外表上的美。这种观念在传统的中国文化中是没有的。比如老人穿了红衣服，大家就觉得这个老人不正经，像这种传统的观念还有很多很多。所以当时做老人院的时候就提出，我们要突破传统的养老概念，要有一种创新。这种创新就体现在，让老人有新的对生命生活的追求。我们当时提出的口号是，"在运动中延长你的生命，在运动中提升你的生命质量"。现在这种话提得很多，但是在 1997 年、1998 年，这个概念还是很新的。明天你们去就可以看到，老人院一楼是没有房间的，都是住二楼。有人会说：老人院应该让老人生活方便才是，怎么你们却正好相反？这样做不是违背常理吗？我们的概念恰恰就是要让老人多运动，每天三餐必须走下来，用环境造就他一种运动的心态。老人每天走上走下，促进了他们运动，这样会对他们的生命产生很大的动力。

问： 这是很细节的东西。

答： 嗯，一般人不太会注意到。现在老人院扩大了，而且政府那边给了一些不够理性的指标，说我们老人人数不够 20 个，不能开老人院。我们原来上面是 18 个床位，现在楼下的房间也改建了，总共 54 位老人住在里面。这样的改变就把我们原先的概念打破了，不过也没问题，我们已经尝到甜头了，老人过得非常愉快。

第二个概念是要在活动中圆年轻时候的梦——我们帮助老人圆年轻时候的梦。这些老人年轻的时候，社会是处在比较落后和动荡的年代。现在整个社会已经进步了、稳定了，生活质量提高了。比如我们这里面有很多老人年轻的时候也想学钢琴、学舞蹈，但当时没有时间，也没有能力，那我们就来帮助他们圆这个梦。结果许多老人在圆梦的过程中，通过文化的交流，提高了感情的追求，有五对老人在里面结婚了。我们把这个品牌做得非常细，非常成功，我做证婚人，每次都去。红地毯照铺，婚礼进行曲照奏，用最现代的方法给他们快乐。这些给我一种感动，其实我觉得老人并不是不要这些东西，而是受传统观念的束缚不敢提这个要求，我们给了他们，他们非常开心。所以这些老人现在生活得非常愉快。明天你去看，有一个蒋伯伯，来的时候身体都不太行了，是个离休干部。我们鼓励他运动，鼓励他为别人服务，然后又找了一个老伴，是个退休的小学老师，也住老人院里，他们相识相爱，然后就结婚了。其实现在这里的老人有三大特点，一个他们完全把这里当成家了，是主人，这个特点非常明显。第二个特点也很明显，他们的文化追求很高。他们都会讲英语，还办了一个英语沙龙继续学习。因为我们是个国际性的机构，有很多外国人，他们都会说 hello，good morning，说一些他们会的话。他们还要学很多东西。第三个特点，他们非常愿意参加群体活动。一般的传统老人愿意自己待着，活动都是以个体为主的。他们现在很有群体性。我跟朋友说，这跟西方发达国家老人的情况已经接近了。我们要组织到哪里旅游的话，他们都会结队一起去。谁不去的话都会一起做工作，说我们是个大家庭，要一起去。这样真的很好。稍微扯远一点，我们罗山市民会馆可能是全国唯一一个做性知识辅导的老人院，1998、1999 年就开始做了。1998 年的时候，有件事情让我们很吃惊。有一个老人，当时已经 70 多岁了，被警察在洗头店里抓到，看到他年纪很大了就把他送回来了。

问：是你们养老院的？

答：对，当时对我们震动很大。因为这个老人身体很好，老伴很早就走了。这件事对他的打击很大，他很羞愧，抬不起头来。我们认为这对老人是不公平的。如何来帮助老人渡过这个难关呢？我们经过商量，就尝试在老人院里设立了性知识辅导，老年人可以去跟医务人员讲自己的需求，我们可以给他们一些心理辅导，包括一些由于身体、生理上的原因而造成的心理负担，总的来说就是帮助他们渡过这个难关。后来一些老太太也会到那里去咨询一些问题。

我们也很注意老人院与社区之间的互动。你们去老人院的时候有没有注意到那里有一个从老人院出来的平台？那个平台正对着假日托儿所，不知情的人可能以为那是楼梯。其实，那就是我们有意安排的一个老人和孩子们接触的平台，让老人能够看到孩子们玩，能够到孩子中间做一些志愿服务，比如当孩子从滑梯上下来不安全的时候，老人会轮流戴着红袖章去帮帮忙等等。这样的一个人际互动的平台，其实给老人的生活带来了很大

吴建荣 谈上海青年会

的乐趣，同时也让他们更加了解社区。

我在做这个老人院前，把整个上海所有政府办的老人院都走访了一遍。我发现很多老人院都是封闭式的，跟社区是割裂的。这样不好，老人应该跟社区互动。我们这个老人院跟社区就是互动的，进出门也不用报告，只要事先和管理员讲想出去逛一逛，安全问题讲清楚，就可以出去了。这样看似一个很小的细节，其实渗透了很多开放的理念在里面。

访谈印象

YMCA是我在日本留学期间就开始接触的一个国际NGO，回国以后，发现国内也有，1999年我们开始把青年会纳入研究的视野，对杭州青年会做过个案研究。也在那一年，我认识了吴建荣，并很快了解了他们的罗山会馆。

据我所知，罗山会馆是中国政府向NGO购买服务的第一例。上海青年会因其悠久的历史、专业的能力和规范的运作引起了上海市浦东新区政府的重视。经过多次洽商，吴建荣和地方政府签订了堪称中国NGO"第一约"的合作协议：地方政府出地出钱，青年会出人出力，共同举办"罗山市民会馆"，向社区居民提供公益性社会服务。当时执意要签约的吴建荣并没有意识到，他的此举开辟了中国历史上的一个时代。

建荣是一位虔诚的基督徒，他的话语中不时流露出对上帝的信仰和敬畏。在我看来，他更是一位有信仰、有思想的NGO领导人。建荣和他所领导的青年会不同于国内其他的NGO，他们有着基于信仰的组织文化。来到青年会，你会感染到这种文化的内在质地，在每个人的脸上、目光下、话语里、行为中，那份虔诚、信力、爱心、自觉，使你确信他们不仅真的是在做公益，而且有能力做好，做好也不会变质。建荣善言谈，尽管很忙，很累，但他还是给我们留出了一整个上午的时间，不仅谈他和青年会，还谈到不少他对中国NGO的看法，对NGO与政府合作的思考，谈他对公民社会的所思所想。这是来自一位践行理想的实践者的思想，以口述的方式记录下来。祝愿建荣和他所领导的上海青年会，走得更好，走得更远！

十九　张淑琴　谈太阳村

访谈张淑琴女士

访谈题记

　　张淑琴女士，1948年12月生于陕西。毕业于西北大学专业作家班。做过记者、编辑、警察。陕西省回归研究会会长兼秘书长，回归研究会儿童村管理委员会主任。太阳村创办人，村长兼法人代表。

　　太阳村，也称儿童村，全称为"北京市太阳村特殊儿童救助中心"，位于北京市顺义区赵全营镇板桥村。作为非政府的慈善机构，十多年来太阳村以无偿代养代教服刑人员未成年子女为己任，对服刑人员无人抚养的未成年子女开展特殊教育、心理辅导、权益保护及职业培训服务，让他们在一个相对安定温馨的大家庭里像其他孩子一样受到保护，得到教育，健康快乐地成长。目前太阳村在全国有六个中心，分别是：北京太阳村，陕西西安儿童村，河南新乡太阳村，陕西陇州孤儿院，江西太阳村，青海太阳村，共有近500名孩子在太阳村生活，其中以北京太阳村规模最大。

对太阳村张淑琴女士的口述史访谈从2005年开始，断断续续到2008年结束。其间访谈了多次，这位有着一级警督警衔的村长，每每谈起她的事业总是有那么多的故事，那么多的激情，那么多的感慨！且每一次都比前一次更丰富、更新鲜。她对我们的工作非常认真负责，对完成的访谈笔录也提出了不少修改建议。在此，谨向淑琴女士深表谢忱！

1. 早期的工作经历

问：张老师，您好！您是怎么想到要创办太阳村的？是不是和您的经历有关？您能不能先向我们介绍一下您创办太阳村以前的工作经历？

答：我从1984年开始在陕西省卫生报社当记者，1985年调到监狱局工作。还没有调到监狱局之前，我在工作之余就喜欢写些监狱题材的文学作品，陆陆续续地就发表了不少。到了监狱局之后，我还是负责做报纸。因为做报纸搞新闻写作品的缘故，我有机会走遍了我们陕西所有的监狱。离我们监狱局最近的是陕西省女子监狱，里面的女犯特别多，加上我自己也是女性，对发生在她们身上的事很感兴趣，当时我就把写作的重点放在陕西女监。那个年代能进入监狱里采访或是愿意在里面工作的人还不多，可我却在她们监狱蹲点，目的就是想以这些女犯为素材，写她们身上所发生的故事。对女子监狱感兴趣最初是出于好奇，想挖掘一些素材，特别是我想不通，看着很文静、很漂亮的女人，怎么就去杀人了呢？另外还有一些年龄很大的女犯人，其中有一个是得了严重佝偻病的老太太，据说是因奸杀人犯。所谓"因奸"杀人，就是因为奸情杀了人。我真搞不懂，那么大年纪的一个老太太，身体又不好，怎么就因奸杀人了呢？那个时候贩毒和吸毒的人还不太多，贩卖儿童倒是挺多的。后来我选择了一个叫"暴力型"的犯人中队，这个中队里都是杀人、抢劫的女性，我就在这个中队体验生活，和她们一起劳动，和她们一块聊天。有时候她们就跟我讲一些她们的故事，但更多的是诉说她们对孩子的思念。了解多了，我对这些人还是充满了同情。

我在监狱局工作的这段时间里写过两篇中篇小说。一篇是《阿拉和她的女儿》。故事讲的是个上海女人，外号叫"阿拉"（上海话里阿拉是我的意思）。故事的原型是一个女犯人，我专门采访过这个女人。她的女儿患有精神病，她就通过卖淫来筹钱为女儿治病。每一次"严打"都会把她抓到监狱，抓到劳教所，已经进来三四次了，可一出去就又继续卖淫赚钱为女儿治疗。母女两个都在铁窗内，非常悲惨。还有一篇中篇，叫《母子情仇》，主要讲一个儿子杀了妈妈的情夫。但他妈妈的这个情夫和他妈妈一起做生意却是为了挣钱为他爸爸治病。我的读者说我作品里的人都是好人。而这也是我的真实想法。我觉着这些犯人中有很大一部分，都是因为生活的艰辛，一时糊涂一时冲动而犯了错，但他们内心深处却仍存善良。

我写过好多监狱题材的文学作品，有小说也有电视剧。在这些作品的创作过程中我和这些罪犯接触，对她们的了解就不仅仅是一个警察的眼光，还有作家的眼光、母亲的眼光、女性的眼光。我接触过的好多女犯人对我很尊重，年龄大的叫我"张政府"、"张队长"，年纪轻的女孩子叫我"张阿姨"，有知识的叫我"张老师"。但我最喜欢的还是听她们叫我"张老师"。因为要办报纸，我又是这个报纸的副主编，因此我还有一项任务就是要培训通讯员。我们报纸的通讯员有两种，一种是干警通讯员，一种是犯人通讯员。犯人中有人有点文化，有点知识，但她不会写作，我就得培训，培训她们写消息，写通讯，写报告文学。同时我还把这种培训作为对犯人教育的一个课堂。

问：培训的意向是什么呀？

答：就是为我们办的报纸培训犯人通讯员。我们监狱局里有个报社，主办过一份报纸叫《新岸报》，取的是回头是岸的意思。后来把它改成了《特殊专线报》。我是这个报社的副主编，副主编的一项很重要的工作就是必须保证这个报纸有稿件呀，没稿件你编什么。要有稿件，我就得集训通讯员给我们写稿了。当时我们监狱局所管的监狱分散在陕西的各个地方，我就要经常下基层，到监狱煤矿、监狱农场、少管所、女子监狱去组织培训。培训时我给他们讲怎么写小说、怎么写散文、怎么写报告文学和纪实，当然也还有其他的内容。我还把对犯人的教育也融在了培训里，我给她们讲很多例子，也谈到我的一些作品。早在1981年的时候我就开始在报纸上发表作品，有小说啊、散文啊、电视剧啊等等。那个时候我满脑子想的都是这些事，一是要把她们的故事写下来；再一个就是把犯人写给我的信整理整理，出一本"两地书"；还有一个就是想在监狱里组织监狱题材创作小组。监狱里也有水平很高的人，有高中生，还有大学生。我那时候提出"大墙文学",也还专门有一些这方面的创作。我记得,我写过一个八集电视连续剧的剧本叫《地狱火神》,写的是一个矿山救护队,这个矿山救护队全部是刑满释放人员组成的,在矿山担任救护任务。在执行救护任务的时候他们中的许多人都表现了一些英雄主义的东西,我觉得写得非常感人。这是一个真实的故事,我采访过他们。《地狱火神》就是我那个时期创作的作品。

长时间在监狱里工作,我对犯人们了解了很多很多。我看监狱的女犯绝对不单单是一个管教警察的眼光,我比较关注她们的命运,关注她们身后的孩子、家庭、老人。慢慢地我发现,我已经开始变了,变得已经没有兴趣写这些案例了。大概因为我也是一位母亲吧,所以我变得老想怎么帮助她们,帮助她们的孩子。后来我在报纸上发了一篇题为《儿女们》的文章,就是写犯人的儿女、老人、家庭,一是用这些来感化这些人,二是想引起社会对这些家庭、这些孩子的关注。当时我有一个观点:罪犯违法犯罪虽然破坏了正常的社会秩序,伤害了他人的生命财产安全,但从某种意义上讲,直接被伤害的是第一被害人,但"第二被害人"可就多了。被害人的子女、老人、家庭以及罪犯的子女、老人、家庭都可以说是"第二被害人"。犯罪使这些人失去了家庭,犯罪给这些人带来了灾难。孩子们可能会因为经济上的困难不得不早早地辍学打工;也可能会流落社会,走上犯罪道路。我最后决定把我的帮扶重点放在帮助这些"第二被害人"身上,先想到的是帮帮孩子。当然可能还有一些别的因素促成了我的转变吧。从我个人的经历来说,我是先在医院工作了13年,卫生报社工作了一年,最后才调到监狱系统的。我和监狱系统的一些老同志在观念上可能不一样,我比较有新的想法,看不惯一些条条框框。

2. 创建回归研究会

问: 那么后来,您有了这些理念之后,又是怎么做的呢?

答: 我就老是和领导的想法不一致。比如说办监狱题材的报纸,我提出"骑在大墙上",一脚墙里一脚墙外,既要把监狱里的情况反映到社会,把我们改造罪犯的状况让社会更多的人了解;也要把社会发展的信息反馈到监狱,让犯人也能了解社会发展的状况。比如说《劳动法》重新修订了,劳动用工要双向选择了。把这个信息告诉犯人,可以使犯人知道,不是走出监狱政府就给你安置工作,得靠自己,靠自己在监狱里通过劳动改造学技能，有一技之长人家才会选择你。我提出改造罪犯绝不是监狱局一家的事，要综合治理。不是有个"木桶理论"嘛，一个木桶由很多块木板组成，如果每块木板的高低不同，那么一定是最低的那块木板决定整个木桶的水平，所以改造罪犯要综合治理，方方面面都要跟上。

我有一个观点，就是对罪犯的改造公检法司——公安部门、检察部门、法院就像医院的门诊部，真正的住院部应该是监狱，把犯人送到监狱进行改造、教育，让他们改过自新，就像是把病人送进住院部进行治疗、让他康复，所以说监狱这个住院部应该是最重要的。医院的住院部都是最好的医生，但在监狱却恰恰相反。我觉得政府对公检法司比较重视，反倒对监狱这一块并不重视。这个观点一直得不到领导认可，当然我没办法把这个反馈给中央领导。我还提出，监狱里边的工作人员应该有那么几个人专门到犯人家去解决犯人的家庭问题。为什么？因为我经常往犯人家里跑，我发现不要说帮他们解决实际问题，就是替他们去看看孩子，对犯人的震动、教育就比脚镣手铐，比说教的作用大得多。如果你能给他们帮助，解决他们家庭的困难，他就会受到正面的影响。1985年我就提出，能不能在女子监狱设一个科，女监干部能不能专门到犯人家里去了解犯人家庭的问题，帮助她们解决一些家庭困难。最后我们领导说是"大可不必"，"铁路警察，各管一段"，我们只管墙里，墙外是人家民政部门的事。由于创作的需要、报纸的需要，我会经常到一些犯人家里边去，对犯人家庭的情况自然了解得多一些。那个时候我认识好多女子监狱演出队里的年轻女孩子，她们走到社会后因得不到安置，生活没了保障，就又重新走上了犯罪道路。怎样避免她们重新犯罪呢？我就在想我们的政府应该有一个专门的部门来安置这些刑满释放人员，如果政府不下决心，没有相应的措施，哪个单位还要她们呢。就说咱们这个楼道吧，大家都把垃圾往楼道扫，房子是干净了，可楼道会怎样呢？若是社会上对犯过错误的人都排斥，对进过监狱的人都排斥，那他们不就像这些垃圾一样——咱们说个难听的吧——都堆在社会这个楼道里吗？社会如果不想办法去疏散，早晚会有一天社会这个楼道里将垃圾成山，臭气熏天。那个时候呀，我就爱乱想，按我们领导的话说就是"爱瞎折腾"。

现在回想起来，我自己出来做事情可能有几个方面的因素。首先，我觉得我应该为这些服刑人员和这些孩子们做点具体的事，这是第一个因素；第二个因素是我不喜欢监狱局的这个氛围，我觉得舞台太小，而且很保守，很受限制；第三个就是我很热爱工作，我的前半生就因为工作，不

张淑琴 谈太阳村

281

到三十岁就离了婚，一个人拖着两个孩子。我当过知青，当知青期间就结婚了，后来靠自己的奋斗来到医院工作，再后来又是靠自己的奋斗到报社工作、到监狱局工作，非常艰难。1987年我考到西北大学中文系作家班，后来考到研究生班，因为交不起学费，最后就没上了。一路走过来，我很不容易。按规定到五十五岁我就要退休，我觉得很不甘心。因为我工作的时间没有多长，真正找到自己人生目标的时间没有多长。好不容易辛辛苦苦养大了两个孩子，现在没有负担了，正是好好工作的时候，反倒要离开工作岗位了。我一想到这个情况就觉得，不行，我得自己搭建一个舞台，得找一个能工作到六十岁、七十岁甚至八十岁的工作。我坚信，我有一个舞台等着我。

我二十岁当妈妈，四十二岁当外婆，我送小女儿去歌舞团当兵，我拍电视剧、拍电影，得到过很多人的支持和帮助，我想回报他们，可现在有些人已经去世了，有些人找不着了。怎么回报呢？我觉得去帮助那些需要帮助的人就是对他们最好的回报。那么帮助谁呢？我就自己列了张表，儿童、妇女、老人，我谁都想帮。在监狱工作时与女犯接触多，对她们了解也比较多，我就觉得这些女犯，很值得我们同情。她们当中有的是因为家庭暴力，把女的逼得不得不杀丈夫；有的是包办买卖婚姻，没办法逃脱婚姻的这种枷锁，就和第三者杀了丈夫；有的是法盲，无知。虽然她们对他人对社会犯了罪，但当时也有她们的苦衷和无奈。这些人进来后，她们的孩子，有的流落社会、有的被卖掉了、有的下落不明，我觉得这些孩子很可怜。最后想来想去我觉得还是帮助那些刑满释放人员和尚在监狱里没有出来的那些罪犯的孩子，因为他们没人管。贫困山区还有希望工程，残疾儿童还有民政部门，还有残联。但服刑人员这一块国家没有任何政策，只有《监狱法》第十九条提出罪犯不得携带子女进监狱，就这么一条，没有任何法律替这些孩子说一句话。我说我就来帮帮这群孩子吧。有这种想法以后，一些人指责我帮助坏人的孩子，认为帮助坏人的孩子，就会助长坏人的嚣张气焰；有些人指责我让这些犯人在犯罪的时候没有后顾之忧；反正什么难听的话都有。但我觉得我的想法是对的，我就一定去做。

我觉得我有很多条件去做这件事。第一，我当过记者，有记者的敏感。第二，我是个作家，有作家的细腻。第三，我还是个管教，而且讲课讲得非常好——我给犯人们讲课很受欢迎，有一次给犯人讲课，窗户上都趴着犯人听我讲课，甚至下着小雨犯人也不走。第四，我这个人心地很善良，一直愿意帮助人，在这之前我家里就收留过刑满释放人员的孩子。我也帮监狱服刑人员递过申诉书，犯人生病了我帮着带过药，有犯人愿意学习书法的我给人家找点纸，也替罪犯去看望过他们的子女，看望过他们的老人。别人都笑我：张淑琴以为监狱是她家，老说"我们监狱"、"我们监狱"的。我觉得心地善良这是最根本的。再一个我的身体好。我觉得，搞慈善工作，或者做公益事业，没有一个好的身体肯定是不行的。没有一个好的身体就没有办法去游说，没有办法去求人、去找人。另外，我觉得我非常能吃苦，因为我当过知青，那年月什么苦没吃过。还有一个好的条件，我是个女性，也是一位母亲。因为帮助儿童，要有母亲的感受，母亲般的慈祥，才能得到孩子们的信任。再有一个就是年龄比较适合，四十多岁。比如二十多岁的小丫头去救助罪犯子女，一般人不会信任，你这么小的年纪知道什么慈善呀。而年龄太大就根本没有力气爬楼、上地里找人去。我四十多岁的这个年龄是最好的，不至于被人讨厌，也不至于被人不信任。还有一个，我长得也不叫人反感，起码让人感觉到还是很端庄的，容易得到人的信任。所以我自己感觉我具备做慈善、公益的条件——除了没钱，其他的都有了。

做慈善的想法是有了，但怎么做我却一点都不知道，我全部寄希望于政府。我算了一下，建一个监狱花的钱要比做一个儿童村花的钱多得多。我就在那瞎想，要是多建点儿童村，一是可以帮助安置一些刑满释放人员，避免他们重新犯罪，二是可以收留一些犯人家的孩子，避免或是减少他们的犯罪，那么监狱不是可以少盖吗？这样对国家对社会不是都有好处吗？当时觉得这个想法很好，甚至认为从中央到地方，社会各界都会大力支持。陕西三千万人口，每人一块钱，就是三千万，三千万能办多少个儿童村啊！一有这个想法，我就给领导写报告，最早给局长、书记、厅长，挨着汇报。有的领导认为这是好事情，但是很困难；有的领导认为这是政府的事情，你好好办你的报纸，别在这瞎折腾；也有领导认为这哪是你管的事，你出什么风头。最后我也不理他们，直接给我们的省委副书记写这份报告，提出对服刑人员的安置帮教应该在政法系统内有一个专门的部门来负责；对服刑人员子女要给以妥善安置，因为孩子们是无辜的，"父母有罪，子女无辜"，他们不应该背着沉重的十字架，生活在阴影当中。

后来我还真见到了这位省委副书记，那是在少管所的一次活动中见到的。见到他后我也不管，我说："书记，我就是张淑琴，我给你写过一封信。"他就说："对对对，哎呀我还没想到，你就是张淑琴呀，看着这么小，对社会问题还有这么深入的思考，不简单。"他马上就把我们的政法委书记叫了过来，政法委书记姓杨，省委副书记就对他说："老杨，这就是张淑琴，我批给你的那封信就是她写的，我觉得非常好，你回来啊好好地和她沟通沟通，看这个事情怎么办。"杨书记当时就答应了，他说，"你这样吧，你过了年来找我"。这是 1994 年的事。

过了年以后，我就开始找这个杨书记，今天打电话没有人，明天打电话正在开会，后天打电话又参加全国的什么会议，整整两个月我就是找不到这个书记，但我仍坚持要找。因为我有监狱局的证明，省政府可以随便出入，所以我找这个书记，进公安厅、政法委都比较容易。我甚至找到我们监狱局的书记，说我愿意到政法委去做安置帮教工作。后来终于有一天我把他找到了，没想到杨书记把我批评了一顿："我告诉你，这是政府的事情，不是你个人想办就能办到的。"我就说："政府现在不是还没干吗，没有人做这个事呀，这事总得有人做吧。"为此我还哭了一场。这样我也不找了，找也没用。

后来杨书记说："干脆这样，可以注册一个民间组织。"当时我都弄不清什么叫"民间组织"。他说："民间组织注册下来可以自己干。"我说："这个事情还可以自己干呀，这不是在政府的领导下吗？"他说："对，是政府的领导下，但可以自己干。"我头一次才知道可以注册个民间组织，但我不知道到哪注册。我就找民政局，民政局说是必须有业务主管，还要有挂靠单位，最后我就打算注册一个"回归研究会"。我找到当时的省委宣传部部长，他姓王，现在是中国作协的党组副书记。王部长说："你这个想法非常好，我就主管社科院，社科院可以做挂靠单位。"当时王部长就打了个电话，把社科院的院长叫来了，说："这个张淑琴不简单，想专门对刑满释放人员安置这方面搞一个研究，你们要支持，你们社科院做她的业务主管。"这个时候我才知道还要有业务主管单位。后来又跑了一大圈，我才知道注册民间组织要有一个理事会、要有章程、要填表。因为要有理事会，我就四处找理事会成员。我先是找到我们司法厅原厅长。这位老厅长姓田，在任期间对我一直很支持，我请他给我当会长。结果这位老厅长自己答应当副会长，又向我推荐了我们政法委退休的赵书记来当会长，让我自己来当秘书长。筹建的过程还得到了我们省徐副省长的支持。徐省长说，早就该有人举起这个大旗，来对这个刑满释放人员安置帮教了。他说，这是"为政府化解矛盾，主动地承担社会责任"。这两句话我一直记到现在。因为有副省长的支持，有政法委退休的副书记、司法厅原厅长的支持，我们很顺利地注册了一个"陕西省回归研究会"。我天天骑

中国NGO口述史 第一辑

284

着自行车，求这个当会长，求那个当顾问，最后折腾了一个大摊子。副省长是我们的顾问，副会长设了好多个，后来还有一个顾问团，成员基本上都是陕西有名的作家、画家、音乐家和演员。成立大会的时候我们专门在省政府招待所的一个大礼堂里面召开。我都没想到会来那么多人。赵书记、徐省长和田厅长这三位领导坚定不移地支持我，我们的副厅长、检察院的检察长、法院的院长，开成立大会时都在前排坐着。

问：研究会的经费是哪里的？

答：经费是省长批了五万，通过中央综治办跟司法部要了三万，又向劳动厅要了两万。我那个时候还是跟政府硬要，我觉得政府不给谁给呀，我们哪来的钱呀？那时候钱花的也不多，还找了些支持单位，搞得非常成功。后来我们搞了很多社会活动，比如说我们到监狱给犯人作报告，组织一些老战士艺术团给犯人演出，请劳动局局长给这些即将刑满释放的犯人做再就业的报告。我们还把那些走出监狱，成为企业家的犯人聚集起来搞一个研讨会。我们还请妇联给女犯作妇女权益保护的报告。我们甚至把法院的法官给弄到监狱门口，让他们为探监的犯人家属提供法律咨询。我这还有一些宣传材料，我们给它起了个名字叫"回归社会工程"。所以回归研究会这一块，从一开始中央综治办就是支持的，省综合治理委员会也支持，田厅长、赵书记那两位老领导也支持。

3. 创办儿童村

问：那么您又是如何创办儿童村的呢？

答：紧接着我就提出了建这个儿童村。第一个儿童村是在1996年建成的，这个时候是我们太阳村最辉煌的时候，是我最风光的时候，也是领导最支持的时候。女犯人的孩子一直是我的一个心结，到了1996年，回归研究会搞得红红火火，我就想着要为这些孩子做些什么。那个时候我们办了一个砖瓦厂，这个砖瓦厂就是为了安置刑满释放人员的，当时还真的安置了几个人。但我们这一没资金，二没办过企业，结果做出来的砖坯叫雨给压塌了，我们那次损失了几千块钱。最后当地说这个砖瓦厂没有注册，不能再办。我才发现办个企业真是相当的难。企业看来是不能办了，但我们总得为这些人、这些孩子做点什么吧，回归研究会光做宣传又有什么实际的作用呢？后来我们就租了一块地，想在这块地上好好地搞一个儿童村。

问：那后来呢？

答：后来我们就想搞一个儿童村、一个老人院、一个工读学校，计划要有六十亩地。当时就找了一个村，这个村就将这六十亩地租给我们用，一年七万块钱租金，我们就付了。没想到这一块地是西安市经济开发区的，村委会根本就没有权租，我们被人家骗了。这次损失了好几万，但是和谁打官司？后来经济开发区给我们找地，但他们的地价更高，这时我们才知道要办这件事非常难。我原以为，办这种公益性质的事，他们应该不要地价，不要租金，应该大力支持，可没想到都想宰我们，村委会就把我们七万块钱骗走了，真的是很头疼。那时候我们回归研究会经常开理事会。在研究办这个儿童村的时候我们就开了一个常务理事会，没想到一开会，除了我坚持，会长副会长全体理事都反对。我们厅长就提出："别人会质问我们，为什么不帮助好人的孩子？"这就是厅长说的原话。我们的赵书记就提出："你没有钱拿什么去办？政府不给钱绝对不能办。"我这个人性子很急，马上就反驳："田厅长，我们回归研究会刑满释放人员都帮，罪犯的孩子为什么不能帮？"他说："你把罪犯的孩子放在一起肯定比贫困山区的孩子条件要好。"我就问他："为什么这些孩子不能比贫困山区的孩子条件好？既然我们这个研究会连刑满释放人员都不歧视，为什么罪犯的孩子我们就不能管？"还有一个人是位老同志，他说："你这是空想，在办公室里想的事。"当时我觉得简直是受不了，我觉得这么好的事情我都能想到，他们为什么都是这样？这个时候有两个人起了关键性的作用，一个是司法厅的副厅长，是九三学社的中央委员，姓方。还有一个是西北大学中文系的，我作家班的班主任刘老师。刘老师说："我觉得这是个好事情，这是我们回归研究会的一个制高点，因为我们做这个事情要让大家认可，你不能搞一场晚会就算了，你把这个事情做了，我觉得这一块要是做好了非常不错。"司法厅的方厅长，他是一个法学专家，是政法学院的教授，他说："《监狱法》第19条提出罪犯不得携带子女进监狱。我觉得呀，既然不得携带罪犯子女进监狱，总得给他们一个安置，我觉得（儿童村）这个事情应该是一个好事情，应该能把它做好。"因为那些老领导坚决反对，他们两个又支持，后来讨论下来就让我去请示徐省长，看徐省长怎么说。徐省长说："（这个事情）非常好。"他同时建议，第一，不要弄得人数太多，先招二十个孩子；第二，不急于搞成立仪式，对孩子的管理教育有一定经验了，再搞成立仪式。他还承诺，"成立的时候我出席，可以用我的名义发邀请函，可以把报社记者请来，通过报社记者宣传出去，有人捐款了我们再扩大。"徐省长一拍板，他们好几位理事就都不敢说反对了。

成立大会的时候我和方厅长专程到北京找到司法部的肖扬部长，给他汇报了我们在陕西要成立一个儿童村，帮助罪犯代养未成年子女。肖扬部长说话很谨慎，怎么说的我记不起来了。最后我邀请说："希望肖扬部长能够参加剪彩。"肖扬部长说："我去不了"，他还说："刘洋副部长最近可能要到四川去一下，她是主管政法学院的，叫刘洋去参加一下。"肖扬部长给了一个明确的态度，对我们的做法应该是支持的。我们还想请王光美大姐出席。结果非常不凑巧，这次没有请到。我们找了全国妇联，看妇联能不能去一个副主席，当时没找到，他们有一个儿童部，儿童部一个调研员对我们说："犯罪子女这一块不归我们管。我只能给你汇报。"后来就没人接待我们了。我和方厅长又找到了民政部，我们要见阎部长的时候人家说是部长不在，他已经出去了。方厅长这个人是很有办法的，方厅长说："我们愿意等他，我是九三学社中央委员，全国人大代表，我愿意在这等他。"最后他们一看惹不起，就马上通知了阎部长，阎部长就叫我们进来。我记得非常清楚，当时阎部长一个手拿着一桶茶叶，一个手提着个暖水瓶，把我和方厅长叫到他的办公室。他就把窦玉沛（现在的副部长，当时他是社会福利司的司长）也叫来。阎部长说："是，非常好，这一块呀早就应该有人举起帮助民间帮助孩子的大旗。有些事情政府还来不及管。"而且说他们当时正在推进一个重大的公益项目，他当场表态说会从那个项目中给我们提供一笔不小的支持，我当时算了一下，大概是好几千万。我就很高兴地回去了，回去以后我就跟我们省长说："阎明复部长说了，到时候给咱们几千万。"我把事情想得太简单了，以为部长一句话，钱就落实了。其实这种事情相当复杂的。当然，最后这钱是没影了。

我们有个副会长是《法制周报》的社长，当时党校正好有一个新闻媒体社长学习班，共有一百家媒体的社长。我就找他给我找一些媒体。他说到时候都给你带去。那天成立大会光媒体就来了将近一百多家，再加上省里的各级领导都出席，搞得真的很隆重。不过我们当时只有十六个孩子，这是我们第一个太阳村。

每一次省里、中央来人，省人大的常务副主任就会介绍太阳村，介绍儿童村，只要上面来人就会到我们儿童村去。一来人首先就得请我，由我介绍情况、汇报情况。这样一来电视上、报纸上，我的照片、我的名字、我的头像就越来越多，名气也越来越大。这下子好了，一些老领导心里不平衡了，对我的意见就很大了。他们觉得我出风头，这个功劳是回归研究

张淑琴 谈太阳村

会的，不是你张淑琴的。但回归研究会总得有一个人来讲话，儿童村总得有一个人来给人家讲孩子的故事，总得讲这个过程。现在我也觉得压力很大，但这件事我认为是件好事，有再大的压力我也会坚持做下去，并把它做得更好。

香港回归那时候，我们的两位老领导——会长赵书记、副会长田厅长坚持要用回归研究会的名义做一次香港回归的纪念活动，我是坚决反对。这个事情为我和两位老领导的分道扬镳埋下了种子。真正让他们离开的事情是什么呢？是我们之间关于成立第二个儿童村的分歧。要成立第二个儿童村之前，我和当时西安新城区区长及当地街道办的同志都已经谈好了，要在新城区建第二个儿童村，因为有这个需求。在这个时候我又开了一个会长办公会，他俩又是坚决反对，他们说："办好一个就行了，你别办那么多，办那么多，一个是你管不过来，另一个你没有钱怎么办？"我的原则是干起来再说，总会有办法。所以我就说："你看，这么大的一个新城区，这么大的西安市，我们养不了一个儿童村？"这个时候我们两个老领导就对我意见特别大，他们两个就都写了辞职报告，说不干了。我最后特别痛苦，一方面真的忘不了他们当年对我那种坚定不移的支持，但是另一方面分歧又没办法化解。因为随着儿童村事业的发展，后来我们的想法离得太远——我是一个一直往前奔的人，我一直要踩油门，他们俩一直要踩刹车。

那是 1998 年，他们执意要走，我试图挽留也没有成功。他们走了之后，一下子让我们回归研究会变得既没有会长，也没有副会长。他们两个都辞职了，回归研究会就只剩了我一个人。那我也豁出去了。我想，当务之急是咬着牙先把新儿童村建起来再说，大不了我就代理会长，他们两个老是听听汇报，有什么活动出席一下，有什么了不起的，压根就是我一个人在这做工作。但让我没想到的是，老领导退了就退了吧，有一位老领导退了之后还经常到省政协、司法厅、监狱局去告状，这个状告得我们司法厅、监狱局对我意见非常大。他主要的借口就是"张淑琴不尊重老同志"。老同志最害怕有人不尊重老同志，把老同志不放在眼里，贪天之功为己有。就是这几句话，弄得我在陕西的处境非常艰难。这也是促使我后来要到北京来的主要原因。

我们建这第二个儿童村的时候有很多让我感动的事。我们没钱，但有人愿意免费给我们设计，我们一合计打算盖一个两层楼，女孩子住一半，男孩子住一半。我们是按四十个孩子设计的，所以建筑面积并不大。最开始只有新城区的书记和区长帮我们筹了一点款。书记开会，区长催钱，我们就跟在他们后面要钱，总共筹了几万块钱。盖了一半的时候钱用光了，账上只剩下六百块钱了。当时我压力非常大，我就看我家里有没有什么东西能卖钱。最后就发现我的洗衣机朝着一个方向转，电冰箱早就不制冷了，电视就一道杠，什么图像都没有，没有任何东西可以卖钱。这个时候我就想我住的这个房子是监狱局集资盖的房，我有部分产权，可以抵押去借钱。儿童村是抵押不了的，只有抵押自己的房子了。这个时候我就决定用我这个房子抵押，找一些朋友去借款，怎么也得把这个房盖起来。结果在这之前有一个政协的副主席，姓苏，他认识香港的一位姓陈的企业家，是基督教的牧师。有一次这个企业家来参观，苏主席就叫我带他参观了我们建了一半的楼。我就告诉苏主席我们没钱，这位企业家就问我，"你需要多少钱？"我说十五万就足够。在今天十五万不算回事，但是在1998年的时候十五万谈何容易呀？那时我就说，十五万足够了。他说，"你这么大的面积，二百多平米怎么就这么一点钱？"我说一平方米只有四百块钱。他最后说，"我给你想办法。"后来苏主席说："张女士呀很诚恳，不是狮子大张口，我觉得她这种诚恳就叫人信任。"结果陈总回去以后就和他家里人想办法，然后他就帮我们找了十五万。那时我还不知道，有一天晚上我一夜没睡着，正计划着我们家的房子怎么抵押的时候，第二天早上九点钟，苏主席给我打了个电话说，"小张，这是香港的十五万，落实了。"哎呀，我的眼泪刷就流下来了，我说老天绝对在保佑我们这些孩子，我当时就有感觉——只要你真心为孩子就会有人真心帮你，你根本就不用怕没饭吃，不用怕过不去，总有人帮你。后来人家很快就把款打在政协账上，政协又打给我了。在1998年春节以前，我们全部孩子就都搬进了新太阳村。

4. 在北京的二次创业

就在儿童村发展得正好的时候，1998年春节刚过，我就生了一场大病。因为那时候我已经心力交瘁了。我前面也说过，那两个老领导一走，我就把他们彻底得罪了。其中有一个姓赵的书记，就四处去告状。他的目的就是让儿童村做不下去。第一，他不当会长，又阻挠别人当；第二，通过告状，把业务主管单位、挂靠单位和我们的关系搞僵；第三，想让儿童村脱离回归研究会，让我张淑琴一个人去做。唉，他就是气不顺，因为他自己气不顺，宁愿把好好的儿童村、回归研究会弄黄。我坚持到新儿童村成立，已经是花了很大的精力了。我这一病倒，一病就病了一个月。回想那时候，我的社会压力太大了，赵书记这么一折腾，我整个就成了公检法的公敌了。这样的情况迫使我考虑了很多，我觉得这样下去不行，如果在陕西一直坚持下去儿童村早晚会被取缔。因为儿童村的发展要依靠外部环境，我一个老百姓，根本改变不了这个环境。我开始考虑要走出陕西。我从 1997 年、1998 年开始就陆陆续续地有机会常常跑北京，那时候就认识了蒋正华副委员长。他告诉我："小张，你应该到北京来，我知道陕西做事很难。北京这个地区是开始难，办起来以后相对容易；陕西是开始容易，坚持下去很难。"我觉得他这个分析非常有道理。这样就逐渐下决心要去北京。

到了 1999 年 4 月 10 号，我把家就托付给我大女儿了，我和小女儿两个人就来北京安营扎寨了。我们在香山那边租个小院子，就算在北京有个落脚点了。到了北京，我们为了继续做这份事业，四处去跑，只为了找一个业务主管单位，一直就跑到了 2000 年。什么中国人口福利基金会、人权基金会，全国妇联、团中央、慈善总会，北京市司法局、监狱局、劳教局，几乎都找遍了，它们各有各的说法，各有各的理由，简单来说可以总结成一句话，"这些孩子不归我们管"。

你比如说机关工委吧，有一次我在他们搞的一次研讨会上发言，得到了他们主任的很高评价。后来他们在总结当中专门还把回归研究会儿童村提出来了。我想这回该有人支持了吧，我就给机关工委主任写了个报告，希望他们能够作儿童村的业务主管，最后没想到得到的批复是"这是个好事，应该大力支持，但是归民政部门管"。这样就把我们踢到民政部门了。我又找了民政部门，民政部门说，"我们只管孤寡老人、孤残儿童和烈士子女，这件事情是归司法部门管"。那时候四处碰壁，真有点走投无路的感觉。这样的事情太多了，说也说不完。

在我把能找的机构都快找遍了的时候，真的有些快绝望了。但是我还是不甘心，我就想，我要把那些找过的单位重新再找一遍。这一次我第一个找的就是慈善总会，我在那里是又哭又说，我说："我在北京跑了八个月了，没有人接收，慈善总会要是不管……"我都说不下去了。他们告诉我，要作为慈善总会的分支机构要提供一份总值为四十万的资金证明，就是账上得有四十万啊。我上哪有四十万啊？我们西安儿童村建成的时候，账上只有六百块钱了。我一看不行就又找了他们的副会长。这个张会长就告诉我："阎会长出差了，不在。你看能不能这样，你写个申请，我和阎会长说说，看能不能设计一个项目，不要把儿童村作为分支机构，作为中华慈善总会的一个项目来运作。"我一下子就看到希望了。

后来我终于见到阎会长了，当时他说："你的情况我知道，去年我就告诉崔乃夫了，怎么到现在也没办成，你看叫一个女同志这么为难，跑来跑去的使劲哭。"阎会长那时候说话算数，他说："给你们单独设一个项目，慈善总会给你们解决。一间办公室办不到，给你们两张办公桌，一部电话，你在我们704办公室办公。"当时我的眼泪就一直在流，怎么也擦不干。那个时候正好到了午饭的时间了，我记得阎会长说，"好了，小张就别走了，去帮她打个饭吧。"当天我就在慈善总会吃的饭，我记得还给了我一个梨。

吃完饭以后我马上动身就回西安了，我得把这个消息告诉西安那边，叫大家放心。终于我们儿童村、终于这些孩子们有个落脚之地了。那时候我也不知道这是我自己的落脚地，还是这个项目的落脚地。全靠阎会长的支持，我们在中华慈善总会总算有了一个合法的身份。

有了合法的身份之后，我就开始找地方。找了很多地方都不合适，最后有个企业家找到了我们。他租了个旧卫生院，有七亩地，有三间房。他租了五十年，本来准备做养老院的，没有做起来，他说可以租给我们。我一看不错，他还修了一排房，我觉得比我们陕西的儿童村还好，就租下来了。准备条件做好了，我就找北京符合条件的孩子。一开始这一块也很困难，因为北京市司法局手里有符合条件的孩子的名单，但是他们不信任我，我要不到这个名单。后来我也是通过自己想办法，直接和北京各区司法局联系，自己慢慢把北京地区符合条件的孩子的名单又收集了一遍。这时候湖南卫视的《真情》栏目听说了我们的事情，请了我们西安的几个孩子做了一期节目。节目播出之后，很有影响。这样北京的孩子陆陆续续地就来了，我们北京的儿童村基本上算是建起来了。

可是没想到，到了2003年，阎会长退休了，新上任的范会长一上来就做了一件事——要大刀阔斧地把慈善总会下面混乱的项目砍掉。后来我得知，儿童村这个项目也不能保留了，要把我们撤销掉。我特别不理解，我们这个儿童村是一个品牌啊，并不是给慈善总会找麻烦的啊？而且我们帮助的一百多个孩子，可是实实在在的。范会长拿撤销我们项目的事上民政部党组会讨论，你想党组会这些人哪认识我啊？他们谁来过儿童村？谁看过这些孩子？都没有。范会长的意见就是："儿童村项目和慈善总会的关系不顺，而且张淑琴对儿童村是家族式的管理，她的女儿、她的妈妈都

张淑琴 谈太阳村

在儿童村。"其实他哪里了解实际情况啊？

我小女儿是从海军总医院复员回西安的，西北大学新闻系大专的学生，一直跟我做志愿者。她在 2000 年的时候出了车祸，就是为了我们这个新儿童村的修建，跑材料的时候发生了追尾车祸。当时她在石家庄的医院住院，我在西安出差，别人谁都不敢告诉我。结果后来我听说以后，电话打到她那以后第一句就把她给骂了，我说："谁让你们开车出去？这车是借人家的，碰坏了我们怎么给人家赔？"因为那时候真的是很难，所有的心思都放在早点建好儿童村来接纳孩子上。我女儿小燕当时就哭了，说："你就先不问我我现在碰得怎么样了？第一就关心这车，我干脆死了算了。"她就在那头大哭呀，电话就给扣了，这样我才发现我脑子有些发热。我又给她拨过去她就不接，后来别人接的，我就说让小燕接。我说，"小燕，你别埋怨妈妈"，当时我正在西安接待一个美国的媒体代表团，我说："没关系，告诉妈妈你的脚能不能动。"她说："脚能动。"我说："妈妈在医院工作十多年，你放心，脚能动就没关系，你不会成截瘫。我今天走不了，我在这接待美国代表团，我明天晚上就赶到石家庄，妈妈接你回北京。我熟悉北京的一个骨科医院，还不错，咱们上那去。"这她才不哭了。我把那个美国的代表团送走，连夜上车，半夜赶到石家庄他们医院。第二天我租了个救护车，就把我女儿拉到北京的医院了。这个时期正是我和司法局要名单的时候，四处跑。我女儿没人照顾，没办法，我只能把我妈从西安叫来帮忙，我说："妈呀，你在这帮我照顾小燕，我得去跑这个事。"后来我妈也特别劳累，晚上我回来了我就替她，换我来照顾小燕。晚上我就坐在小燕旁边守着她，有时候趴在她床边写材料，等白天我妈就又来替我。情况就是这么个情况，慈善总会那边就说我把我妈也安排在这工作。我妈快八十岁的人了，退休了好多年，我怎么可能把我妈请过来？我孩子的车祸很多人都知道，但我不可能在慈善总会宣传我女儿车祸，我只有自己来承受。

事情由不得我想，撤销儿童村的决定还是下来了。这样我还得重新跑注册，重新找业务主管单位，你不知道，真是艰难，我要不是意志坚强我早垮掉了。但是最后我们还是生存下来了。就像之前蒋正华告诉我的那样，在北京做事情是一开始注册很难，做起来就不难了。那么现在我们就不困难了，每天接待的人非常多，也比较容易筹款。在外地的话是做起来容易，坚持难。我们把北京儿童村作为一个橱窗、一个窗口来为整个事业筹款。我们面向的主要还是西部地区，犯罪率高的地区。这样，儿童村总算发展得越来越好了，我也希望帮助更多的孩子，给他们一个温暖的家。

访谈印象

走进顺义的太阳村，听了淑琴和孩子们的故事，我才相信：太阳，有时不见得一定从东边升起。顺义就有一颗金色的太阳。

这颗太阳，属于这群特殊的孩子们。十多年来，淑琴凭着她充满爱心的公益精神和顽强坚韧的意志，硬是撑起了这个属于孩子们的太阳村。并且一步步成长壮大，照亮了孩子们阴霾满天的人生，也照到了陕西、河南、江西、青海等许多缺少阳光的特殊孩子的身上。我们多么期待，淑琴和她的太阳村能够变成更大的太阳，能够普照天下这样一个特殊群体，这些无罪无邪、缺少阳光的孩子们！

但那样不现实，也于淑琴和她们的太阳村过于苛求、过于无情！我深知，淑琴和她的伙伴们已经承受了太多太多。这本来不是她们的职责。因为不忍看到这一群群无罪无邪的孩子们阴霾满天的人生，因为内心有大爱，她们挑起了本该属于政府公共服务的这副担子。一挑就是一辈子。近年来，随着各地政府的改革创新，我们期待着公共服务的阳光能够普照到太阳村，特别是太阳村所关注的这群特殊的孩子们，让他们的人生能够在党和政府的关怀下灿烂起来。因为，他们也是我们的未来。

张淑琴 谈太阳村

293

结　语

书稿甫成，我们长达 21 天的美国学习体验之旅也近尾声。

此时，沐着初升的阳光慢跑在太平洋东岸，体会在当下，感悟生命之愉悦。

这部书稿，只是中国 NGO 口述史研究的第一辑，汇编了过去七年来我们从事这项研究的部分成果。此外，还有大量已访谈的录音稿未及整理。即使这样，我和同事们已竭尽全力了。对于尚未整理的部分，我们会继续努力，力争使之尽早与读者见面。

此书作者并非我，而是每一位被访谈者。所有的思想、经验和故事都属于他们。我想在此首先列上各位作者的名字。他们是：

梁从诚、陈永玲、马延军、徐永光、刘德天、梁晓燕、郭小慧、周大虎、濮家馼、华安德、迟福林、肖培琳、孟维娜、于海波、托马斯、杨茂斌、王晓光、丘仲辉、吴建荣、张淑琴

这是一个怎样的名单啊！我熟悉并敬重他们中的每一位。中国 NGO 和公民社会的成长必将记住并感恩他们中的每一位！这本书，希望能够成为我们表达此番情怀的一种方式。

当然，开展细致的口述史访谈，进而把口述变成流畅可读的文字，还是经过了一个艰苦过程。我和同事们为此付出了不少辛劳。我也想在此列上这个团队的名字。他们是：

陈旭清、刘求实、贾西津、韩俊魁、曾少军、朱晓红、汪伟楠、李长文、丁晶晶、廖雪飞、李勇、马剑银、李文文、刘烨、卢芳、张潋、徐宇珊、孙春苗、陈雷、郑琦、蓝煜昕、洪治等

令我始料不及的是，这部书稿在润色、加工和统稿过程中会如此艰难！伟楠一直坚持到底，他在最终统稿过程中和我并肩战斗，付出或许最

大。作为主编，我无疑承担全部书稿的责任，也恳请读者对我们的工作提出批评指正。

此次出行，从 6 月 2 日至今，经纽约至麻省的剑桥，在 MIT 学习 U 理论两周，最后来到美国西海岸的旧金山，今天中午的航班返京。这 21 天的旅程中，我几乎天天一有时间都在审读这部书稿。终于大功告成！在略感解脱的此刻，很想对给了我这一段难忘旅程兼统稿时光的 30 位同学说声感谢！没有你们的陪伴和宽容，我不会有这样安静地坐在书桌前的时光，也就无法专注于这部书稿。在这个繁忙而浮躁的时代，安静，有时真是一种难得的财富。

谢谢我的 IDEAS 的同学们！

谢谢美国之行给我的安静！

6 月 21 日

图书在版编目（CIP）数据

中国 NGO 口述史. 第 1 辑／王名主编 . —北京：社会科学
文献出版社，2012.10
ISBN 978 - 7 - 5097 - 3813 - 9

Ⅰ. ①中… Ⅱ. ①王… Ⅲ. ①社会团体 - 管理人员 -
访问记 - 中国 Ⅳ. ①K825. 1

中国版本图书馆 CIP 数据核字（2012）第 224576 号

中国 NGO 口述史（第一辑）

主　　编／王　名

出 版 人／谢寿光
出 版 者／社会科学文献出版社
地　　址／北京市西城区北三环中路甲 29 号院 3 号楼华龙大厦
邮政编码／100029

责任部门／社会政法分社　（010）59367156　　　责任编辑／刘晓军
电子信箱／shekebu@ ssap. cn　　　　　　　　　责任校对／李　惠
项目统筹／刘晓军　　　　　　　　　　　　　　责任印制／岳　阳
经　　销／社会科学文献出版社市场营销中心　（010）59367081　59367089
读者服务／读者服务中心　（010）59367028

印　　装／北京季蜂印刷有限公司
开　　本／787mm×1092mm　1/16　　　　　　印　　张／19
版　　次／2012 年 10 月第 1 版　　　　　　　　字　　数／328 千字
印　　次／2012 年 10 月第 1 次印刷
书　　号／ISBN 978 - 7 - 5097 - 3813 - 9
定　　价／58. 00 元